Zu diesem Buch

Jeder kennt sie, schwierige Menschen, und wir alle haben mehr oder weniger freiwillig mit ihnen zu tun: mit Kollegen, Vorgesetzten, Mitarbeitern, aber auch im privaten Bekanntenkreis.
Was tun? Soll man sie anschreien, abschieben, umwerben, links liegenlassen, auf oder in den Arm nehmen?
Von allem ein bißchen, meint Robert M. Bramson. Seine «schwierigen Leute» sind die Aggressiven und die Nörgler, die Schweigsamen und Überfreundlichen, die Neinsager, die Besserwisser und die Unentschlossenen. Mit allen ist eine positive Zusammenarbeit, ein konstruktives Miteinander möglich, auch wenn sie Sie gelegentlich zur Verzweiflung bringen.

Robert M. Bramson ist ein in den USA renommierter Management-Berater, schreibt nebenbei u. a. für «Time», «Glamour» und «Reader's Digest» und lebt mit seiner Frau und sechs Kindern in Oakland/Kalifornien.

Robert M. Bramson

Schwierige Leute –
und wie man am besten
mit ihnen umgeht

Aus dem Amerikanischen von
Ute M. Richter

Rowohlt

Die Originalausgabe erschien unter dem Titel
«Coping with difficult people» bei Doubleday, New York
Deutsche Erstausgabe
Redaktion Heike Wilhelmi
Veröffentlicht im Rowohlt Taschenbuch Verlag GmbH,
Reinbek bei Hamburg, April 1990
«Schwierige Leute»:
Copyright © 1990 by Rowohlt Taschenbuch Verlag GmbH,
Reinbek bei Hamburg
«Coping with difficult people»:
Copyright © 1981 by Robert M. Bramson
Umschlaggestaltung Bernhard Kunkler
Satz Century Schoolbook (Linotronic 500)
Gesamtherstellung Clausen & Bosse, Leck
Printed in Germany
980-ISBN 3 499 18727 2

Inhalt

Vorwort

Ich habe dieses Buch geschrieben, da ich kein anderes seiner Art finden konnte. Es läßt sich schwer erklären, warum solch allgegenwärtige Erscheinungen wie ‹schwierige Leute› unbeachtet und unerforscht geblieben sind – sieht man von zynischen Darstellungen oder Figuren in Komödien ab. Die Lücke bestand also und mußte – und konnte – gefüllt werden.

Als Managementberater machte ich die Erfahrung, daß der Großteil meiner Klienten mehr von ihren Schwierigkeiten mit problematischen Kollegen, Vorgesetzten, Kunden oder Mitarbeitern berichtete, als über irgend etwas anderes. Dabei wurde mir klar, daß ich diesen Menschen in vielerlei Hinsicht helfen konnte. Über vierzehn Jahre lang haben meine Mitarbeiter und ich mit Hilfe von Beobachtungen und empirischen Untersuchungen praktische Hinweise, Techniken und Methoden gesammelt, wie man mit schwierigen Leuten umgehen kann. Da es keinerlei praktische Anleitungen oder zusammenfassende Literatur zu diesem Thema gab und unsere Seminarbesucher wiederholt dahingehende Fragen stellten, beschloß ich, mich an die langwierige Aufgabe zu machen und ein Buch zu schreiben. Zu meinem Glück stellte ich fest, daß mir diese Arbeit großen Spaß machte.

Vielen Menschen habe ich in diesem Zusammenhang zu danken. Vor vierzehn Jahren lenkte Stuart Atkins mit seiner Darstellung von sechs Persönlichkeitstypen, die Verkäufern Schwierigkeiten bereiten, erstmals meine Aufmerksamkeit auf dieses Thema. Ich fragte mich, ob diese sechs Typen wirklich die schwierigsten waren, und machte mich daran, es nachzuprüfen. Es stimmte tatsächlich. Stuart, Allan Katcher und Elias Porter jr. erweiterten meine eigenen Gedanken über zwischenmenschliche Unverträglichkeiten. Die in Kapitel 11 dargelegten Ausführungen über defensives Verhalten spiegeln viele ihrer Ideen wider.

Meine Partner Nick Parlette, Allen F. Harrison und Susan

Bramson haben dank ihrer eigenen Erfahrungen mit Klienten und ‹schwierigen Leuten› viel zu diesem Buch beigetragen. Sie haben auch mein Verständnis darüber erweitert, warum manche Verhaltensweisen sich als nützlich erweisen, und andere, die Hilfe versprachen, dies nicht tun. Kapitel 10 wurde mit Allens freundlicher Hilfe geschrieben.

Mehr als jeder andere hat Wilson Yandell mein Wissen darüber vertieft, auf welch profunde Weise unser eigenes Verhalten von unserer Wahrnehmung dessen beeinflußt wird, was andere von uns erwarten. Von ihm übernahm ich die zentrale Erkenntnis, daß die Möglichkeit, über die momentane Interaktion hinaus zu reagieren, davon abhängt, daß wir uns vor Augen führen, bis zu welchem Grad die Erwartung der anderen von uns beeinflußt werden kann und andererseits wir selbst von diesen beeinflußt werden.

In den Kapiteln 2 bis 8 über das Verständnis des Verhaltens ‹schwieriger Leute› fasse ich verschiedene Arbeiten zusammen, vor allem die von George Kelly, ergänzt durch viele Interviews mit ‹schwierigen Leuten›. Die Darstellung soll nicht definitiv oder analytisch erklären, was hochkompliziertes Verhalten ist. Vielmehr zielt sie darauf ab, dem Leser nahezubringen, was «Verstehen von innen heraus» bedeutet, wie George Kelly sich ausdrückt. Dadurch soll jedem, der sich in einer unangenehmen Beziehung befindet, die Möglichkeit zu konstruktivem Verhalten gegeben werden.

Jonathan Cobb hat mir viel über das Schreiben beigebracht, ebenso verdanke ich ihm nützliche Vorschläge in Hinblick auf Gliederung und Sprachstil des Manuskripts. Auch meine Agentin Carol Mann und meine Lektorin Marie Dutton Brown haben mir wertvolle Hinweise und viel Unterstützung gewährt.

Den zahlreichen Personen, die mir von sich selbst und den schwierigen Menschen in ihrem Leben erzählt haben, gilt mein aufrichtiger Dank. Nicht ich, sondern sie haben dieses Buch ermöglicht. Freunde und Nachbarn könnten glauben, sich in den im Buch angeführten Beispielen wiederzuerkennen – sie irren sich jedoch.

Herzlich danke ich Fred und Carolyn Batkin, die mir ihr Zuhause oft als Zuflucht zur Verfügung gestellt haben.

Schließlich denke ich voller Anerkennung und Liebe an Wendy, Don, Guinevere, Marni, Eric, Rob, Sean, Patrick, Jeremy und Hillary, die mir in Zeiten mürrischer Besessenheit oder des Rückzugs, die offensichtlich unerläßliche Begleiterscheinungen meines Schreibens sind, zur Seite gestanden haben.

Kapitel 1

Einleitung

Dieses Buch handelt von schwierigen Leuten und wie man mit ihnen umgehen kann. Sollte Ihr Leben frei sein von unverschämten Kunden oder Mitarbeitern, unentschlossenen und zaudernden Chefs, stets zustimmenden (aber nichts ausführenden) Untergebenen oder anderen Menschen, die es verdienen, schwierige Leute genannt zu werden, brauchen Sie nicht weiterzulesen. Betrachten Sie sich als Glückspilz, und wenden Sie sich einem angenehmeren Zeitvertreib zu. Sollten Ihnen derartige Plagegeister jedoch bekannt vorkommen, lesen Sie weiter, denn dieses Buch will Ihnen zeigen, wie man schwierige Leute erkennen, verstehen und erfolgreich mit ihnen umgehen kann. Das Buch ist vor allem für diejenigen geschrieben, die mit anderen Menschen zusammenarbeiten müssen, um Aufgaben in der Gruppe zu bewältigen, die angeführten Methoden lassen sich jedoch auf die unterschiedlichsten Situationen übertragen. Verkäufer, Kundenberatungsteams, Ingenieure und Wissenschaftler, Busfahrer, Lehrer, Patienten in psychiatrischen Anstalten, Bewährungshelfer und Polizeibeamte, Krankenschwestern, Volontäre, Schüler und selbstverständlich auch Vorarbeiter, Manager und leitende Angestellte sowohl im öffentlichen Dienst wie in Privatunternehmen haben diese Methoden bereits mit Erfolg angewandt.

An dieser Stelle möchte ich zwei schwierige Leute vorstellen, wie sie von ihren Opfern beschrieben wurden:

Frank, der dynamische Assistent des Abteilungsleiters einer Flugzeugfabrik, wußte nicht mehr weiter. Er verpaßte nun bereits zum drittenmal die Gelegenheit, ein neues Projekt zu lancieren, weil sein Chef George aufgrund seiner Entscheidungsunfähigkeit die Chance hatte vorbeigehen lassen. George stand bei der Abteilung im Ruf, keine wichtigen Entscheidungen treffen zu können, was Frank auf unangehme Art zu spüren bekam. Frank mochte George und respektierte dessen Fähigkeiten als Ingenieur; das belastete ihr Arbeitsverhältnis aber erst recht. George konnte gut zuhören, und er schien sämtliche Argumente Franks zu akzeptieren. Frank verließ das Büro nach einer Unterredung jedesmal in Hochstimmung und wartete nur auf die Notiz von George, die jedoch nie geschrieben wurde. Frank hatte das Gefühl, alle Möglichkeiten ausgeschöpft zu haben: er hatte seinen Chef zu einer Entscheidung gedrängt, er hatte ihn mehrere Wochen ungestört gelassen, ihm gut zugeredet und alle Argumente erneut mit ihm durchgesprochen. Welche Taktik auch immer er anwandte, er konnte George zu keiner Reaktion veranlassen. Frank gefiel das Unternehmen, in dem er arbeitete, und er glaubte, dort gute Aufstiegsmöglichkeiten zu haben. Die Aussicht jedoch, sich mit Georges Unentschlossenheit endlos abfinden zu müssen, deprimierte und frustrierte ihn.

«Art*, um Ihnen die Wahrheit zu sagen, ich habe Seth aufgegeben. Ich achte nur darauf, selbst heil aus der Sache herauszukommen, nehme alles möglichst gelassen und sehe, daß ich ihn loswerde.» Nate sprach mit Art, dem Direktor für den Bereich Produktion eines Elektronik-Unternehmens, über seinen Abteilungsleiter. Art wurde langsam klar, daß aus der Designabteilung niemand mit Seth zurechtkam. Nate war innerhalb eines Monats bereits der siebte Angestellte, der sich über ihn beklagte. Und es waren nicht nur die Querulanten und Mittelmäßigen, die sich über ihn beschwerten. Seth machte offensichtlich selbst den fähigsten und umgänglichsten Mitarbeitern das Leben in der Abteilung schwer. «Er schimpft mit dem ganzen Team, wenn einer verspätet zu einer Sitzung kommt», fuhr Nate fort. «Er brüllt los, wenn man ihn um Hilfe bittet. Er überschüttet einen lauthals mit Schimpfworten, wenn er in Wut gerät, ganz egal, ob noch jemand dabei ist. Er hört nicht zu, wenn man ihm etwas zu erklären versucht. Er ist einfach unmöglich!»

* In amerikanischen Unternehmen ist es üblich, Mitarbeiter (auch Vorgesetzte) beim Vornamen anzusprechen, dennoch bleibt eine Distanz erhalten, die hier durch die Höflichkeitsform wiedergegeben wird. (A. d. Ü.)

Bei George und Seth handelt es sich nach meiner Definition um
«schwierige Leute». Wir treffen ständig auf Menschen wie sie: Die
unverschämten Kunden oder Mitarbeiter, die unentschlossenen,
zaudernden Chefs und die stets zustimmenden Untergebenen dieser Welt, die einem am Arbeitsplatz unaufhörlich Ärger bereiten.
Mag ihre Zahl auch klein sein, ihre Wirkung ist groß. Sie sind für
Fehlzeiten verantwortlich, für signifikante Einbußen in der Produktivität und für das Abwandern von Kunden oder Klienten. Sie
frustrieren und entmutigen diejenigen, die das Pech haben, mit
ihnen arbeiten zu müssen, und sie sind schwer zu verstehen. Vor
allem aber scheinen sie gegen alle üblichen Methoden der Kommunikation und Argumentation, die darauf abzielen, sie zu überzeugen oder ihnen zu helfen, sich zu ändern, immun zu sein.
Natürlich können wir alle von Zeit zu Zeit bösartig, vorschnell
zustimmend oder unentschlossen sein und unseren Mitarbeitern,
Freunden und Familienmitgliedern zur Last fallen. In diesem
Sinne sind wir alle hin und wieder «schwierig». Aber Leute wie
George und Seth unterscheiden sich in einem wichtigen Punkt
von uns anderen. Während wir alle *gelegentlich* dem einen oder
anderen unserer Mitmenschen in die Quere kommen, ihn verärgern oder durcheinanderbringen, ist das verstörende Verhalten
einer schwierigen Person die *Regel*, und es beeinträchtigt die meisten Menschen, die mit dieser Person zu tun haben. Schwierige
Leute werden vom Großteil ihrer Umgebung als problematisch
empfunden, nicht nur von den inkompetenteren, empfindlicheren
oder schwächeren Menschen.
Die Techniken für den Umgang mit schwierigen Leuten, deren
Beschreibung den Hauptteil dieses Buches ausmacht, sind er-
probt und von vielen Menschen angewandt worden; Menschen,
die erfahren haben, daß sie auf vielfältige Weise davon profitieren, einige Verhaltensweisen für Situationen zu erlernen, in
denen sie bis dahin wütend, schreiend oder sprachlos reagierten.
Infolge dessen fühlten sie sich bei ihren Begegnungen mit den
schwierigen Leuten in ihrem Leben weniger unbeherrscht oder
hilflos, und vor allem stellten sie fest, daß sie nun fähig waren,
mehr zu leisten, ob ihre schwierigen Leute nun Vorgesetzte, Kollegen, Untergebene, Klienten oder Kunden waren.

Wie die Techniken entwickelt wurden

Seit 30 Jahren habe ich in oder mit verschiedenen öffentlichen oder privaten Institutionen in verschiedensten Stellungen gearbeitet, vom Handwerker bis zum Manager. Meine Erfahrungen dieser Zeit haben mich ohne jeden Zweifel darüber belehrt, *daß* es schwierige Leute gibt. Als ich später untersuchte, wie Menschen sich am Arbeitsplatz verhalten und lernen, suchte ich nach Wegen, die mir ermöglichten zu verstehen, warum sie sich so entwikkelten. Als Managementberater fand ich heraus, daß man auch mit schwierigen Leuten erfolgreich zusammenarbeiten kann.

Seit nunmehr vierzehn Jahren haben meine Mitarbeiter und ich leitende Angestellte und Belegschaftsmitglieder aus mehr als 200 verschiedenen Unternehmen beobachtet und befragt. Wir haben uns angehört, was sie über die aufreibendsten Kollegen und Kunden in ihrem Arbeitsumfeld mitteilen konnten. Anfangs wollten wir durch diese Untersuchungen lediglich unsere eigenen Möglichkeiten verbessern, Klienten zu effizienter Zusammenarbeit mit bestimmten problematischen Partnern zu verhelfen bzw. die im Umgang mit diesen entstandenen Mißklänge zu mildern. Zu Beginn der Untersuchung verifizierten wir, daß es bestimmte Häufungen schwierigen Verhaltens gibt. Über einen Zeitraum von vier Jahren baten wir mehrere hundert Männer und Frauen, von den schwierigsten Personen in ihrem Leben zu erzählen. Dabei fanden wir heraus, daß die gleichen Verhaltensmuster wieder und wieder vorkamen, manche sehr viel häufiger als andere. Später richtete sich unsere Aufmerksamkeit auf die Frage, was gegen derartige Verhaltensweisen unternommen werden könnte. Die daraus resultierenden Erkenntnisse, die im Anschluß weiterentwickelt und ausgearbeitet wurden, bilden das Fundament für einen Teil unseres heutigen Beratungsprogramms und den Inhalt dieses Buches.

Typische schwierige Verhaltensmuster

Folgende Typen repräsentieren diejenigen Verhaltensmuster, die als besonders zerstörerisch oder frustrierend empfunden werden.

Feindselig-Aggressive: Hierzu gehören Menschen, die wie Seth andere zu tyrannisieren oder zu überwältigen versuchen, indem sie verletzende Bemerkungen machen oder in Wutanfälle ausbrechen, sobald etwas nicht ihren Vorstellungen entsprechend abläuft.

Nörgler: Nörgler sind Personen, die ständig klagen, aber nie versuchen, etwas an dem zu ändern, über das sie sich beschweren, entweder weil sie sich machtlos fühlen oder weil sie die Verantwortung scheuen.

Schweigsame und Unzugängliche: Das sind diejenigen, die auf Fragen, jede Bitte um Hilfe oder ähnliches mit «Hm», «Nein» oder einem Brummen antworten.

Überfreundliche: Oft sind die Überfreundlichen nach außen hin angenehme, amüsante und mitteilsame Menschen, immer sehr einsichtig, gerade heraus und entgegenkommend. Letzten Endes aber tun sie nicht das, was sie zuvor versprochen haben, oder handeln Ihren Vorstellungen und Erwartungen zuwiderlaufend.

Negativisten: Sobald ein Projekt vorgeschlagen wird, entgegnen Negativisten: «Das wird nicht klappen», oder: «Das ist unmöglich.» Häufig ersticken sie nachhaltig sämtlichen Elan, den Sie für ein Projekt entwickelt hatten.

Besserwisser: Das sind die «überlegenen» Leute, die glauben und entsprechende Bestätigung erwarten, alles zu wissen, was es Wissenswertes zu wissen gibt. Sie sind herablassend, einschüchternd (falls sie wirklich über das Bescheid wissen, worüber sie reden) oder aufgeblasen (wenn das nicht der Fall ist), und sie werden Ihnen wahrscheinlich das Gefühl vermitteln, ein Dummkopf zu sein.

Unentschlossene: Zu dieser Gruppe gehören Menschen, die größeren Entscheidungen ausweichen, bis andere die Entscheidung für sie treffen (wie George). Sie können nichts abschließen, bevor es nicht perfekt ist – was in der Praxis darauf hinausläuft, daß es niemals geschieht.

Wenn Nörgler auch nicht immer nörgeln und Unentschlossene manchmal durchaus eine Entscheidung treffen, finden sich bei schwierigen Leuten doch geläufige Verhaltensmuster, die sich nachweisen und festhalten lassen. Wie Sie sehen werden, ist das

Aufspüren und Bezeichnen dieser Muster eine notwendige Voraussetzung, um in der Folge sinnvoll handeln zu können.

Der reibungslose Umgang

Obwohl es sich als hilfreich erwiesen hat, die schwierigen Leute am Arbeitsplatz ausfindig zu machen, gelangten wir während unserer Beobachtungen zu einer noch viel erstaunlicheren Entdeckung. In vielen der observierten Arbeitsgruppen gab es ein oder zwei Personen, die verhältnismäßig gut mit ebendiesen Seths und Georges zurechtkamen, die ihren Kollegen so sehr zu schaffen machten. Wer mit den verschiedenen Typen schwieriger Leute besser umgehen konnte, tat dies auf eine besondere Weise, die sich nachzeichnen ließ und erlernt werden konnte. Was machten sie anders? Was vermieden sie? Und noch wichtiger, wie konnten die von ihnen verwandten Verhaltensweisen anderen vermittelt werden? Die Antworten auf die Fragen bilden den Inhalt dieses Buches.

Was bedeutet eigentlich «reibungslos mit jemandem umgehen»? Die übliche Definition besagt, daß dies heißt, «mit jemandem ohne große Schwierigkeiten zurechtzukommen», genau was im Umgang mit schwierigen Leuten angestrebt wird. Menschen verhalten sich schwierig, weil sie gelernt haben, daß sie andere auf diese Weise aus dem Gleichgewicht bringen und sie der Fähigkeit zu wirksamer Gegenwehr berauben können. Ob nun andere abgekanzelt werden, auf daß sie sich fügen, oder Ärger durch die Verzögerung einer Entscheidung vermieden werden soll, es gelingt schwierigen Leuten, das Verhalten anderer zu bestimmen. Oft haben es schwierige Leute gar nicht darauf abgesehen, andere zu beeinflussen, und sie sind sich häufig der späteren negativen Folgen ihres Verhaltens nicht bewußt, doch dies ändert nichts an der Tatsache, daß sie ihr Gegenüber tatsächlich in eine unvorteilhafte Position bringen.

In diesem Buch werden wir den Begriff ‹reibungsloser Umgang› benutzen. Er bezeichnet die Summe der Verhaltensweisen, die Sie ergreifen können, um das Machtgefälle auszugleichen und den Einfluß des schwierigen Verhaltens anderer in den unmittelbaren Situationen, in denen Sie sich befinden, zu verringern.

Einen reibungslosen Umgang anzustreben bietet den Vorteil, daß er eine Alternative sowohl zur Akzeptanz darstellt («Es geht ihr privat nicht gut, also versuche ich, ihr unsoziales Verhalten nicht zu beachten.»), als auch zur langwierigen und zermürbenden Aufgabe, die Mischung aus Einstellungen, Werten und angelernten Strategien zu verändern, die wir Persönlichkeit nennen («Nichts kann ihm helfen, außer drei Jahre beim Seelendoktor.») Wenngleich durch Akzeptanz eine unangenehme Konfrontation vermieden wird, zahlt man dafür auf zweifache Weise – mit dem Gefühl, etwas widerwillig erdulden zu müssen, und mit der Gewißheit, das verhaßte Verhalten bei der schwierigen Person verstärkt zu haben. Auf der anderen Seite droht der Versuch, die Persönlichkeit des schwierigen Gegenübers zu verändern, unglücklich zu scheitern. Natürlich ist es ausgesprochen erstrebenswert, schwierige Leute zu verändern. Doch selbst wenn ein Mensch sich verändern möchte, ist dies ein komplizierter und aufwendiger Prozeß, der viel Zeit, Energie und Geld kostet. Sofern die Motivation zur Veränderung in erster Linie von außerhalb der Person stammt – beispielsweise vom Vorgesetzten –, ist noch mehr Aufwand nötig und die Aussichten auf Erfolg sind entsprechend gering.

Der reibungslose Umgang setzt sich dagegen ein viel eingeschränkteres und praktischeres Ziel. Er ermöglicht es Ihnen *und* der schwierigen Person, mit der anliegenden Arbeit voranzukommen. Diese Methoden funktionieren, da sie dem «erfolgreichen» Ablauf schwierigen Verhaltens entgegenwirken. Wenn die Verhaltensstrategien der schwierigen Leute nicht aufgehen, wenn Sie in anderer als der erwarteten Weise reagieren, erhalten Sie die Möglichkeit, mit Ihrer Arbeit weiterzukommen, und der schwierigen Person wird Anreiz und Gelegenheit geboten, anderes, konstruktiveres Verhalten zu entwickeln.

Ein solcher Umgang mit schwierigen Leuten setzt voraus, daß Sie sich dem Zweck entsprechend und nach Plan verhalten. In dieser Hinsicht könnte man es als manipulatives Verhalten angreifen. Ich möchte aber behaupten, daß es nichtsdestotrotz hoch ethisch sein kann. Zweckdienliches Verhalten ist gemäß der Intention des Agierenden gut oder böse. Die Methoden für den reibungslosen Umgang, die in diesem Buch dargelegt werden, sind nicht darauf abgestellt, den Menschen Schaden zuzufügen oder sich heimtükkisch oder hinterhältig zu verhalten. Sie gehen ebensowenig davon aus, daß Ihre Intentionen und entsprechenden Vorgehensweisen darauf abzielen, Ihre eigenen Interessen auf Kosten der des anderen durchzusetzen. Es geht vielmehr darum, die Macht, die schwierige Leute über Sie innehaben können, auszugleichen und Ihre gegenseitigen Interessen so weit zu fördern, daß eine Situation geschaffen wird, in der Sie beide möglichst produktiv arbeiten können.

Wegweiser durch dieses Buch

Auf den folgenden Seiten werden wir über verschiedene Methoden und deren Anwendung, wie man mit schwierigem Verhalten erfolgreich umgehen kann, diskutieren. In den Kapiteln 2 bis 8 werden wir anhand der oben bereits erwähnten sieben Typen schwierige Verhaltensweisen untersuchen, die sich zumindest im Berufsleben als die am meisten verunsicherndsten, frustrierendsten und zerstörerischsten erwiesen haben: Feindselig-Aggressive, Nörgler, Schweigsame und Unzugängliche, Überfreundliche, Besserwisser, Negativisten und Unentschlossene. In jedem dieser Kapitel werden wir diskutieren, woran man das Verhalten erkennt, warum schwierige Leute an ihrem verstörenden Verhalten festhalten und wie man erfolgreich mit ihnen umgehen kann.

Das Kapitel 9 bietet einen Überblick über die verschiedenen Möglichkeiten des Miteinander-Umgehens. Es erläutert sechs grundsätzliche Schritte für den Umgang mit anderen Menschen. Danach folgen eine Reihe von Fragen, die dazu dienen, Ihr Verhältnis zu potentiell schwierigen Menschen zu analysieren, was zu einem Aktionsplan führt, der hilft, mit ihnen zurechtzukommen. Das Kapitel zeigt Ihnen Möglichkeiten, wie Sie Personen, deren schwieriges Verhalten vorübergehend ist, von denjenigen unterscheiden lernen, für die dies zu ihrer bevorzugten Art geworden ist, sich im Leben zurechtzufinden.

In Kapitel 10 wird für die daran Interessierten ein wenig Theorie ausgebreitet und zum besseren Verständnis die faszinierende, wenn nicht ironische Beziehung zwischen positiven und negativen Verhaltenszügen eines Menschen skizziert. Dieses Verständnis hilft nicht nur, schwierige Leute als diejenigen zu erkennen, die sie sind, sondern schafft auch eine Basis, um schwieriges Verhalten zu vermeiden.

Anknüpfend an Kapitel 10 weist Kapitel 11 auf Möglichkeiten hin, wie Sie angesichts des ‹Angriffs› einer schwierigen Person die Selbstbeherrschung behalten können inklusive einiger besonderer Anmerkungen über das Verhältnis zu Ihrem Chef. Das Kapitel endet mit einer Anzahl von Fragen, mit deren Hilfe Sie einen Plan aufstellen können, um mit einer schwierigen Person auszukommen, die Sie möglicherweise zur Zeit beschäftigt.

Alle diese Kapitel liefern Ihnen taktische Hinweise für den reibungslosen Umgang mit den schwierigen Leuten, die Sie am ehesten als verstörend empfinden.

Die Zusammenfassungen, die jedes Kapitel abschließen, bieten Ihnen die Möglichkeit, rasch Ihr Gedächtnis aufzufrischen, bevor Sie mit einer bestimmten schwierigen Person zusammentreffen.

Mit den schwierigen Leuten in Ihrer Umgebung auszukommen, wird nie wirklich erfreulich sein. Dieses Buch bietet Ihnen jedoch die Möglichkeit, es mit größerer Leichtigkeit und mehr Erfolg zu tun.

Kapitel 2

Ein feindselig-aggressives Trio: ‹Panzerfaust›, ‹Heckenschütze› und ‹Sprengkörper›

«Es tut mir wirklich leid, Mr. Beales», sagte der Assistent zu dem Werbeleiter, «aber Mr. Hart ist nicht im Hause. Er ist vor einer Stunde nach Chicago abgereist.»

«Wollen Sie damit sagen, er ist nicht da?» sagte Beales, ein wichtiger Kunde. «Verdammt noch mal, ich bin 200 Meilen weit geflogen, um ihn zu treffen, und Sie erzählen mir, er ist nicht da? Wie konnten Sie solch einen plumpen Fehler machen?»

«Also», sagte der Assistent, «in Mr. Harts Terminkalender sind Sie für nächste Woche eingetragen. Ich bin sicher, daß…»

«Oh, um Himmels willen, hören Sie auf, zu lügen und sich Entschuldigungen auszudenken. Was werden Sie jetzt unternehmen? Verdammt noch mal, antworten Sie schon!»

«Ich weiß nicht so recht…» begann der Assistent.

«Wie heißen Sie?» schrie Beales. «Ich bin mit dem Vorsitzenden dieses Unternehmens befreundet und werde ihn darüber informieren, was für unfähige Leute für ihn arbeiten.»

Der Assistent schaute Mr. Beales verdutzt an. Schließlich zog er seine Visitenkarte hervor, überreichte sie und schaute dann Beales hinterher, wie er aus dem Büro stapfte.

«Dieses Großmaul!» sagte der Assistent zur Sekretärin von Mr. Hart. «Er hat noch nicht mal gewartet, bis ich ihm sagen konnte, daß Mr. Hart vor dem Start seines Flugzeuges eventuell noch zu erreichen sei.»

«Nun», sagte die Sekretärin, «Sie haben ja auch nicht allzusehr versucht, ihm das zu sagen.»

«Hätten Sie etwa?» murmelte der Assistent, als er in Gedanken versunken zu seinem Büro zurückging. Er war wütend auf Beales, weil der ihn so heruntergeputzt hatte, aber auch in Sorge um seinen Job.

Mein Klient Charlie, der Abteilungsleiter in einem großen und florierenden Unternehmen ist, und ich sprachen darüber, wie es ihm und seiner Abteilung seit unserem letzten Treffen ergangen war. Plötzlich stieß er sich vom Tisch ab und sagte: «Das ist alles bloß Zeitverschwendung. Ich kann mich auf keines Ihrer Worte konzentrieren. Und überhaupt, es spielt keine Rolle – ich werde sowieso kündigen.» In zwei Wochen, fuhr Charlie fort, sollte er bei einer Sitzung der Geschäftsleitung den Plan für ein umfangreiches und kostspieliges Projekt vorstellen, das er im Laufe der vergangenen zwei Jahre entwickelt hatte. «Ich kann Ihnen genau sagen, was passieren wird, wenn ich zu der Sitzung gehen würde. Da ist der lausige Leonard, unser geschäftsführender Direktor. Der gemeine Kerl wird mich niederwalzen, so wie er es früher bereits dreimal getan hat. Er ist gemein, sarkastisch, er scheint es nachgerade zu genießen, Leute zu demütigen. Er wird mich vor all den wichtigen Leuten lächerlich machen, ich werde keinerlei Zustimmung erhalten und mit dem Gefühl weggehen, keinen Pfifferling wert zu sein. Sogar Jerry, mein Chef, ebenfalls einer der Direktoren, hat vor Leonard eine Heidenangst. Ich ertrage es einfach nicht länger. Lieber kündige ich, als daß ich mich noch einmal von ihm erniedrigen lasse.»

Mr. Beales und der lausige Leonard entsprechen dem Typ der angriffslustigen schwierigen Person, dem Feindselig-Aggressiven, der den am häufigsten angeführten Plagegeist der Arbeitswelt darstellt, und die Szenen zeigen seine zerstörerische Wirkung im normalen Berufsalltag. Wie die Bezeichnung andeutet, setzt sich dieser Typ aus einer aktiven, nach außen gerichteten Aggressivität und einer Angst einflößenden Bösartigkeit zusammen. Feindseligkeit und Aggressivität tauchen so oft gemeinsam auf, daß man diese Eigenschaften leicht als unzertrennlich oder austauschbar empfindet, das sind sie aber nicht; es ist möglich, aggressiv zu sein, ohne bösartig zu sein, und umgekehrt. Aggressivität ist der Wesenszug, den wir bei Menschen finden, die versu-

chen, die Welt nach ihrem Bilde zu formen, so wie sie sie sich vorstellen oder glauben, daß sie sein müsse. Ein Mensch kann in hohem Maße aggressiv sein und dennoch rücksichtsvoll: «Du hast
Ärger und brauchst Hilfe. Ich bin dazu da, dir unter die Arme zu
greifen, selbst wenn ich dich dazu drängen muß, zu tun, was gut
für dich ist.» In ähnlicher Weise können Böswilligkeit, Streit-
sucht und die Absicht zu verletzen zusammenfallen, ohne daß Aggressivität eine Rolle spielt. Die schweigsame und unzugängliche
Person, die sich weigert, auf Ihren Wunsch nach Hilfe oder Ihr
Verlangen nach einem Gespräch zu reagieren, kann beispielsweise einen böswilligen Charakter haben.

In diesem Kapitel werden wir drei unterschiedliche Arten untersuchen, auf welche Weise sich Feindseligkeit und Aggressivität
zu einem ausgesprochen zermürbenden Verhalten verbinden können, ebenso die jeweiligen Methoden, damit erfolgreich umzugehen. Ich habe den drei Typen die Namen ‹Panzerfaust›, ‹Heckenschütze› und ‹Sprengkörper› gegeben.

Die ‹Panzerfaust›

Die Bezeichnung ‹Panzerfaust› stammt von einer Freundin, die
sie benutzte, um eine Arbeitskollegin zu beschreiben, die diesem
Typus exakt entsprach:

«Ich habe noch nie zuvor solch einen Menschen erlebt, und ich
hoffe, auch nie wieder so einen zu treffen. Wenn ich nur irgend
etwas getan habe, daß nicht ganz ihren Vorstellungen entsprach,
wie es ausgeführt werden sollte, würde sie zu meinem Schreibtisch stürzen, sich über mich beugen und dann Sachen loslassen
wie: ‹Hier sitzt also das Superhirn. Wie schaffen Sie es bloß, immer alles falsch zu machen, wo doch selbst ein Idiot wüßte, wie
man es richtig machen müßte?› Einmal hat sie ein Buch mitten
auf meinen Schreibtisch fallen lassen, dabei meinen Kaffee umge-
schüttet und mich so wütend gemacht, daß ich in Tränen ausge-
brochen bin. Ich wußte, daß ich es nicht zulassen durfte, mich auf
diese Weise behandeln zu lassen, aber wenn sie dastand und mich
anschrie, kam ich mir vor, als würde ich von einer Panzerfaust
zerfetzt werden.»

Das Verhalten

‹Panzerfäuste› überfallen ihr Gegenüber nicht unbedingt körperlich, aber ihr ganzes Auftreten signalisiert ‹Angriff›. Sie sind wie das Schreckgespenst meiner Freundin – beleidigend, übereilt, einschüchternd und vor allem überwältigend. Sie verhalten sich willkürlich und haben oft einen arroganten Tonfall. Wenn sie etwas kritisieren, scheinen sie nicht nur das jeweilige Verhalten anzugreifen, sondern *die Person* selbst, und das auf radikalste Weise. Sie verachten ihre Opfer, sehen sie als minderwertige Wesen, die es verdienen, tyrannisiert und verunglimpft zu werden.

Manche Menschen dieser Art greifen brutal an, mit einer Gemeinheit, die für sich genommen schon unangenehm ist. Andere sind geschickt genug, den Panzerfaust-Effekt ohne verbissene Ausbrüche zu erreichen, indem sie hartnäckig Kritik und Argumente vorbringen, die den anderen wider sein besseres Wissen sprachlos zurücklassen. In vielen Situationen ist es schwierig, zwischen nützlichem Widerstand und überzogenem, vorschnellem Verhalten zu unterscheiden und angemessen zu reagieren. Darum erreichen ‹Panzerfäuste›, die ein Minimum an Gewandtheit entwickeln konnten, oft leitende und machtvolle Positionen. Da sie gelernt haben, anzugreifen und zu vollstrecken, besitzen ‹Panzerfäuste› eine enorme Macht in zwischenmenschlichen Beziehungen. Diese Macht resultiert größtenteils aus den normalen Reaktionen, die ihr Verhalten hervorruft: Verwirrung, geistige oder physische Aus(-Flucht) oder hilflose Verzweiflung, die bei dem Attackierten Tränen oder einen Wutanfall provoziert.

Manche Opfer beschrieben diesen Verlust der Selbstbeherrschung folgendermaßen: «Ich fühlte mich durcheinander, eingeschüchtert – ich kam überhaupt nicht zu Wort – hatte keine Zeit, einen klaren Gedanken zu fassen.» – «Mein Herz schlug mir bis zum Halse – ich dachte, sie bringt mich um.» – «Ich habe die Kontrolle über mich verloren. Ich spürte das Blut in meinen Schläfen pochen, und ich wollte ihm bloß den Mund stopfen.» – «Ich war so wütend, daß ich die Tür aufgerissen habe und eine Delle in der Wand zurückblieb.»

Wenngleich diese Reaktionen verständlich sind, berauben sie die Opfer der Möglichkeit, beherrscht und angemessen auf die gegebene Situation zu reagieren. Dieses Vakuum an Augenmaß macht sich die ‹Panzerfaust› zunutze. Zeichen von Wut oder Schwäche bremsen die ‹Panzerfaust› keinesfalls, sondern stacheln sie förmlich zum Weitermachen an. Um zu verstehen, warum diese typischen Reaktionen auf die Angriffe der ‹Panzerfäuste› geeignet sind, diese eher in ihrem Verhalten zu bestärken als zu bremsen, und um herauszufinden, was dagegen nützlich ist, müssen wir als erstes genauer wissen, woher das Verhalten der ‹Panzerfaust› rührt.

‹Panzerfäuste› verstehen

‹Panzerfäuste› haben das starke Bedürfnis, sich selbst und anderen immer wieder zu beweisen, daß ihr Weltbild das einzig richtige ist. Bevorstehende Aufgaben sind für sie klar und konkret, und ihre Art, diese zu erledigen, gradlinig und einfach. Sie reagieren mit Ungeduld auf diejenigen, die nicht erkennen, was doch so deutlich auf der Hand liegt. Sobald sie in bezug auf ihre eigenen Pläne Widerstand wahrnehmen oder vermuten, schlägt die Ungeduld schnell in Reizbarkeit, selbstgerechte Entrüstung oder unverbrämten Zorn um.

‹Panzerfäuste› haben eine klare Vorstellung davon, was andere tun *sollten;* diese Eigenschaft verbindet sich mit ihrem Ungestüm und ihrem starken Selbstvertrauen, beides Resultate ihres Verhaltens, andere stets erfolgreich zu zerschmettern. Bedauerlicherweise – jedenfalls für die anderen – scheint es ‹Panzerfäusten› an Mitgefühl und Vertrauen zu fehlen, die die meisten von uns vor einem zu aggressiven Auftreten bewahren.

‹Panzerfäuste› erreichen normalerweise ihre Nahziele, allerdings um den Preis, ernstzunehmendes Mißfallen zu erregen, Freundschaften zu zerstören und auf lange Sicht ihre Beziehung zu den Mitarbeitern auszuhöhlen. Personen, die sich derart aufreibend verhalten, daß man sie «schwierig» nennen kann, scheinen nicht über die Fähigkeit zu verfügen, die Wirkung ihres Verhaltens auf andere wahrzunehmen und in Betracht zu ziehen. Ihnen fehlt die kritische Urteilskraft, die ermöglicht, zwischen Situationen, die eventuell eine kraftvolle Attacke erfordern, und denjenigen, die sehr viel weniger Einsatz abverlangen, zu unterscheiden.

Da ‹Panzerfäuste› Aggressivität und Selbstvertrauen schätzen, neigen sie dazu, diejenigen zu mißachten, denen es ihrer Meinung nach an diesen Eigenschaften mangelt. Unglücklicherweise dient die Mißachtung anderer auch dazu, sich selbst ein Gefühl von Wichtigkeit und Überlegenheit zu verschaffen. Wenn es mir gelingt, jemanden als schwach, schwankend oder fragwürdig zu überführen, so werde ich selbst in meinen Augen und in den Augen der anderen stark und sicher erscheinen. Das ist eine simple psychologische Regel, die sich ‹Panzerfäuste› eingeprägt haben. Über deren Richtigkeit läßt sich streiten, aber in gewisser Hinsicht trifft sie sicher zu.

‹Panzerfäuste› unterliegen darüber hinaus dem zwanghaften Drang, beweisen zu müssen, daß sie recht haben. Gegenüber denjenigen, die nicht tun, was sie tun «sollten», empfinden sie einen selbstgerechten Zorn, der es ihnen erlaubt, sie zu verletzen. Schließlich erwarten sie, daß man vor ihnen wegläuft, und gleichzeitig verachten sie diejenigen, die das tun.

Wie man mit ‹Panzerfäusten› umgehen kann

Um mit einer ‹Panzerfaust› reibungslos umzugehen, ist es nötig, daß Sie nicht, so wie sie es erwartet, aus Angst oder Wut die Beherrschung verlieren; gleichzeitig sollten Sie die offene Konfrontation darüber vermeiden, wer recht hat oder stärker ist. Hier einige Hinweise, was Sie tun können und worauf Sie lieber verzichten sollten.

Lassen Sie sich nicht unterkriegen.
Die erste Regel, um mit einem aggressiven Gegenüber, ob feindselig gesinnt oder nicht, erfolgreich umzugehen, lautet: Lassen Sie sich von der Person *nicht unterkriegen*. Wenn Sie sich von aggressiven Leuten herumschubsen lassen, werden Sie für diese zu einem Nichts, zu einer Person, die keinerlei Beachtung verdient. Wenn Sie das nächste Mal in einer Gruppe ein wichtiges Anliegen besprechen, könnte die folgende Situation eintreten: Mark äußert eine bestimmte Lösungsmöglichkeit, auf welche Sharon, eine aggressive Person, lediglich antwortet: «Nein! Nein, das hat überhaupt keinen Sinn.» Sofern Mark nicht etwas unternimmt, um

sich zu behaupten, etwa in der Art: «Nun, einen Moment mal, ich weiß nicht, ob Sie mich richtig verstanden haben», wird etwas sehr Interessantes geschehen. Sharon wird sich benehmen, als wäre Mark nicht länger bei der Besprechung anwesend. Sie wird ihn nicht mehr anschauen, sie wird durch ihn hindurchsprechen, sie wird auf keines seiner Worte mehr reagieren.

Sie müssen sich also gegenüber aggressiven Personen behaupten, um sicherzugehen, daß ein wirklicher und dauerhafter Kontakt mit ihr oder ihm hergestellt worden ist. Es besteht immer die Möglichkeit, daß der Mensch, den Sie für eine ‹Panzerfaust› halten, in Wirklichkeit nur ein nicht feindselig eingestellter, aber aggressiver Typ ist, dem es um die Sache geht und nicht um einen Angriff gegen Sie. Wenn Sie sich hier nicht behaupten, fühlen Sie sich unnötigerweise übermannt, und Ihr Gegenüber ist vielleicht enttäuscht.

Die entscheidenden Regeln für den richtigen Umgang mit aggressiven Menschen im allgemeinen werden doppelt wichtig, sobald Sie es mit einer ‹Panzerfaust› zu tun haben. Ihr Nachgeben wird nicht nur dahingehend gedeutet, daß Sie keiner weiteren Beachtung wert sind, sondern dient auch als Signal, Sie fertigmachen zu können. Zugegebenermaßen fühlt man sich angesichts der Attacke einer ‹Panzerfaust› wenig ermutigt, sich ihr oder ihm gegenüber zu behaupten, insbesondere wenn diese Person Ihre Vorgesetzte bzw. Ihr Vorgesetzter ist. Das Gefühl, überwältigt zu werden, erweckt bei den meisten Menschen Assoziationen an übermächtige, vielleicht körperlich züchtigende und Vorhaltungen machende Eltern. Dieser Umstand mag erklären, warum Opfer von ‹Panzerfäusten› oft sich selbst als schwierig darstellen. Hier ist hilfreich, sich vor Augen zu führen, daß die Angst und Verwirrung, die Sie verspüren, die natürliche und sogar angemessene Reaktion darauf ist, angegriffen worden zu sein. Rechnen Sie damit, sich aufgewühlt, wütend oder verlegen zu fühlen, aber entgegnen Sie trotzdem etwas, um sich zu behaupten. Folgende Verhaltensweisen sind nützlich:

Lassen Sie dem anderen Zeit, sich zu beruhigen.
Falls die Person, mit der Sie es zu tun haben, Sie anbrüllt, wütend losschreit oder sich sonstwie lautstark äußert, verharren Sie eine

Zeitlang, um dem anderen die Möglichkeit zu geben, sich wieder zu fassen. Bleiben Sie im Raum (sofern Sie nicht verschwinden müssen, da es zu Handgreiflichkeiten kommen könnte), schauen Sie den Schreihals unverwandt an und warten Sie. Sobald der Angriff der ‹Panzerfaust› sich abschwächt, nutzen Sie die Gelegenheit zur Entgegnung.

Achten Sie nicht auf Höflichkeit, sorgen Sie nur dafür, zu Wort zu kommen.

Solange Sie der feindlich-aggressiven Person zugestehen, ihre Sätze zu beenden und glauben, daß sie Ihnen Zeit einräumen wird, selbst etwas zum Gespräch beizutragen, werden Sie wohl kaum je zu Wort kommen. Oft wird es nötig sein, den anderen zu unterbrechen, um sich ihm gegenüber zu behaupten. In solchen Fällen *müssen* Sie dem anderen das Wort abschneiden. Falls Sie Ihrerseits unterbrochen werden, noch bevor Sie Ihren Gedanken beendet haben, so sagen Sie laut und nachdrücklich: «Sie haben mich unterbrochen!» Falls die ‹Panzerfaust› nicht innehält, sagen Sie es noch mal. Anschließend unterbrechen Sie selbst. Machen Sie sich keine Gedanken darum, wie gut Sie sich ausgedrückt haben. Lächeln Sie, falls nötig, aber sprechen Sie.

Bemühen Sie sich um Aufmerksamkeit.

‹Panzerfäuste› haben in der Regel feste Vorstellungen darüber, wie auf sie reagiert wird. Warum sollten Sie anders sein als all die früheren Opfer? Deshalb müssen Sie ihre Aufmerksamkeit erlangen, auf daß die ‹Panzerfäuste› erkennen, daß Sie sich nicht ihren Erwartungen entsprechend verhalten – also davonrennen oder verzweifelt reagieren.

Oft hilft es, die feindselige Person zunächst laut und deutlich beim Namen zu rufen (natürlich mit ihrem tatsächlichen Namen, nicht mit irgendwelchen Spitznamen). Benutzen Sie die Anredeform, die dem jeweiligen Grad ihrer Bekanntschaft entspricht. Rufen Sie beispielsweise eine Kundin nicht «Sally», um dadurch deren Status zu verringern, wenn Sie sie sonst mit Mrs. Harrison ansprechen würden.

Eine andere Möglichkeit, um Aufmerksamkeit zu erlangen und das Geschehen zu unterbrechen, besteht darin, sich plötzlich zu erheben oder ein Buch bzw. einen Stift fallen zu lassen. Dabei sollten Sie jedoch darauf achten, daß Ihr Verhalten nicht als jäher oder plötzlicher Angriff verstanden werden kann. Wenn Sie aufstehen, schieben Sie beispielsweise sorgfältig Ihren Stuhl zurück. Andernfalls könnte Ihr Oberkörper ruckartig nach oben schnellen, was wie eine kämpferische Gebärde wirken kann.

Bringen Sie den anderen dazu, sich hinzusetzen.
Sofern irgend möglich, sollten Sie sich darum bemühen, daß sich Ihre ‹Panzerfaust› hinsetzt. Da die meisten Menschen sich sitzend weniger aggressiv verhalten, ist es einen Versuch wert. Zeigen Sie auf einen Stuhl und sagen Sie: «Wenn wir anfangen zu diskutieren, dann können wir es uns dabei ruhig auch bequem machen.» Setzen Sie sich selbst hin, *aber* behalten Sie die ‹Panzerfaust› im Auge. Falls er oder sie nicht sitzt, bleiben Sie selbst auch stehen. Eine ‹Panzerfaust›, die einen körperlich überragt, läßt sich schwer «zähmen».

Sprechen Sie von Ihrem eigenen Eindruck.
Bestimmte Worte und Sätze bringen den eigenen Standpunkt zum Ausdruck. Sie drücken klar Ihre Ansicht oder Wahrnehmung aus, implizieren jedoch nicht unmittelbar einen Angriff auf das, was die andere Person gesagt hat. Solche Worte und Sätze sind beispielsweise: «Meiner Meinung nach wäre es eine gute Idee…» – «Ich stimme nicht mit Ihnen überein…» (Oder wenn es sich um Ihren Chef handelt: «Ich glaube, ich stimme nicht mit Ihnen überein…») – «Sie halten also nicht viel von ihm als Lehrer, ich aber habe andere Erfahrungen mit ihm gemacht.» Wenn Sie dergleichen Sätze äußern, so sagen Sie dem anderen nicht, was er tun soll, wie er sich fühlen oder denken soll, nicht einmal, daß er oder sie sich im Irrtum befinden. Sie drücken damit lediglich aus, daß Sie eine eigene Meinung, Einstellung oder Wahrnehmung über das besprochene Anliegen haben.

Vermeiden Sie eine frontale Auseinandersetzung.
Angesichts der Wichtigkeit, nicht vor dem Angriff einer ‹Panzerfaust› davonzurennen, stellt sich die Frage, warum es trotzdem von so entscheidender Bedeutung ist, einen offenen Kampf zu ver-

meiden. Es gibt grundsätzlich zwei Gründe, der eine birgt kurzfristige und der andere langfristige Risiken.

Sie könnten die Schlacht verlieren. Wenn Sie kämpfen, richten Sie Ihre Energien darauf, sich durchzusetzen, zu siegen, «den anderen» zu zwingen, nachzugeben. Der feindselig-aggressive Typ ‹Panzerfaust› kann jedoch einfach nicht nachgeben. ‹Panzerfäuste› werden auf Ihr kämpferisches Verhalten hin ihre eigenen Angriffe verstärken. Falls dies passieren sollte, werden Sie es vermutlich bereuen, denn Sie werden höchstwahrscheinlich das Nachsehen haben.

‹Panzerfäuste› sind in der Regel gute Kämpfer, meist haben sie ihre Talente lange Zeit geschult, und sie haben erfahren, daß ihre Art, mit anderen Menschen umzugehen, sehr wirkungsvoll ist. Sie dagegen, es sei denn, Sie sind ebenfalls hoch aggressiv, sind auf diesem Gebiet ein Amateur. Sie werden nicht in so starkem Maße von einem tief verwurzelten Antrieb motiviert, Ihre Weltsicht bestätigt zu bekommen. Wahrscheinlich verfügen Sie auch nicht ohne weiteres über einen Vorrat an sorgfältig angeeignetem verletzenden Vokabular oder an Beleidigungen, die Ihnen leicht über die Lippen kommen.

Wenn Sie mit einer ‹Panzerfaust› kämpfen, deren Macht Ihnen Angst einflößt, sind Sie vielleicht versucht, unfaire Mittel zu wählen oder ein Verhalten an den Tag zu legen, das wir noch in diesem Kapitel als ‹Heckenschießen› kennenlernen werden. ‹Panzerfäuste› werden aber kaum auf eine Gegenoffensive verzichten, nur weil sie Ärger vermeiden wollen, und ich kenne keinen verläßlicheren Weg als diesen, weggeputzt zu werden.

Darüber hinaus ist die bloße Tatsache, daß ‹Panzerfäuste› bereits erfolgreiche Kämpfe hinter sich haben, ein Grund, der sie länger durchhalten läßt als die meisten anderen. Sie geben also – wahrscheinlich im Gegensatz zu Ihnen – nicht auf, sondern werden zumindest so lange weitermachen, bis Sie aufhören oder nachgeben, da Ihr ursprünglicher Zorn verflogen ist und Sie Ihrem eigenen früh erlernten Verlangen nach Selbstbeherrschung Rechnung tragen.

Sie gewinnen vielleicht die Schlacht, verlieren aber den Krieg. Selbst *wenn* Sie eine aggressive Person und ein gewandter Kämpfer sind, gibt es gute Gründe dafür, zu lernen, der ‹Panzerfaust›

Paroli zu bieten, statt mit ihr zu kämpfen. Erstens kann es sich bei der zu bekämpfenden Person um Ihren Chef handeln (oder auch um Ihren Ehepartner oder Ihr Kind), und Sie werden schließlich der Verlierer sein, selbst wenn Sie die unmittelbare Auseinandersetzung gewinnen. Besiegt und überwältigt zu sein heilt die Feindselig-Aggressiven nicht. Statt dessen läßt es sie brodelnd und Ränke schmiedend zurück, treibt sie als ‹Heckenschützen› in die Deckung oder bewirkt, daß sie eine Zeitlang verwirrt, höchst beunruhigt und vielleicht sogar gefährlich sind. Stellen Sie sich vor, in welcher Lage Sie wären, wenn Sie Ihrem ‹Panzerfaust-Chef› nicht Paroli böten, sondern ihn gedemütigt, überschrien und ihn gezwungen hätten, sich zurückzuziehen. Wie werden künftig Ihre Budgetfragen behandelt werden? Wie wird es mit Ihren Chancen auf Beförderung aussehen? Sie werden vielleicht Befriedigung empfinden, es dem anderen heimgezahlt zu haben, aber dafür müssen Sie vielleicht Ihre Karriere aufgeben, die mögliche Rache der ‹Panzerfaust› fürchten und auf eine befriedigende produktive Zusammenarbeit mit Ihrem Kontrahenten verzichten.

Als zweites sollten Sie an den möglichen Eindruck denken, den Sie auf Beobachter einer solchen Auseinandersetzung machen. Wenn Sie einen feindselig-aggressiven Mitarbeiter in dessen Manier herunterputzen, gelten Sie sicher nicht als Held, sondern eher als ähnlich feindselig-aggressiv. Mit anderen Worten, Sie haben einen Teil dieser negativen Gefühle auf sich gelenkt, und Sie haben nicht viel gewonnen, denn Ihr Verhältnis zur ‹Panzerfaust› hat sich in entsprechender Weise verschlimmert.

Seien Sie bereit, freundlich zu sein.
Wenn Sie Feindselig-Aggressiven sachlich Paroli bieten, ohne sie persönlich anzugreifen, nähern sich diese Ihnen daraufhin vielleicht in freundlicher Absicht. Diese seltsame Wendung des Geschehens ist dem Volksmund seit langem bekannt: «Biete dem Wüterich die Stirn, und er wird dein Freund.» Vielleicht kommt es zu diesem Umschwung, weil die ‹Panzerfaust› Sie nicht überwältigen konnte, Sie aber auch nicht als Konkurrenz empfindet und Ihnen deshalb Respekt zollt. Vielleicht wurzelt diese Veränderung auch in dem profunden Bedürfnis der ‹Panzerfäuste›, ak-

zeptiert zu werden, welches sie nur starken Persönlichkeiten gegenüber äußern können. Was auch immer der Grund für den Sinneswandel sein mag, die Ihnen entgegengebrachten Gefühle sind normalerweise aufrichtig.

Falls Sie auf dieses Ereignis nicht vorbereitet sind, reagieren Sie womöglich mit Verärgerung, was einer fruchtbaren und wertvollen Beziehung im Wege stehen wird.

Beispiele aus der Praxis

Schauen wir uns nun an, wie die Strategie des reibungslosen Umgangs mit ‹Panzerfäusten› in der Praxis aussehen würde, und überlegen wir dann, wie Sie diese umsetzen können, wenn sich die ‹Panzerfaust› in einer Ihnen übergeordneten Position befindet.

Zurück zur Sitzung.
Zu Beginn dieses Kapitels beschrieb ich das Problem meines Klienten Charlie mit Leonard, dem geschäftsführenden Direktor. Charlie rechnete damit, daß Leonard ihn vor all den wichtigen Leuten des Unternehmens herunterputzen würde, wie er es in der Vergangenheit bereits mehrfach getan hatte.

Charlie und ich unterhielten uns eine Weile über Leonard, und ich umriß ihm die Techniken, die es ermöglichen, mit geschickten ‹Panzerfäusten› wie Leonard erfolgreich umzugehen. Charlie bemerkte trocken, da er sowieso vorhabe, die Stelle zu wechseln, könnte er es ruhig ausprobieren. Wenige Tage später arbeiteten wir nochmals eine Stunde zusammen; mit meiner Anleitung und Unterstützung übte er, wie er sich verhalten könnte, wenn die Sitzung die von ihm befürchtete Wendung nähme.

Charlie erwirkte die Erlaubnis meiner Anwesenheit während der Sitzung als Berater seines Projekts. An dem verabredeten Tag betraten wir den Konferenzraum etwas vor der Zeit, damit er sich vorbereiten und die umfangreiche Informationsbroschüre verteilen konnte, die sein Mitarbeiterstab zusammengestellt hatte. Um 1 Uhr 30 begann seine Projektvorstellung.

Die ersten 20 Minuten verhielt sich Leonard genau so, wie es einer kaum gezügelten ‹Panzerfaust› entspricht. Er schien nicht zuzuhören, rückte auf seinem Stuhl herum, blätterte gelangweilt durch die Broschüre, demonstrierte also deutlich seine Unaufmerksamkeit.

Nachdem Charlie ungefähr ein Drittel seines Vortrags gehalten hatte, bewies Leonard, daß er seinem Ruf in nichts nachstand. Er erhob sich, drehte meinem Klienten den Rücken zu und schaute die anderen Direktoren an. Er unterbrach Charlie mitten im Satz und sagte: «Genug, ich weigere mich, mir diesen Mist noch länger anzuhören! Das ist die blödeste Idee, die ich je gehört habe. Wieso müssen wir uns diesem Typen und einem weiteren seiner idiotischen, hochfliegenden Pläne aussetzen? Was steht als nächstes auf der Tagesordnung?» Sein Ton war geringschätzig, sein Sarkasmus verletzend und die nun folgende Stille abgrundtief.

Charlie setzte sich erschüttert hin und bemühte sich, nicht die Fassung zu verlieren. Der Vorsitzende, ein sehr sanfter Mensch, der Leonard eingestellt hatte, damit dieser seine Unentschlossenheit ausglich, wandte sich zu meinem Klienten und murmelte: «Nun, Charlie, ehm… vielen Dank, daß Sie gekommen sind. Wir werden darüber sprechen und Ihnen dann Bescheid geben.» An dieser Stelle meldete sich Charlie wieder zu Wort, behauptete sich und änderte damit sein Verhältnis zu Leonard grundlegend. Er stand auf, unterbrach den Vorsitzenden und drehte sich zu Leonard, der vom Tisch weggetreten war und aus dem Fenster schaute. Mit lauter und ziemlich angespannter Stimme sagte Charlie: «Leonard, ich merke, daß Sie an unserem Vorschlag momentan nichts Gutes finden können – ich habe es gehört. Aber ich stimme nicht mit Ihnen überein. Meiner Meinung nach ist es ein guter Vorschlag. Ich halte ihn für wichtig. Ich glaube, daß er helfen wird, einige Probleme zu überwinden, mit denen das Unternehmen notwendigerweise im Laufe der nächsten fünf Jahre konfrontiert wird. Ich möchte Sie deshalb jetzt bitten, sich wieder hinzusetzen und zuzuhören, während ich meine Ausführungen zu Ende bringe. Danach können wir darüber diskutieren, ob die Sache etwas taugt oder nicht.»

Ohne auf Erlaubnis zu warten, schritt Charlie dann ruhig (natürlich nur nach außen hin) an das Pult und setzte seine Erläuterungen fort. (Später sagte er, daß er sich zu diesem Zeitpunkt «wie Humphrey Bogart» gefühlt habe.) Leonard ging zum Tisch zurück und schaute meinen Klienten an, als sehe er ihn zum erstenmal, was in gewisser Weise stimmte. Einen Moment lang stand er hinter seinem Stuhl, schleuderte Charlie dann eine verärgerte, herausfordernde Frage entgegen, die dieser mit den Worten konterte: «Ich komme gleich darauf zu sprechen, Leonard.» Kurze Zeit später setzte sich Leonard, folgte konzentriert dem Vortrag und schaute sich dann rasch die zusätzlichen Informationen in der Broschüre an. Ich schätzte, daß er zu Beginn kaum zugehört hatte, wie es für hochaggressive Leute oft typisch ist. bevor er zu der Auffassung gekommen war, daß das Projekt «idiotisch» sei. Nun mußte er den Anschluß finden. Bald jedoch unterbrach er Charlie mit einigen gezielten, intelligenten und einsichtigen Fragen. Ich erlebte ihn als einen hochkompetenten Menschen, der seine einflußreiche Stellung einer Mischung aus Intelligenz und der Fähigkeit, andere zu überrollen, verdankte.

Die Sitzung zog sich bis in den Abend hinein. Am Schluß genehmigte die Geschäftsführerrunde Charlie die Hälfte des von ihm geforderten Geldes. Bei dieser Entscheidung sind zwei Aspekte hervorzuheben. Erstens wurde die Diskussion in Charlies Anwesenheit geführt, man hatte ihn nicht, wie sonst üblich, höflich vor die Tür geschickt, während über eine Antwort entschieden wurde. Zweitens bedeutete die Zusage der Hälfte des verlangten Budgets *nicht*, daß widerwillig ein Kompromiß durchgesetzt wurde, bei dem man dem Gesamtprojekt nur eine spärliche Finanzierung zugestand, sondern das Vorhaben wurde während der ersten Phase vollständig gefördert und weitere Mittel sollten zugeteilt werden, sobald es seine Versprechungen einlösen und sich schließlich selbst tragen könnte.

Als die Diskussion endete, waren alle erschöpft, vielleicht zufrieden, aber ausgelaugt. In diesem Moment sprang Leonard mit einem breiten Lächeln auf dem Gesicht auf. Er ging um den Tisch herum, stand ungefähr einen Meter vor Charlie, zeigte mit ausgestrecktem Zeigefinger direkt auf ihn und sagte: «Charlie, Sie gerissener Bursche, lassen Sie uns einen trinken gehen.» Dann legte er seinen Arm auf Charlies Schulter und führte ihn zur Garderobe und zur Tür hinaus.

Charlie sagte mir später: «Zum Glück haben Sie mir erzählt, daß feindselig-aggressive Leute freundlich sein wollen, denn als er seinen Arm um mich legte, zog sich mir die Haut auf den Schul-

tern zusammen. Mir schoß durch den Kopf, ‹Zwei Jahre lang haben Sie mir die Hölle heiß gemacht, und nun wollen Sie mit mir
ausgehen und trinken.› Am liebsten hätte ich ihm meinen Ellbo-
gen in die Rippen gerammt. Doch, wie Sie wissen, bin ich mit ihm
ausgegangen. Und verdammt noch mal – er entpuppte sich als
wirklich netter Kerl.» Mein Klient hat nicht gekündigt.

Können Sie der ‹Panzerfaust› wirklich Paroli bieten?
Wie stehen die Chancen, daß diese Methoden tatsächlich gegen
einen viel mächtigeren als Sie selbst wirken, einen namhaften
Regierungsbeamten, ein hohes Tier in Ihrem Unternehmen oder
ein bedeutendes Fakultätsmitglied? Meiner Ansicht nach sind die
Erfolgsaussichten recht gut, aber selbstverständlich muß mit besonderer Vorsicht vorgegangen werden. Hierbei ist entscheidend,
vorauszuplanen und über Rückzugsmöglichkeiten zu verfügen,
deren wichtigste die klare und eindeutige Aussage ist, daß es
nicht Ihre Absicht war, gegen die Autorität Ihres Vorgesetzten zu
rebellieren: «Einen Augenblick bitte, falls Sie glauben, ich wüßte
nicht, wer hier das Sagen hat, irren Sie sich. Sie sind der Chef!
Was immer Sie schließlich entscheiden, ich werde mein Bestes
tun. Ich habe lediglich ein paar Ideen, wie Sie in der Sache vorgehen könnten.»
Daß Menschen sich gegen die Erniedrigung von ‹Panzerfäusten›
in Autoritätsstellungen zur Wehr setzen und dennoch ihre Ar-
beitsstelle behalten, ist kein Märchen – ich habe es selbst oft miterlebt. Sich nach meiner Beschreibung einer ‹Panzerfaust› gegenüber zu behaupten, scheint selbst dann zu funktionieren, wenn
dies unsicher und ein wenig ängstlich geschieht. Folgender Bericht einer eher ruhigen Frau mittleren Alters, die sich nach fünf-
zehnjähriger Tätigkeit als Einzelhandelsverkäuferin zur Sekretärin hatte umschulen lassen, mag dies bestätigen:
«Ich hatte gerade erst meine Arbeit als Sekretärin begonnen, als
meine Vorgesetzte in beleidigendem und sarkastischem Tonfall
sagte, daß sie es bereue, mich eingestellt zu haben. Sie zählte drei
Fehler auf, die ich gemacht hatte, als ich einen Bericht für ihre
Unterschrift vorbereitete, und schloß die Unterredung mit den
Worten: ‹Machen Sie es noch mal! Vielleicht gelingt es selbst *Ihnen*, es diesmal richtig zu machen.› Meine Chefin hatte eine wich-

tige leitende Funktion im Unternehmen inne. Damals wollte ich auf keinen Fall meine Stelle verlieren und wußte nicht recht, was ich tun sollte, also machte ich mich an die Arbeit, korrigierte den Bericht und reichte ihn ihr kleinlaut zurück.

Ungefähr zehn Tage später kam sie zu meinem Schreibtisch und verlangte brüllend nach zwei Briefen, die sie in das Vorstands-büro bringen sollte. Sie fuhr mich an und sagte, ich hätte zu ‹springen›. In der unmittelbaren Situation konnte ich nicht dar-auf reagieren, aber zwei Tage später meldete ich mich über die Sprechanlage und erbat (und erhielt) einen Termin für den glei-chen Nachmittag. Ich war so nervös, daß ich mir aufschrieb, was ich ihr sagen wollte, und es vom Papier ablas. Ich sagte ihr, daß mir die Stelle gefiel, daß ich sie behalten wolle und Sie in meinen Augen gute Arbeit leistete, ich es aber nicht zulassen würde, mich noch länger so anfahren zu lassen. ‹Sie können über meine Arbeit sagen, was immer Sie für richtig halten›, sagte ich, ‹aber Sie ha-ben kein Recht, mich in einer Weise zu behandeln, daß ich mir wertlos vorkomme.› Sie saß bloß da und fragte mich schließlich, ob ich noch mehr zu sagen hätte. Ich verneinte und verließ das Büro in dem Gefühl, meine Stelle verloren zu haben. Sie hat später nie ein Wort über unser Gespräch verloren. Allerdings hat sie mich anschließend auch nie wieder angeschrien, obwohl ich zugeben muß, daß sie in meiner Gegenwart über viele andere Leute herge-zogen ist.»

Bevor Sie sich zu einer solchen Widerrede durchringen, sollten Sie ein paar Punkte überlegen.
Kann die betreffende Person Ihnen später heimlich schaden? Handelt es sich beispielsweise um den Firmeneigner, der Sie ohne weitere Rücksprache mit anderen kündigen kann? Oder können ihre oder seine Rachegefühle durchschaut werden, beispielsweise vom Personalleiter? Ein leitender Angestellter wird wahrschein-lich wenig Sympathie ernten, wenn er sagt: «Ich will diese Person (Sie) feuern, weil sie sich gegen meine Beleidigungen zur Wehr setzt.»
Entspricht Ihre Arbeitsleistung den Anforderungen? Sie sollten schließlich nicht lospreschen, um dann plötzlich festzustellen, daß Sie ohne Hosen im Freien stehen.

Können Sie Kritik an Ihrer Arbeit oder Ihrem Verhalten am Arbeitsplatz – selbst wenn sie Ihnen nicht gefallen sollte, ist sie vielleicht doch berechtigt – von einem persönlichen Angriff unterscheiden? Das ist der wesentlichste Unterschied, den Sie beachten müssen, wenn Sie sich gegenüber der Person behaupten wollen, die Sie rücksichtslos behandelt.

Zusammenfassung

Um mit ‹Panzerfäusten› umzugehen, müssen Sie sich gegen diese behaupten, ohne sie zu bekämpfen.

▶ Lassen Sie Panzerfäusten Zeit, sich zu beruhigen.

▶ Scheren Sie sich nicht um Höflichkeit, kommen Sie nur irgendwie zu Wort.

▶ Erregen Sie des anderen Aufmerksamkeit, indem Sie ihn beim Namen rufen, sich betont erheben oder hinsetzen.

▶ Sobald sich die Möglichkeit ergibt, sollten Sie Ihr Gegenüber dazu veranlassen, sich hinzusetzen.

▶ Halten Sie Augenkontakt.

▶ Äußern und vertreten Sie Ihre eigenen Ansichten und Standpunkte mit Nachdruck.

▶ Streiten Sie nicht darüber, was der andere sagt, und vermeiden Sie, ihn oder sie abzukanzeln.

▶ Seien Sie bereit, freundlich zu sein.

Das Grundprinzip, sich kampflos zu behaupten, liegt dem reibungslosen Umgang mit allen feindselig-aggressiven Menschen zugrunde. Beim ‹Heckenschützen›, dem zweiten der drei feindselig-aggressiven Brüder, die wir in diesem Kapitel behandeln, sollte dieses Prinzip allerdings recht anders gehandhabt werden als bei ‹Panzerfäusten›; den Grund dafür werden wir im nächsten Abschnitt erfahren.

Der ‹Heckenschütze›

Eine der plastischsten Beschreibungen eines ‹Heckenschützen›
stammt von Millie, der umsichtigen und aufmerksamen Finanz-
expertin eines Anlageberatungsunternehmens. Sie skizzierte den
‹Heckenschützen› ihrer Gruppe folgendermaßen:
«Ich stöhne jedesmal innerlich auf, wenn wir eine Beratersitzung
abhalten. Burt, der wirklich ein guter Berater ist, scheint es nachgerade zu genießen, unserem Manager Stan Seitenhiebe zu verpassen. Egal, was Stan macht, Burt fällt stets eine böse Bemerkung
dazu ein. Wenn Stan beispielsweise etwas an der Tafel befestigt,
flüstert Burt uns anderen zu: ‹Wie kann ein Mensch nur so fade
sein?› Als Stan seine große Beförderung erhielt und wir alle zu ihm
kamen, um zu feiern, erging sich Burt den ganzen Abend in Bemerkungen wie: ‹Ich frage mich, wie lange es dauern wird, bis sie
diesmal bei ihm dahinterkommen.›
Aber es sind nicht nur Burts Kommentare, er trägt dabei immer
ein breites Grinsen zur Schau oder lacht. Oft lächeln die anderen
zurück, wenn sie mir hinterher auch erzählen, daß sie sich dabei
feige vorkamen. Ich glaube, es wäre besser, wenn Burt Stan offen
kritisieren würde. Es ist die Art, wie er es macht – er schneidet
abschätzige Grimassen, wenn Stan etwas gesagt hat, das wir anderen durchaus gut gefunden haben –, die mich so belastet.»

Das Verhalten

‹Heckenschützen› stürzen sich nicht lauthals auf ihr Opfer. Sie
bleiben in Deckung, wenn diese auch oft nur schwach und faden-
scheinig ist, und von dort aus greifen sie andere unfair an. Sie
werfen Steine, die in Schneebällen versteckt sind: machen Andeutungen, halblaute Bemerkungen, verteilen wenig feinfühlige
Seitenhiebe, hänseln auf gemeine Art und anderes mehr. Wie
wir gesehen haben, reagiert man üblicherweise auf den Angriff
einer ‹Panzerfaust› mit Flucht oder Gegenoffensive. Bei der verdeckten Attacke des ‹Heckenschützen› entsteht jedoch meistens
der Eindruck, wie gelähmt zu sein, als gäbe es keinerlei Reaktions-
möglichkeit. Die erwählten Zielscheiben werden von gekonnt pla-
zierten Wortgeschossen getroffen, die genug Einschlagskraft besit-

zen, um zu verletzen. Aber der Angriff wird von nonverbalen Signalen begleitet, die ausdrücken: «Tun Sie so, als wäre mein Verhalten freundlich, zumindest nicht böse gemeint, oder als hätten Sie mich nicht einmal gehört.»

Zeugen eines Burt in Aktion, wie Millie, sprechen anschließend oft von dem wütenden Wunsch, daß das Opfer irgendwie bewußt und direkt hätte reagieren sollen – die Beleidigung erwidern, schreien oder einfach ausholen und den Angreifer schlagen sollen. Doch gerade dies wird das Opfer wahrscheinlich nicht tun, selbst wenn er oder sie sonst stark und energisch ist. Ob es sich bei der angegriffenen Person nun um den Vorgesetzten, Untergebenen, Ehemann, Ehefrau oder Lehrer handelt, der erfahrene ‹Heckenschütze› hat gelernt, die Regeln und sozialen Normen auszunutzen, die das Opfer befolgt, um sich einen geschützten Platz zu verschaffen, von dem aus er gegen das Objekt seines Zorns oder Neids losschlagen kann.

Ich wundere mich oft über die lange Zeit, die Chefs, ganz zu schweigen von Eltern, den ‹Heckenschützen› in ihrer Mitte gewähren lassen, obwohl sie sich über den Schaden beklagen, den er ihnen und anderen Gruppenmitgliedern zufügt. Diese erfolgreiche Verdammung anderer zur Passivität bestärkt den ‹Heckenschützen› in seinem Verhalten. Doch auch in diesem Fall zahlt er einen bestimmten traurigen und selbstzerstörerischen Preis für die raffinierte, wenn nicht verschlagene Form des Angriffs. Die Lähmung der Aktionsfähigkeit anderer stellt für ‹Heckenschützen› nicht gerade eine Lösung der anliegenden Probleme dar. Sie rufen zwar sicherlich den gleichen inneren Unwillen wie ‹Panzerfäuste› hervor, aber ‹Heckenschützen› verfügen nicht über die Macht, andere zu Handlungen zu veranlassen. Wie hoch auch immer der Preis sein mag, Charlies Gegner beherrschte die Situation völlig, Burt hingegen gelang es lediglich, seinen Chef zu zermürben, indem er seine Möglichkeiten, wirksame Führung auszuüben, einschränkte.

Es ist ein trauriger Kreislauf. Das Verhalten des ‹Heckenschützen› resultiert oft aus einem ungelösten oder unbeachteten Problem. Und wenn es auch viel Ärger auslöst, ‹Heckenschießen› bewirkt fast nie konstruktives Handeln. Die ungelösten Probleme werden zunehmend schlimmer, und der dadurch entstehende

Stress verstärkt das schwierige Verhalten. Dieser selbstzerstörerische Teufelskreis wird weitergehen, bis das Opfer des ‹Heckenschützen› beschließt, aus dieser Rolle auszubrechen, und so die Art der Beziehung ändert.

‹Heckenschützen› verstehen

‹Heckenschützen› haben wie ‹Panzerfäuste› entschiedene Vorstellungen darüber, wie andere denken und handeln sollten. Oft besitzen sie auch eine feste Meinung im Hinblick auf die Lösung von Problemen, die ihren persönlichen Zielen im Wege stehen. Ihre selbstherrliche Einstellung versperrt ihnen allerdings die Möglichkeit, Sachverhalte aus der Perspektive anderer wahrzunehmen, so daß die Erwartungen von ‹Heckenschützen› an Vorgesetzte, Mitarbeiter oder Ehepartner oft unrealistisch sind.

In großen wie kleinen Unternehmen ist von seiten der Arbeitnehmer ihrem unmittelbar Vorgesetzten gegenüber die Auffassung ausgesprochen verbreitet, daß dieser auf die übergeordnete Firmenpolitik einwirken könne, welche er dagegen oft gar nicht zu beeinflussen vermag. In einer Firma, die Landmaschinen herstellt, wurde beispielweise beschlossen, den Preis für ein Gerät um 30 % anzuheben, der Verkaufsleiter, der durch die Verteuerung ein dramatisches Absinken der Verkaufszahlen voraussah, erwartete unrealistischerweise von seinem Vorgesetzten, daß dieser die Zurücknahme der Preissteigerung erwirken könnte. Ob unrealistisch oder nicht, sobald Erwartungen von ‹Heckenschützen› nicht erfüllt werden, führt ihr starker Antrieb, sich durchzusetzen, zu verletzenden Angriffen, die bedauerlicherweise nicht auf die eigentlichen Probleme abzielen, sondern gegen die «Objekte», die Strafe oder einen verdeckten Schubs zum «richtigen» Verhalten hin verdient haben. Der hinterrücks angreifende Verkaufsleiter, von dem gerade die Rede war, begann bei jeder sich bietenden Gelegenheit, natürlich in Gegenwart seines Vorgesetzten, davon zu sprechen, daß es sicher eine Menge Mumm bräuchte, Chefs gegenüber die Wahrheit zu sagen, womit er selbstverständlich zum Ausdruck bringen wollte, daß sein eigener Vorgesetzter schwach und feige wäre.

Warum überschüssige Aggression jemanden zum ‹Heckenschützen› werden läßt, statt zur ‹Panzerfaust›, hängt eventuell von den jeweiligen Umständen ab. Aggressive Menschen wollen gewinnen, oder genauer gesagt, sie wollen nicht verlieren. Ihnen mißfällt besonders das Gefühl, in einer Situation nicht die Oberhand zu behalten. Wenn jedoch diejenigen, gegen die sie sich behaupten wollen, die Macht innehaben, zu belohnen oder zu bestrafen, ist es nicht ratsam, einen offenen Kampf zu führen, vor allem dann, wenn es einen anderen, weniger gefährlicheren Weg gibt. Die Maxime des ‹Heckenschützen› lautet: Wenn ich den anderen bloßstellen und lächerlich machen kann, bestätige ich damit die Richtigkeit meiner eigenen Überzeugung, ohne mich der Gefahr auszusetzen, selbst überwältigt zu werden. Und insbesondere bin ich derjenige, der die Situation bestimmt.

Ich befürchte, noch fundamentaler für die Entscheidung der ‹Heckenschützen›, verdeckt, statt frontal anzugreifen, ist einfach der Umstand, daß sie dafür ein besonderes Talent entwickelt haben. Einen Wurfpfeil als tödliche Waffe einzusetzen, verlangt mehr Geschicklichkeit als der Einsatz eines Knüppels. Ich habe viele plumpe und unversierte ‹Panzerfäuste› erlebt, aber wenige ‹Heckenschützen› dieser Art. Ungeschicklichkeit gereicht den ‹Heckenschützen› nur zu ihrem eigenen Nachteil.

Trotzdem hilft es, sich daran zu erinnern, daß ‹Heckenschützen› und ‹Panzerfäuste› ihrem Wesen nach miteinander verwandt sind. Verdeckt feindselig-aggressive Menschen können laut losschreien, sobald die situativen Restriktionen aufgehoben sind oder sie aus der Deckung gezerrt werden. Beim Umgang mit einem ‹Heckenschützen› sollte man diesen Aspekt nicht aus den Augen verlieren. Sie können erfolgreicher auch von den Regeln für den Umgang mit ‹Panzerfäusten› Gebrauch machen, wenn Sie auf den eventuellen Wechsel Ihres Gegners vorbereitet sind.

Mit ‹Heckenschützen› umgehen

Wie wir bereits gesehen haben, wird die Deckung des ‹Heckenschützen› unbeabsichtigt von seinen Opfern errichtet, indem sie verschiedene soziale Regeln beachten und sich wie die meisten Menschen scheuen, einen Eklat herbeizuführen. Die Deckung verschwindet deshalb auch wie des Kaisers neue Kleider, sobald die tatsächlichen Umstände beim Namen genannt werden.

Vergessen Sie nicht, daß Ihr oberstes Ziel darin besteht, mit Ihrer Arbeit voranzukommen (‹reibungsloser Umgang›), nicht hingegen, den schwierigen Menschen zu ändern oder zu bestrafen. Die zu bevorzugende Methode zwingt nicht die ‹Panzerfaust›, die im ‹Heckenschützen› verborgen sein kann, an die Oberfläche, sondern schafft statt dessen Raum für einen konstruktiveren Einsatz der spitzfindigen und kritischen Denkweise des ‹Heckenschützen›. Die Schritte auf dem Weg zum reibungslosen Umgang mit diesem verdeckt feindlich-aggressiven Menschen sind wie folgt:

Enttarnen Sie den Angriff.
Als erstes muß den ‹Heckenschützen› die Deckung genommen werden. Sofern Sie selbst das Angriffsziel darstellen, sollten Sie dem entgegenwirken. Stellen Sie Fragen von der Art: «Das hörte sich nach einer Stichelei an, haben Sie es so gemeint?» – «Was wollten Sie damit ausdrücken, als Sie eine Grimasse schnitten, während ich sprach?» Kommt es zu einer abfälligen Bemerkung, während Sie etwas vortragen, halten Sie inne, wenden Sie sich dem ‹Heckenschützen› zu und sagen Sie: «Wollen Sie damit ausdrücken, daß Ihnen meine Ausführungen nicht gefallen?» Falls Ihr ‹Heckenschütze› mit weiterer Provokation reagiert, sollten Sie darauf ebenfalls eingehen: «Sie scheinen mich lächerlich machen zu wollen, stimmt das?»

Sie sollten davon ausgehen, daß Sie unwillkürlich dazu neigen, die Stichelei zu überhören oder darüber zu lachen. Ihre Auffassung von Höflichkeit und Selbstkontrolle fordert von Ihnen, die Beherrschung nicht zu verlieren und um keinen Preis destruktiv zu wirken. Setzen Sie alle möglichen Verhaltensweisen ein, um Ihre Hemmungen zu überwinden und die Kränkung zu kommentieren: lächeln, Augenbrauen heben, fragend blicken oder was Ihnen sonst einfallen mag, nur: Lassen Sie die Kränkung auf keinen Fall unkommentiert.

Ermöglichen Sie dem ‹Heckenschützen› eine Alternative
zur offenen Auseinandersetzung.
Wie Sie bemerkt haben, sind alle Beispiele möglicher Erwiderun-

gen, die ich angeführt habe, als Fragen und nicht als Feststellungen formuliert. Der Grund hierfür ist, daß die Frageform dem ‹Heckenschützen› eine Alternative zur offenen Auseinandersetzung bietet. Gewöhnlich wird der ‹Heckenschütze› einfach leugnen, daß er einen Angriff beabsichtigt habe. «Meinen Sie mich? Oh, absolut nicht, ich stimme mit Ihren Ausführungen überein.» Die Tatsache, daß Sie dem Angriff des ‹Heckenschützen› erfolgreich standgehalten haben, ihm getrotzt haben, ohne ihn jedoch zu provozieren, hilft Ihnen dabei, sich einem reibungslosen Umgang zu nähern. Selbst wenn Ihr ‹Heckenschütze› alles abgestritten hat und Sie nicht weiter insistieren, wird er oder sie mit hoher Wahrscheinlichkeit in Zukunft nicht mehr stichein. Ohne funktionierende Tarnung sind Attacken aus dem Hinterhalt einfach nicht möglich.

Manchmal wird der ‹Heckenschütze› jedoch die Gelegenheit ergreifen, um Ihnen nun erst recht zu sagen, was Sie denn angeblich falsch machen. Das ist Ihr Stichwort, um die Aussagen des ‹Heckenschützen› kritisch abzuwägen.

Bemühen Sie sich um Bestätigung oder Ablehnung der Kritik des ‹Heckenschützen› durch die Gruppe.

Nachdem Sie dem ‹Heckenschützen› die Stirn geboten haben, sollten Sie bereit sein, das dahinterliegende Problem zu diskutieren, versichern Sie sich jedoch zuvor, daß Sie nicht lediglich, diesmal auf noch subtilere Weise, angegriffen werden. Rufen Sie sich in Erinnerung, daß feindselige Menschen in erster Linie davon angetrieben werden, sich selbst und anderen zu beweisen, daß ihre Überzeugung die *richtige* ist. Die erste Reaktion solcher Menschen wird deshalb darin bestehen, Sie über Ihre Aufgaben zu belehren oder sich herablassend über Ihr Verhalten zu äußern. Es ist wichtig, daß Sie vor dieser Kritik nicht kapitulieren, selbst wenn dabei Dinge angesprochen werden, bei denen Sie Schuldgefühle empfinden oder sich unsicher fühlen.

Wenn der ‹Heckenschütze› gesagt hat: «Dies ist die am schlechtesten organisierte Sitzung, der ich je beiwohnen mußte», antworten Sie nicht: «Nun, wie könnten wir sie verbessern?» Obwohl das auf den ersten Blick eine vernünftige und nicht defensive Antwort ist, akzeptieren Sie den Vorwurf implizit als berechtigt – gerade die Bestätigung, nach der der ‹Heckenschütze› verlangt. Diese Reaktion würde dazu führen, daß Sie sich unzufrieden und verärgert fühlen und die Sicht des ‹Heckenschützen› offensichtlich bestärkt würde.

Besser wäre die Entgegnung: «Ist noch jemand dieser Ansicht?» Wie die Reaktion der Gruppe auch lauten mag, Sie haben die Maßstäbe für die Beurteilung der Situation erweitert, indem Sie die Meinung aller mit einbezogen haben. Falls der Kritik des ‹Heckenschützen› beigepflichtet wird, können Sie sofort damit beginnen, das Problem in Angriff zu nehmen. Falls die anderen mit dem ‹Heckenschützen› nicht übereinstimmen, schließen Sie an: «Mir scheint, es gibt hier unterschiedliche Auffassungen» (und nicht: «Wie Sie sehen, liegen Sie falsch»), und weiter: «Könnten Sie etwas genauer werden?»

Allgemein gesagt sollte Ihre Antwort weder den Behauptungen des ‹Heckenschützen› direkt widersprechen noch diese als objektive Wahrheit passieren lassen.

Widmen Sie sich den Problemen.
Sobald Sie sich dazu in der Lage fühlen, sollten Sie sich Gedanken darüber machen, welche Probleme hinter dem aggressiven Verhalten des ‹Heckenschützen› liegen könnten. Vergessen Sie nicht, daß ‹Heckenschützen› schnell bei der Hand sind, Ihnen zu erklären, was getan werden sollte, egal ob ihre Verbesserungsvorschläge vernünftig sind oder nicht. Tun Sie das Problem selbst nicht zusammen mit den eventuell undurchführbaren Lösungsvorschlägen ab. Suchen Sie statt dessen hinter den Lösungsvorschlägen nach den Besonderheiten des Problems, das Sie zu lösen beabsichtigen. Es gibt hervorragende Literatur über Techniken, wie man Probleme auf aktive und energische Weise aufschlüsseln und lösen kann, einige finden Sie in der Bibliographie am Ende dieses Buches.

Vorsorge

Attacken aus dem Hinterhalt durch ‹Heckenschützen› können zu einem gewissen Grad dadurch verhütet werden, daß Sie eine bestimmte Zeit und einen festen Treffpunkt einräumen, um Probleme zu besprechen und Anliegen vorzubringen. Regelmäßige Arbeitsgruppentreffen können beispielsweise für Untergebene oder Mitarbeiter als Möglichkeit und ernst zu nehmende Aufforderung dienen, Dinge anzusprechen, die sie belasten. Selbst wenn man glauben könnte, daß Belegschaftsmitglieder Probleme auch außerhalb bewußt hierfür eingerichteter Treffen äußern könnten und sollten, geschieht dies gemeinhin nicht. Sobald dieser Sachverhalt angesprochen wird, räumen Vorgesetzte (ebenso wie die meisten Eltern) ein, daß die tägliche Kommunikation hauptsächlich speziellen und naheliegenden Problemen gewidmet ist. Weiterreichende Anliegen und allgemeine Schwierigkeiten oder Unzulänglichkeiten werden normalerweise übergangen, bis sie die schwierigen Verhaltensweisen auslösen, von denen wir gesprochen haben.

Darüber hinaus spricht für die Einrichtung eines regelmäßigen Beschwerdeforums, daß *Sie* selbst das Gefühl haben, eine Möglichkeit geschaffen zu haben, Anliegen vorzubringen und konstruktiv zu behandeln. Die Gewißheit, seinen Teil zur besseren Kommunikation beigetragen zu haben, hilft Ihnen im Falle einer Konfrontation, Ruhe zu bewahren und die Feindseligkeit des ‹Heckenschützen› zu enttarnen.

Vermittlung durch Dritte

Mitzuerleben, wie ein anderer von einem ‹Heckenschützen› ins Visier genommen wird, kann zu einer unangenehmen, geradezu verletzenden Erfahrung werden. Es mag naheliegen, unter solchen Umständen zu intervenieren, ich möchte Ihnen jedoch raten, die Situation genau zu bedenken, bevor Sie eingreifen.

Bedenken Sie die Risiken.
Vor allem drei Gründe sprechen dafür, warum es klug sein kann, sich als Dritter beim Angriff eines ‹Heckenschützen› nicht einzumischen.

Erstens, manche Leute haben bewußt gewählt, das aufreibende Verhalten anderer durchgehen zu lassen. Vielleicht tolerieren sie diese Art der Attacken, weil sie Schlimmeres befürchten; möglicherweise schätzen sie andere Qualitäten des ‹Heckenschützen› so hoch ein, daß sie sich mit den gelegentlichen unfairen Angriffen abgefunden haben; eventuell verschaffen ihnen diese ein perverses Gefühl des Vergnügens. Egal ob sie die Wahl zu ihrem besten getroffen haben oder nicht, niemandem kann das Recht, sich von einem anderen verletzen zu lassen, abgesprochen werden.

Zweitens, ehe man als Friedensstifter in einen Konflikt eingreift, sollten zumindest drei Voraussetzungen gegeben sein: der Wunsch beider Seiten, den Konflikt zu lösen; die Verpflichtung, das Gespräch so lange fortzuführen, bis ein allseits akzeptierter Kompromiß gefunden wird; schließlich die Anerkennung der Neutralität des Dritten von beiden Parteien. Alle diese Voraussetzungen sind bei den Angriffen eines ‹Heckenschützen› üblicherweise nicht gegeben. Bedenken Sie darüber hinaus, daß es häufiges Schicksal von Friedensstiftern ist, am Ende von beiden Parteien verachtet zu werden.

Drittens ist es offensichtlich, daß derjenige, dem der Angriff des ‹Heckenschützen› gilt, als einer der beiden Protagonisten am besten in der Lage ist, darauf zu reagieren.

Intervenieren Sie in eigenem Namen.
Keiner der obigen Punkte soll bedeuten, daß Sie dem Angriff eines ‹Heckenschützen› ohne zu reagieren beiwohnen müssen, wenn Sie die Situation irritiert. In diesem Falle intervenieren Sie mit Recht im eigenen Namen, nicht im Namen des Opfers. Wie Sie dieser Situation begegnen sollten, ist einfach. Sie teilen Ihre Beobachtung mit, daß der ‹Heckenschütze› offensichtlich böswillig gehandelt hat. Wesentlich ist, dies auf eine sachliche Weise zu tun, ohne Umschweife oder Einmischung in die Auseinandersetzung. Der stichelnde Anlageberater Burt aus dem Beispiel zu Beginn dieses Abschnitts wurde von einem anderen Anlageberater gebremst, der auf eine der lächelnd vorgebrachten Bösartigkeiten Burts entgegnete: «Warum kämpft ihr beide es nicht aus?» Er äußerte dies mit einem ironischen Lächeln und kehrte sofort zu seiner unterbrochenen Unterhaltung zurück. Wie Sie sich vielleicht denken können, beendete dies Burts Sticheleien nicht. Er vermied es lediglich, Stan anzugreifen, wenn dieser gewisse Anlageberater in der Nähe war.

Zusammenfassung

▶ Enttarnen Sie ‹Heckenschützen›. Lassen Sie sich nicht durch soziale Regeln davon abhalten.

▶ Ermöglichen Sie dem ‹Heckenschützen› eine Alternative zur direkten Auseinandersetzung.

▶ Nehmen Sie die vom ‹Heckenschützen› geäußerte Interpretation der Situation nicht einfach hin. Sammeln Sie die Eindrücke anderer.

▶ Widmen Sie sich der Lösung von eventuell sich abzeichnenden Problemen.

▶ Beugen Sie Angriffen aus dem Hinterhalt mit Hilfe regelmäßiger ‹Beschwerdeforen› vor.

▶ Falls Sie Attacken aus dem Hinterhalt beiwohnen, halten Sie sich aus der Auseinandersetzung heraus, aber bestehen Sie darauf, daß es in Ihrem Beisein nicht wieder vorkommt.

Der ‹Sprengkörper›

Die Verhaltensbesonderheiten des ‹Sprengkörpers›, dem dritten Typ der feindselig-aggressiven Menschen, die wir in diesem Kapitel behandeln, ist der jähzornige Wutanfall, der sehr an den frustrierten, verletzten Zorn erinnert, den man bei Kindern erleben kann. Bei Erwachsenen sind derartige Wutanfälle furchteinflößend und unkontrolliert. Widerstand oder Provokation, beabsichtigt oder nicht, können die Raserei bis zu einem Punkt eskalieren lassen, an dem Briefbeschwerer geschleudert, Schläge verteilt oder unverzeihliche und nicht aus der Welt zu schaffende Sätze geäußert werden. Besonders irritierend ist, daß dieses Verhalten oft im Laufe eines Gesprächs aufbricht, das in vermeintlich freundlicher und vernünftiger Atmosphäre begann. Aus diesem Grund scheint die Bezeichnung ‹Sprengkörper› für diesen Typus berechtigt.

Das Verhalten

Der Wutanfall eines Erwachsenen ist eine plötzliche, fast automatisch ablaufende Reaktion in einer Situation, in der er sich angegriffen und bedroht fühlt. Normalerweise, d. h. wenn nicht zusätzliche Frustrationen bestehen, ruft eine solche Situation lediglich Gefühle wie Mißtrauen oder Argwohn hervor. Die Worte oder Gesten, die für jemanden eine Bedrohung signalisieren, können beiläufig, unbeabsichtigt oder nur teilweise beabsichtigt geäußert werden. Häufig sind sich beide Parteien gar nicht bewußt darüber, daß etwas als bedrohlich empfunden werden könnte. Sobald er auf irgendeine Weise entzündet wurde, wird der ‹Sprengkörper› zunächst ärgerlich, dann vorwurfsvoll oder argwöhnisch. Währenddessen wird die Zielscheibe des Wutanfalls, der Mitmensch, der nicht ahnt, etwas Falsches geäußert zu haben, der sich abrupt und erschreckend veränderten Situation überrascht und verwirrt gegenüberstehen.

Terrys Fall kann gut das Verhalten illustrieren, das den ‹Sprengkörper› auszeichnet, und zeigen, wie eine Bedrohung ihn zur Detonation bringt. Versuchen Sie herauszufinden, an welcher Formulierung Terry Anstoß genommen hat:
Terry ist in den Dreißigern und leitender Manager einer dynamischen Werbeagentur. Er gilt bei der Belegschaft als exzellenter Problemlöser, harter Arbeiter mit hohem Anspruch und als Mann mit viel Charme und politischem Fingerspitzengefühl. Auch im Hinblick auf die persönlichen Bedürfnisse seiner Mitarbeiter stellt er immer wieder großes Einfühlungsvermögen unter Beweis.
Dennoch ruft Terry bei seinem gesamten Stab auch Mißtrauen, Angst und Zweifel hervor, und einige seiner fähigsten Mitarbeiter haben Gehaltskürzungen in Kauf genommen, nur um von ihm wegzukommen – es fällt nicht schwer, ihre Gründe nachzuvollziehen.
Bei einer Sitzung, um nur ein Beispiel zu geben, haben Terry, seine Leiter der Finanzen und einige Spezialisten für Marketing und Medienbetreuung eine Notiz besprochen, die Terry abgefaßt hatte, nachdem er von einer Fachtagung zurückgekehrt war. Das

Memo beschreibt detailliert eine neue Marketing-Strategie, die vor kurzem von einem Konkurrenzunternehmen übernommen worden war.

Terry: «Ich denke, wir müssen aggressiv reagieren. Jeder sollte sich Gedanken über eine eigene Kampagne machen, Leute von den regionalen Handelsverbänden ansprechen, alle uns zur Verfügung stehenden Quellen anzapfen und loslegen!»

Russell (ein Finanzbuchhalter): «Nun, manchmal kann einer Großes auch mit kleinem Einsatz erreichen. Sollten wir nicht besser für eine Weile ruhig Blut bewahren?»

Terry: «Oh, glauben Sie wirklich?»

Tim (ein weiterer Finanzbuchhalter): «Ja, ich erinnere mich an die Sache vor drei Jahren, als sie eine Kampagne eingeleitet hatten und ihnen einfach die Puste ausging. Wir sollten nicht zu hektisch reagieren ...»

Terry (unterbricht mit einer Stimme, die zunehmend schriller wird): «Was ist bloß los mit euch? Ihr würdet nie irgendwas unternehmen, wenn ich euch nicht dazu drängen würde. Mir scheint, ihr wollt hier alle dumm rumsitzen und abwarten, bis es zu spät ist. Ich bin der einzige, dem der Laden wirklich am Herzen liegt. Verschwindet, verdammt noch mal.»

Terry schrie diese Worte und stampfte dabei mit dem Fuß auf. Der Rest der Gruppe saß da, die Augen zu Boden gesenkt, ängstlich, beschämt, wütend auf Terry, auf sich selbst und die anderen.

Bei einer anderen Sitzung der Gruppe, die ich vorgeschlagen hatte, um herauszufinden, warum es diese Probleme bei Planbesprechungen gab, wurde der Zwischenfall aufgeklärt. Russell kam auf seine Worte zurück: «Manchmal kann einer Großes auch mit kleinem Einsatz erreichen.» Der «eine», von dem er sprach, war nicht Terry, sondern *irgendeiner*. Terry jedoch, der auf Kritik an seinen Fähigkeiten stets empfindlich reagierte, fühlte sich durch diese Bemerkung auf den Arm genommen und glaubte, man wolle sein Vorhaben, eine Marketing-Gegenoffensive zu starten, zu Fall bringen. Als Tim Russell unterstützte («Wir sollten nicht zu hektisch reagieren»), kam sich Terry gänzlich mißachtet vor. Für viele Menschen hätte sich nichts von alledem nach

einer persönlichen Bedrohung angehört, aber für Terry war es
eindeutig eine.

‹Sprengkörper› scheinen sich weniger unter Kontrolle zu haben
als ‹Heckenschützen› oder ‹Panzerfäuste›. Ein Wutanfall unter-
läuft diesem Typ Mensch, ohne daß sie ihn geplant hätten. Diese
fehlende Absicht unterscheidet Wutanfälle von anderen Arten
feindseligen Verhaltens. Manchmal, wie in Terrys Fall, liegt
etwas Hysterisches in dem Ausbruch, ausgedrückt durch Tränen
oder sprachlosen Zorn. Während ‹Panzerfäuste› oder ‹Heckenschützen› oft als gemein, boshaft oder erschreckend beschrieben
werden, lassen ‹Sprengkörper› sich mit Worten wie «zu emotional», «überempfindlich» oder «reizbar» erfassen.

Wie Wutanfälle Erwachsener wirken

Warum reagieren ‹Sprengkörper› auf vermeintliche Bedrohungen mit dem Verlust der Selbstbeherrschung? Wutanfälle Erwachsener sind eine Variante von im Kindesalter erlernten Abwehrmechanismen, die dazu dienen, mit Angst, Hilflosigkeit und
Enttäuschung fertigzuwerden. Für ein Kind sind Wutanfälle in
der Regel wie eine Waffe, ein Werkzeug, mit dem sie aus einer
schwachen Position heraus reale Macht erlangen können, um
wichtige Entscheidungen zu erwirken oder in ihrem Sinne zu beeinflussen (für ein Kind kann z. B. die Erlaubnis, Eis vor dem
Abendessen zu bekommen, von großer Bedeutung sein).

Bei den erwachsenen ‹Sprengkörpern› bleibt solch aufbrausendes
Benehmen in ihrem Verhaltensrepertoire, weil die Ausbrüche immer noch ‹wirken›, zumindest oberflächlich betrachtet. Mit großer Wahrscheinlichkeit drängen sie so ansonsten ausgeglichene
Erwachsene in die Sprachlosigkeit und Passivität oder provozieren ebenfalls Wutanfälle. Die Reaktion auf jähzorniges Verhalten
ist, mehr als bei allen anderen schwierigen Verhaltensweisen, Ärger und Widerstand. Aus diesem Grund haben die wenigsten
Menschen den Wunsch, das Verhalten des ‹Sprengkörpers› zu verstehen, was allerdings schade ist, denn zu verstehen, was den
‹Sprengkörper› entzündet, ist eine notwendige Voraussetzung,
um mit diesen schwierigen Menschen umzugehen.

Der Umgang mit ‹Sprengkörpern›

Mit jemandem zurechtzukommen, der gerade einen Wutanfall hat, besteht hauptsächlich darin, ihm oder ihr dabei zu helfen, die Selbstbeherrschung wiederzuerlangen. Mit kleinen Kindern geschieht das am wirksamsten durch nicht bestrafende, aber entschiedene physische Einschränkung. Man hält sie körperlich still, indem man die Arme um sie legt, wenn sie klein genug sind (oder wenn der ‹Bezwinger› groß genug ist), oder indem man ihre Handgelenke umklammert, wenn sie losschlagen. Innerhalb der Grenzen dieser festen, aber wohlwollenden Beschränkungen sind sie von dem Geschehen befreit, das den Ausbruch ausgelöst haben könnte, und sie können sich nach einer Weile wieder beruhigen. Bei Erwachsenen ist ein ähnlicher Weg sinnvoll.

Lassen Sie ihnen Zeit, sich zu beruhigen.
Es ist schlichtweg unmöglich, mit einem ‹Sprengkörper› umzugehen, wenn Sie nicht zu Wort kommen. Manche Menschen bewältigen den schlimmsten und lautesten Teil ihres Ausbruchs relativ schnell. Deshalb lohnt es sich zumeist zu warten, bis der Betreffende sich beruhigt hat. Oft werden ‹Sprengkörper›, da sie plötzlich merken, wo sie sind und was sie tun, mit einem Schlag still oder brechen in Tränen aus. Wenn jedoch keine Pause eintritt, müssen *Sie* versuchen, eine Unterbrechung herbeizuführen. Ein paar für diese Situationen nützliche Sätze sind: «Aufhören! Aufhören!» – «Einen Moment mal!» – «Genau! Genau!» Oder «Ja! Ja!» Die Wiederholung hilft, wie auch eine pointierte Betonung oder ausreichende Lautstärke, um durchzudringen. Weil sie unerwartet sind, scheinen Rufe wie «Genau!» oder «Ja!» den Wutausbruch besonders wirksam zu unterbrechen.
Wenn Sie den selbst auferlegten Bann brechen wollen, müssen Sie die Aufmerksamkeit der Person erlangen, die einen Wutanfall hat. Das kann durch Aufstehen oder Hinsetzen erreicht werden. Seien Sie so dramatisch, wie Sie sein müssen. Plötzlich aufzustehen und den Namen des Betreffenden herauszuschreien, kann Wunder wirken.

Betonen Sie, daß Sie den anderen ernst nehmen.
Noch bevor Sie merken, daß Sie die Aufmerksamkeit der Person
mit dem Wutanfall erregt haben, geben Sie laut kund, daß Sie ihn
oder sie ernst nehmen. Gleich nachdem Sie «Aufhören! Aufhören!» gerufen haben, können Sie zum Beispiel anfügen: «Ich
merke, daß die Sache Ihnen sehr wichtig ist, mir geht es auch so.
Ich will gerne mit Ihnen darüber sprechen, aber nicht auf diese
Art!» Womöglich müssen Sie diese die Drohung abmildernden
Aussagen mehrmals *laut* wiederholen, bevor sie eine Wirkung
zeigen.

Unterbrechen Sie die Interaktion.
Falls die besprochenen Schritte nicht helfen oder selbst wenn sie
es tun, versuchen Sie, eine Atempause einzulegen. Kündigen Sie
eine Unterbrechung der Sitzung an, selbst wenn Sie nicht die Leitung innehaben, oder gehen Sie einfach hinaus, nicht ohne vorher
zu betonen: «Ich komme gleich wieder.» Gewinnen Sie Zeit, um
sich zu fassen und um das unmittelbare Handlungsmuster zwischen Ihnen und dem ‹Sprengkörper› zu unterbrechen, ihm oder
ihr somit die Möglichkeit zu geben, die Selbstbeherrschung wie-
derzugewinnen.
Um eine Abkühlung zu erreichen und die Situation gleichzeitig
für beide Seiten zu entspannen, sollten Sie einen Ort aufsuchen,
an dem das Gespräch unter vier Augen fortgesetzt werden kann.
Eine Oberschwester, die das Opfer hysterischer Ausbrüche eines
Arztes war, entschärfte die Situation nachhaltig, indem sie sagte:
«Ich bin gerne bereit, mir alles anzuhören, was Sie über die Aufgaben der Krankenschwestern auf dieser Station zu sagen haben,
aber nicht hier, wo es andere stört. Kommen Sie mit in mein
Büro.» Mit diesen Worten drehte sie sich auf dem Absatz um, ging
in ihr Büro und setzte sich. Bis der Arzt nachgekommen war,
hatte er sich bereits etwas beruhigt, und sie waren nun imstande,
ein gewinnbringendes Gespräch zu führen. Er hat sie übrigens nie
wieder angeschrien.

Ein Beispiel aus der Praxis

Mit den obigen Ausführungen im Kopf wenden wir uns wieder der weiter vorne beschriebenen Sitzung zu, die von Terrys Gefühlsausbruch unterbrochen wurde. Was wäre geschehen, wenn seine Kollegen besser damit umgegangen wären?

Terry: «Ich denke, wir müssen aggressiv reagieren. Jeder sollte sich Gedanken über eine eigene Kampagne machen, Leute von den regionalen Handelsverbänden ansprechen, alle uns zur Verfügung stehenden Quellen anzapfen und loslegen!»

Russell: «Nun, manchmal kann einer Großes auch mit kleinem Einsatz erreichen. Sollten wir nicht besser eine Weile ruhig Blut bewahren?»

Terry: «Oh, glauben Sie wirklich?»

Tim: «Ja, ich erinnere mich an die Sache vor drei Jahren, als sie diese Kampagne eingeleitet hatten und ihnen einfach die Puste ausging. Wir sollten nicht zu hektisch reagieren…»

Terry (unterbricht mit einer Stimme, die zunehmend schriller wird): «Was ist bloß los mit euch? Ihr würdet nie irgendwas unternehmen, wenn ich euch nicht dazu drängen würde. Mir scheint, ihr wollt hier alle dumm rumsitzen und abwarten, bis es zu spät ist. Ich bin der einzige, dem der Laden wirklich am Herzen liegt. Verschwindet, verdammt noch mal.»

Russell (unterbricht mit lauter Stimme): «Einen Augenblick, Terry! Hier läuft etwas schief! (Er steht auf.) Ich bin davon überzeugt, daß wir etwas gegen die Kampagne unternehmen sollten, und das meine ich *ernst*. (Das letzte Wort hat er mit einem Schlag auf den Tisch unterstrichen.) Könnten wir kurz die Sitzung unterbrechen und uns dann anschließend zur weiteren Besprechung wieder zusammenfinden?»

Terry (als wache er aus einer Betäubung auf): «Hm, o ja, gute Idee. In zehn Minuten geht's weiter.»

Russell: «Kann ich dich gleich mal sprechen, Terry?»

Terry: «Ja, sicher doch.»

Der Wechsel in Terrys Verhalten mag Ihnen unvermittelt und gestellt erscheinen. Wirken alle Versuche, mit ‹Sprengkörpern› zurechtzukommen, so gut? Selbst auf die Gefahr hin, meine Glaubwürdigkeit bei Ihnen aufs Spiel zu setzen, in den meisten Situationen, die ich miterlebt habe, traten radikale Veränderungen ein, sobald auf Wutanfälle Erwachsener in der hier beschriebenen Weise reagiert wurde. Terrys Geschichte ist nämlich wahr, und einer seiner Angestellten lernte tatsächlich einzugreifen, sobald Terry anfing zu explodieren. Dabei half Terry in besonderem Maße, indem er zugab, bei einem Wutanfall wirklich die Kontrolle über sich zu verlieren. Und vielleicht noch wichtiger war sein Eingeständnis Russell gegenüber während einer vorangegangenen Planungsrunde, daß er nicht schätzte, wie er sich verhielt, und daß er sich ändern wollte. Das verschaffte Russell die Möglichkeit einzugreifen: «Einen Augenblick. Hier läuft etwas schief!»

Zusammenfassung

▶ Lassen Sie ihnen Zeit, sich zu beruhigen und sich wieder zu fassen.

▶ Falls das nicht geschieht, unterbrechen Sie den Wutanfall, indem Sie etwas Neutrales wie zum Beispiel «Aufhören!» sagen oder rufen.

▶ Zeigen Sie, daß Sie den anderen ernst nehmen.

▶ Verschaffen Sie sich, falls nötig und möglich, eine Atempause, und sorgen Sie für ein Gespräch unter vier Augen mit der betreffenden Person.

Einige zusätzliche Hinweise für den Umgang mit feindselig-aggressivem Verhalten

Bei dem Versuch, den reibungslosen Umgang mit den verschiedenen Typen von feindselig-aggressiven Menschen zu erlernen, ob ‹Panzerfaust›, ‹Heckenschütze› oder ‹Sprengkörper›, sind zwei weitere für Sie gegebenenfalls nützliche Aspekte hervorzuheben: Üben Sie sich zuerst an den am wenigsten extremen Formen schwierigen Verhaltens, und seien Sie sicher, daß sie es wirklich mit Feindseligkeit zu tun haben, bevor Sie die Schritte für den Umgang mit schwierigem Verhalten anwenden.

Gehen Sie zuerst mit den weniger extremen Formen schwierigen Verhaltens um.

Feindselig-aggressives Verhalten ist nicht immer so extrem, wie die von mir angeführten Beispiele vielleicht suggerieren. ‹Panzerfäuste› sind zuweilen höflich, während sie andere überrollen; ‹Heckenschützen› sind oft so schlau, daß selbst ihre Opfer nicht genau wissen, ob sie beschützt oder bestohlen werden; und die Ausbrüche eines ‹Sprengkörpers› beschränken sich manchmal auf ein paar Tränen oder einige Flüche. Das sollte nicht vergessen werden, denn die Schritte zum reibungslosen Umgang, die wir in diesem Kapitel behandelt haben, lassen sich leichter ausprobieren, wenn das Verhalten nicht exzessiv ist. Sie erhalten dadurch die Gelegenheit, die Schritte in einer weniger gefährlichen Situation zu üben, bevor Sie sich den eindrucksvolleren Erscheinungsformen zuwenden. Das ist in jedem Fall von Nutzen, denn der Umgang mit feindselig-aggressiven Menschen kann *sehr* schwierig sein, und die meisten von uns brauchen dafür alle uns zur Verfügung stehende Hilfe. Darüber hinaus kann der erfolgreiche Umgang mit weniger ausgefallenem Verhalten vermeiden helfen, daß es zur Entstehung schlimmerer Formen überhaupt kommt.

Der Eindruck von Feindseligkeit kann sehr subjektiv sein.

Menschen, die selbst nicht aggressiv sind, mag bereits ein gemäßigter und produktiver Einsatz dieses Verhaltens exzessiv erscheinen. Wenn Sie von sich selbst wissen, daß Sie dem Leben eher sanftmütig entgegentreten, tun Sie gut daran, sich ein Maß zu verschaffen, nach dem Sie Ihre Reaktionen auf energische, angreifende oder überemotionale Personen beurteilen können. Achten Sie auf die Reaktionen der anderen in den gleichen oder ähnlichen Situationen. Stellen Sie sich folgende Fragen, sobald Sie anfangen, sich über eine scheinbar feindselige Person zu ärgern oder angegriffen fühlen:

▶ Ist *dieses* aggressive Verhalten der Situation angemessen, selbst wenn *ich* persönlich mich nie so verhalten würde? Es kann beispielsweise angebracht sein, unfreundlichen Verkäufern zu sagen, daß ihr Benehmen beleidigend und nicht akzeptabel ist.

▶ Erlebe ich eine nützliche Kompensation bedeutsamer aufge-
stauter Gefühle, oder ist dies ein echter Wutanfall?

▶ Empfinde ich entschlossenen und unverbrämten Widerspruch,
der darauf abzielt, die wahren Umstände aufzudecken, als
einen feindseligen oder erniedrigenden Angriff?

Es ist wichtig, hier zu unterscheiden, denn wenn Sie Aggressivität mit Feindseligkeit verwechseln, könnten Sie möglicherweise
gerade das für Sie schwierige Verhalten noch verstärken. Wenn
aggressive Menschen auf Hindernisse stoßen, neigen Sie dazu,
diese direkt und energisch anzugehen. Falls sie Unwillen spüren
oder, schlimmer noch, Abwehr, während es ihnen doch lediglich
um die Sache geht, können selbst normalerweise nicht feindselige
Aggressive sehr ärgerlich werden.

Kapitel 3

«Und noch etwas...» –
Der Nörgler

Stellen Sie sich vor, Sie seien in einem Büro für die Verteilung von Schreibarbeiten verantwortlich. Ein Kollege nähert sich Ihrem Schreibtisch, setzt sich (Nörgler setzen sich meistens, denn sie wissen, daß sie eine ganze Weile brauchen werden) und legt los: «Warum treffen die Arbeiten, die aus Ihrer Abteilung zu meiner gelangen sollen, immer mit Verspätung ein? Sie wissen, daß Sie bis morgens 9 Uhr 45 in unserem Büro sein sollen, aber es wird immer später. Es hält uns wirklich auf, wenn wir auf Sie warten müssen – und wissen Sie, ich habe gestern versucht, Sie anzurufen, aber Ihr Anschluß war dauernd besetzt, und wenn mal nicht besetzt war, nahm keiner ab. Ich habe Ihnen auch eine ganze Reihe Notizen über die Sache geschickt und nie eine Antwort von Ihnen erhalten. Mit allen anderen Büroleitern habe ich nie diesen Ärger gehabt, und ich weiß auch nicht, warum wir beide nun diesen Ärger haben (die Augen schweifen im Raum umher)... Wissen Sie, ehrlich gesagt gefällt mir die Farbe, in der die Zimmer hier gestrichen sind, gar nicht, und ich finde auch, daß der Teppich nicht paßt, und...»

Das Verhalten

Sind Ihnen derartige Töne vertraut? Sätze, die mit ‹und› und ‹aber› verbunden sind, die ohne Pause dahinplätschern? Eine plärrende, fast wie ein Singsang klingende Sprechweise, die selbstgerecht beschuldigt und anklagt? Das sind die verräterischen Zeichen der Nörgler. Nörgler mögen nicht die *allerschwierigsten* Leute im Umgang sein. Sie rufen weder Bestürzung noch

Angst hervor wie Feindselig-Aggressive, noch sind sie so anma-
ßend oder hochtrabend wie die Besserwisser, denen wir in Kapitel
7 begegnen werden. Doch, wie der Erznörgler Jona feststellen
mußte, sogar Gottvater findet sie zuweilen lästig, ärgerlich und
sehr anstrengend.

Nörgler sind jene schwierigen Leute, die es schaffen, an allem
etwas auszusetzen, Unzufriedene, die ad nauseam alles kritisieren, von der Unordnung auf Ihrem Schreibtisch bis zur Au-
ßentemperatur. Die versteckte Nachricht hinter all diesen
Nörgeleien lautet, daß «jemand», gewöhnlich Sie, etwas für den
Betreffenden unternehmen solle. Nörgler sind Menschen, die Sie
automatisch in die Rolle des Beschwichtigers oder Verteidigers
drängen, ganz egal, ob Sie tatsächlich etwas verkehrt gemacht
haben oder nicht.

Nörgler, so wie wir die Bezeichnung hier verwenden, sollten nicht
mit Menschen verwechselt werden, die eine berechtigte Beschwerde anführen und denen es lediglich darum geht, auf diese
aufmerksam zu machen oder sich etwas von der Seele zu reden.
Während Menschen, die Probleme haben und ganz folgerichtig
die Aufmerksamkeit darauf lenken, um etwas dagegen zu unternehmen, sicherlich Dinge zu kritisieren haben, unterscheiden sie
sich doch radikal von Nörglern durch die Art, wie sie die Probleme
darlegen und auf eine Lösung hinarbeiten.

Der Versuch, Nörgler von Menschen mit berechtigten Beschwerden zu unterscheiden, wird durch den Umstand erschwert, daß in
den Klagen des Nörglers meist ein Kern Wahrheit steckt. Tatsächlich mag es stimmen, daß Ihre Abteilung ins Hintertreffen
geraten ist, Ihre Mitarbeiter das Telefon zu lange klingeln lassen
und Sie als neuer Mitarbeiter einen kompetenten Älteren ersetzt
haben. Ihr Geschick, mit dem sie Probleme zu Vorwürfen machen,
verleiht Nörglern ihre große Überzeugungskraft. Wenn jemand
sich gut genug darauf versteht, andere vernichtend zu beschuldigen, sobald etwas schiefgeht, werden diese anderen dadurch in die
Defensive, zur Verteidigung gedrängt.

Erfahrene Nörgler beherrschen den anklagenden Stil so vollkommen, daß sie sogar ihren Chefs gegenüber den Spieß umdrehen
und diese in die Defensive drängen können. Rosemary, Leiterin
einer kleinen Kartenvorverkaufsstelle, beschrieb zum Beispiel,

was passierte, als sie Helen, eine ihrer Angestellten, nach Abrechnungsfehlern befragte:

Rosemary: «Wir haben wieder ein paar Fehler in der Kassenabrechnung entdeckt, Helen. Sind Sie sicher…»

Helen: «Wann werden Sie endlich einsehen, daß ich immer aufpasse, und mich nicht dauernd wegen dieser Sachen angehen. Es gibt keine schriftliche Anleitung für die Abwicklung der Geldangelegenheiten, und das wissen Sie auch. Ich habe es Ihnen bereits gesagt, aber Sie haben die Buchhalterin immer noch nicht dazu veranlaßt, eine abzufassen.»

Rosemary: «Ich weiß, daß wir eine bessere Anleitung brauchen, aber…»

Helen: «Wir brauchen erstmal *überhaupt* eine. Meine Aufgabe besteht lediglich darin, Kartenbestellungen entgegenzunehmen und alles dorthin zu ordnen, wohin es mir angewiesen wurde, und außerdem…»

Nörgler unterscheiden sich deutlich von emotional aufgeladenen Menschen, die gelegentlich nur ihren Gefühlen Luft machen müssen. Manche Menschen empfinden Dinge intensiver als andere. Um den Grad ihrer eigenen Anspannung unter Kontrolle zu behalten und Ihre Gefühle erträglicher zu machen, brauchen sie jemanden, dem gegenüber sie ihre Gefühle äußern können. Selbst diejenigen von uns, deren emotionale Reaktionsschwelle höher liegt, brauchen manchmal die Möglichkeit, sich laut über Konflikte mit dem Chef, Enttäuschungen angesichts eines gescheiterten Projekts oder über Mißbilligung durch Kollegen auszulassen, um so die Gefühle verständlicher und erträglicher zu machen. Diese Art, Dampf abzulassen, entspricht jedoch nicht einer nörgelnden heimlichen Anklage, sondern ist das Bedürfnis nach einem mitfühlenden Menschen, der uns durch seine Anteilnahme hilft, zeitweilige emotionale Stürme zu überstehen.

Der Dreiecksnörgler.
Es gibt eine Art von Nörgler, der sich in einer wichtigen Hinsicht vom üblichen, unmittelbaren Nörgler unterscheidet. Dreiecksnörgler beklagen sich bei Ihnen nicht über Sie, sondern über andere schreckliche Menschen. Besonders häufige Zielscheibe der

Klage sind Manager oder Büroleiter, Eltern und professionelle Ansprechpartner, aber jeder kann von einem Dreiecksnörgler als möglicher Blitzableiter für dessen Unzufriedenheiten dienen. Paula beschreibt eine solche Erfahrung:

«Ich bin es leid, von einer meiner Schreibkräfte ständig zu hören, was im Büro alles im argen liegt. Gestern blieb sie länger, um mir von Roger zu erzählen. Er beantwortet sein Telefon nicht vor 9 Uhr; er hängt mit seinem Statistikbericht hinterher; er ist während der Arbeitszeit einkaufen gewesen und so weiter. Das schlimmste bei der Sache ist, daß ich den Verdacht habe, Marilee könnte in Hinsicht auf Roger recht haben. Also sage ich ihr nicht einfach, sie solle aufhören. Es hört sich schrecklich an, es auszusprechen, aber ich fürchte, Informationen über ihn zu verpassen, die ich wissen sollte. Doch ich komme mir wie ein Schnüffler vor, und ich erwische mich dabei, wie ich all ihre Argumente entkräfte. ‹Sie haben doch nicht etwa versucht, ihn jeden Morgen anzurufen, oder?› sage ich zu Marilee, als wäre die ganze Angelegenheit nur ein Witz. Am Ende fühle ich mich einfach erschöpft. Und die Krönung ist, daß ich die ganze Zeit, die ich darüber nachdenke und mir Sorgen über das mache, was sie über Roger sagt, nichts wirklich dagegen unternehme.»

Die meisten Menschen fühlen sich, wenn sie derartige Tratscherei anhören müssen, unwohl. Noch frustrierender ist das unbestimmte Gefühl, daß diese verpetzten Informationen nicht ohne weiteres verwandt werden können, ohne dabei gleichzeitig zu Ausflüchten zu greifen. Was kann Paula mit Marilees Enthüllungen anfangen? Sie kann den Detektiv spielen, Anklagen vorbringen, sich auf unsichere, aufgeschnappte Beweise berufen, oder sie kann so tun, als ob sie gar nichts gehört habe. Angesichts dieser Ambivalenz ist es kein Wunder, daß sich die meisten Leute, wie Paula, nach einer solchen «Unterredung» erschöpft fühlen. Auf jeden Fall empfinden sich die Opfer der Dreiecksnörgler, ähnlich wie die der direkter operierenden Nörgler, höchstwahrscheinlich wie gefangen in einem Netz weitläufiger Anschuldigungen, die sie frustriert und unproduktiv zurücklassen.

Nörgler verstehen

Um mit Nörglern umzugehen, müssen Sie wissen, was ihren Handlungen zugrunde liegt und wie leicht man in ihre anklägerische Gedankenwelt verstrickt werden kann. Nehmen Sie folgendes Beispiel: Der Nörgler ist Jerry, ordentlich angezogen, ein wenig übergewichtig und Vater eines neuen Mitglieds der Pfadfinderjugend. Jerry belagert Mary, eine engagierte ehrenamtliche Helferin, die an der Leitung der Gruppe beteiligt ist, bei einer Tasse Kaffee nach einer Sitzung.

Jerry: «Wissen Sie, Mac (der Leiter) ist furchtbar hart gegen die Jungen. Er nimmt sie einfach zu sehr ran. Jungen brauchen die Möglichkeit, Sachen auf eigene Faust zu unternehmen, und ich halte es wirklich nicht für so wichtig, daß allen Grundsätzen der Pfadfinder peinlich Folge geleistet wird, finden Sie nicht auch?»

Mary (zögerlich): «Nun, ich denke…»

Jerry: «Ich hab mit ein paar anderen Leuten aus der Gruppe gesprochen, und sie sind sich alle einig, sie glauben, daß etwas in der Sache unternommen werden muß.»

Mary: «Nun, ich finde, Mac versucht sein Bestes…»

Jerry (unterbricht): «Er sollte die Pfadfinderei für die Jungen als angenehmen Zeitvertreib gestalten, nicht als Plackerei, und das tut er meiner Meinung nach eben nicht, und es muß wirklich bald etwas unternommen werden, aber das wird es wahrscheinlich nicht, und…»

Selbst Jerrys scheinbare Rationalität verhindert nicht den anklagenden, besserwisserischen, märtyrerhaften Ton, der so typisch für Nörgler ist. Selbstverständlich nehmen Nörgler ihr eigenes Lamento nicht wahr. Für sie ist ihr Nörgeln Ausdruck der, wenn auch von vornherein vergeblichen Bemühung, vor einer Sache zu warnen, die gescheitert ist und die jemand anderes richten soll. Wenn einem Nörgler seine jammernde Art vorgehalten wird, zeigt dieser oft völliges Unverständnis und beharrt darauf, daß die Probleme wirklich und nicht eingebildet sind. ‹Angesichts offener Zweifel sollst du die Wahrheit deiner Behauptungen bestätigen›, lautet die Maxime, welche dem ungeheuren Wortschwall zugrunde liegt, den Nörgler wie Jerry hervorbringen.

Drei Faktoren kommen bei der Weltanschauung des Nörglers zusammen, um konstruktive Problembewältigung in ein Lamento zu verwandeln: Sie fühlen sich machtlos, sind besserwisserisch und glauben, sie seien perfekt.

Machtlos. Menschen unterscheiden sich durch das Ausmaß, in dem sie glauben, über das, was ihnen passiert, bestimmen zu können. Die meisten von uns sind der Ansicht, daß das, was uns im Leben zustößt, aus einer Mischung aus Glück, Verstand oder Dummheit und aus demjenigen, was uns andere Gutes oder Schlechtes zufügen, resultiert. Nur wenige sind sicher, daß sie die alleinigen Herren über ihr Schicksal sind – wir werden später einem von ihnen begegnen, wenn wir die Besserwisser behandeln. Nörgler jedenfalls fühlen sich, was ihren Lebensverlauf angeht, machtlos, als lägen die Ursachen für alles, was ihnen zustößt, außerhalb ihrer Einflußmöglichkeiten. Von diesem passiven Standpunkt aus kann alles, was gelingt, dem Glück oder dem guten Willen anderer zugeschrieben werden. Einsatz, Scharfsinn und Können sind so gesehen nicht geeignet, Dinge zu beeinflussen. Entsprechend können Hindernisse und Enttäuschungen nur mit Hilfe anderer überwunden werden, durch die wirklich Starken, die aufmerksam gemacht werden und anschließend etwas dagegen unternehmen.

Dieses hartnäckige Gefühl, machtlos zu sein und gegen mögliche Widerstände nichts bewirken zu können, scheint auch der Vorarbeiter Herman zu haben, so wie ihn der Produktionsleiter einer kleinen Firma beschreibt:

«Haben Sie bereits mit Herman gesprochen? Oh, mit seiner Arbeit kennt er sich gut genug aus, aber er nörgelt die ganze Zeit. Er scheint zu glauben, daß der einzige Grund, warum die neuen Ausrüstungsobjekte nicht genehmigt wurden, darin liegt, daß der Chef unsere Probleme nicht versteht. Ich habe versucht, auf andere Möglichkeiten hinzuweisen – schlechte Wirtschaftslage oder daß nicht alle Argumente überzeugend genug dargebracht wurden. Aber alles, was ich von ihm zu hören kriege, ist seine Klage, daß niemand wirklich Anteil nimmt. Vielleicht wird er sich bei

Ihnen beschweren, daß ich ihn nicht befördern will, weil ich nicht
erkenne, was er hier alles tut. Er scheint sogar im Hinblick auf
seine Beförderung zu glauben, daß alles völlig von meinem Gut-
dünken abhängt.»

Besserwisserisch. Fatalismus schließt Nörgeln aus. Fatalistische
Menschen akzeptieren alles, lassen sich den Lebensfluß entlang-
treiben, nehmen das Gute an, das Schlechte hin, überzeugt davon,
daß persönliche Eigenschaften oder Anstrengungen nicht zählen.
Um sich aber betrogen zu fühlen, muß man eine Vorstellung darüber entwickelt haben, wie etwas sein *sollte*, und eine quälende
Ungerechtigkeit empfinden, wenn dem nicht so ist. Fast alle Äußerungen von Nörglern durchzieht eine besserwisserische Art.
Die Beschwerde, Ihre Arbeit käme spät, impliziert, daß sie pünkt-
lich eintreffen sollte. Jerrys Klage basiert auf seiner klaren Vorstellung, wie sich Mac als Leiter der Pfadfindergruppe benehmen
sollte. Daß Mac nicht in dieses Bild paßt, veranlaßt Jerry jedoch
nicht, diesen selbst darauf anzusprechen, sondern er äußert nur
den verdrießlichen Wunsch, daß ‹jemand› Mac dazu bringen
möge, sich so zu verhalten, wie er es sollte.

Perfekt. Nörgler sind in ihrem Verhalten oft starr, weil das Nörgeln den Eindruck erweckt, sie wären ohne Fehl und Tadel, ‹rein›
und moralisch integer, zumindestens in ihren eigenen Augen.
Nörgler streben auf zweifache Weise nach Selbstbestätigung als
‹gute› Menschen: erstens, indem sie die Verantwortung für die
beobachteten Übel anderen zuschieben, und zweitens, indem sie
anschließend ihre ‹Güte› mit der aufgezeigten ‹Schlechtigkeit›
des anderen vergleichen. Der Nörgler denkt: ‹Ich habe Sie darauf
aufmerksam gemacht, habe Ihnen gesagt, daß dies nicht recht ist.
Ich habe alles in meiner Macht Stehende getan. Nun liegt es an
Ihnen.› Nachdem er es so eingerichtet hat, daß Sie es sind, nicht
der Klagende selbst, der Schuld hat, auch dafür, daß bislang
nichts unternommen wurde, dieses Unrecht zu beseitigen, auf
welches er hingewiesen hat, wird er mit noch größerer Selbstge-
rechtigkeit ärgerlich auf Sie, daß Sie nicht getan haben, was Sie
tun sollten und konnten.
Für Nörgler ist es besonders wichtig, sich immer wieder in ihrem

Glauben zu bestätigen, daß sie keine Verantwortung tragen. Ansonsten müßten sie ihr Selbstbild vom edlen, wenn auch machtlo-
sen Kämpfer für Gerechtigkeit aufgeben.

Während das Nörgeln selbst für den Nörgler eine gewisse Befriedigung, die nichts mit der beanstandeten Sache zu tun hat, bein-
haltet, ist es darüber hinaus auch eine kurzfristig erfolgreiche
Strategie, um Aufmerksamkeit zu erregen. Nörgler sind schwer
zu überhören. Sie reizen unser Verlangen nach geheimer Information. Ihr Gefühl der Machtlosigkeit schafft ein Vakuum, das
Menschen, deren Wunsch zu helfen stark entwickelt ist, anzieht.
Manchmal ist es ihnen zu verdanken, wenn vage Spannungen am
Arbeitsplatz oder in der Familie in Worte gefaßt werden, indem
sie in den ‹Wunden› von schlecht funktionierenden Strukturen
stochern, die von den Verantwortlichen nicht eingestanden, ge-
schweige denn behoben wurden. Obwohl sich andere Gruppenmitglieder weit weniger machtlos oder hoffnungslos fühlen,
können sie dennoch in das Lamento gegen die Autoritätsfiguren
verstrickt werden. Zusätzlich entsteht durch ‹Dreiecksnörgler›
bei den meisten von uns ein Gefühl der Überlegenheit. Wir fühlen
uns sowohl dem Nörgler überlegen, da er nichts zuwege bringt, als
auch dem Opfer der Beschwerde, da dies falsch gehandelt hat. Auf
diese Weise erhalten wir zweifache Befriedigung, eine ‹Unterhaltung›, der viele nur schlecht widerstehen können.

Obwohl Nörgler sehr wohl Aufmerksamkeit erhalten, setzen sie
selten etwas in Bewegung. Vielmehr ernten sie Ungeduld, gön-
nerhafte Abweisung, übereifrige persönliche Aufmerksamkeit,
oder man geht ihnen einfach aus dem Weg. So wie ein Verkäufer
mir erzählte:

«Ich bin einem Kunden aus dem Wege gegangen, den ich eigentlich pflegen sollte. Er kauft regelmäßig eine unserer weniger beliebten Waren. Es ist seltsam, daß es mich belastet, aber ich war
bereits seit einem Monat nicht mehr bei ihm. Sobald ich zur Tür
hineinkomme, stürmt er mit den Worten, wie lange mein letzter
Besuch her sei, auf mich zu, und wie schwierig es wäre, mich tele-
fonisch zu erreichen. Dann fängt er mit der Leier an: zu viele Stil-
veränderungen, schlechte Verarbeitung – was immer Sie wollen,
wir machen es verkehrt. Am Ende verdarb mir ein Besuch bei ihm
den ganzen Tag.»

Der Nörgler, dem ausgewichen wird oder der abwiegelnde Antworten zu hören bekommt, merkt nach einer Weile, daß nichts unternommen wird. Damit schließt sich der Kreis: Der Nörgler fühlt sich als machtloses Opfer ungerechter Kräfte bestätigt, was nicht zu konstruktivem Handeln, sondern zu noch mehr selbstgerechtem Klagen führt. Das Verhalten des Dreiecksnörglers ist in gleicher Weise zum Scheitern verurteilt, weil das Subjekt der Klagen nichts davon erfährt und daher das Problem gar nicht lösen kann, selbst wenn es dies wollte. Mac zum Beispiel, der Führer der Pfadfindergruppe, hat nie ein Feedback erhalten, das ihm hätte nützlich sein können. Die Gruppe verlor weiterhin Mitglieder, die sich über den harten Drill ärgerten und nicht lange genug dabei waren, um Macs echte Führungsqualitäten schätzen lernen zu können. Und Jerry wurde nur noch unzufriedener.

Fassen wir diesen Abschnitt also noch einmal zusammen:
► Nörgler weisen auf reale Probleme hin, aber sie tun dies auf eine Art, die bei anderen ausweichende oder abwiegelnde Reaktionen hervorruft. Über die ausbleibende Lösung eines Problems sind sie ehrlich enttäuscht, was allerdings ihre Klage nur verstärkt.
► Nörgeln kann die einzige Art aktiven Verhaltens sein, das denjenigen, die sich nicht in der Lage fühlen, ihr eigenes Schicksal in die Hand zu nehmen, möglich erscheint. Das heißt, sie glauben, daß alles, was ihnen passiert, von anderen, Gutmeinenden oder Übelmeinenden, verursacht wird.
► Nörgler haben eine feste Meinung darüber, wie sich andere verhalten sollten; sie fühlen aufrichtigen, wenn auch manchmal versteckten Ärger, wenn andere sich nicht entsprechend aufführen.
► Nörgeln dient der Selbstaufwertung, da es den Nörglern ermöglicht, sich der Verantwortung für Mißgeschicke zu entziehen und so ihr ‹perfektes› Selbstbild aufrechtzuerhalten.

Mit Nörglern umgehen

Um mit Nörglern umgehen zu können, muß man den sie bestätigenden Kreis von Passivität, Beschuldigung anderer und Machtlosigkeit brechen und darauf beharren, daß nach Lösungen für die
Probleme, die sich aus ihren Klagen ergeben, gesucht wird. Folgende Punkte sollten Sie beachten:

Hören Sie aufmerksam zu.
Dorothee hält die allwöchentliche Managementbesprechung mit
ihrem Chef Fred ab. Die Sitzung verläuft nach einem vertrauten,
wenngleich ermüdenden Schema: Dorothee beginnt mit einer langen Litanei gegen Mr. Rogers, den Abteilungsleiter. Dann widmet
sie sich nörgelnderweise ihren liebsten Untergebenen (es müssen
Lieblinge sein, sonst würde sie nicht soviel Zeit darauf verwenden, genau festzuhalten, was sie alles falsch machen), und
schließlich deutet sie an, daß Fred in letzter Zeit zu oft abwesend
war. Nach sechs Monaten hört Fred bei derartigen Sitzungen
nicht länger zu. Er sitzt, anfangs teilnahmslos, dann immer offen-
barer sichtlich ungeduldig auf seinem Stuhl. Er schaut auf die
Uhr, ordnet Büroklammern zu geometrischen Figuren, wippt unter dem Schreibtisch mit seinem Fuß auf und ab. Zu guter Letzt
erhebt er sich, murmelt etwas von einer Verabredung und sagt
schnell: «Bis demnächst», während er aus der Tür geht.
Freds Wunsch, das Weite zu suchen, ist ausgesprochen verständlich. Einem Nörgler aufmerksam zuzuhören kann einer ungeheuren Herausforderung gleichkommen. Ich gestehe, daß ich selbst
es immer als verteufelt schwierig empfunden habe, Nörglern *genau* zuzuhören. Meine innere Stimme sagt ständig: «Um Himmels willen, hören Sie mit der Nörgelei auf!»
Obwohl es nicht leicht fällt, ist das aufmerksame Zuhören leider
ein notwendiger erster Schritt, um mit Nörglern umgehen zu können. Zuhören, ob schwierig oder nicht, ist von elementarer Bedeutung für die zwischenmenschliche Kommunikation, und dies
sollte auf die richtige Art und Weise, zu passender Zeit, einfühl-
sam und vor allem aufmerksam geschehen.
Vier spezifische Gründe machen das Zuhören bei Nörglern besonders wichtig. Erstens verschafft es ihnen einfach die Möglichkeit,

Dampf abzulassen. Indem Probleme in Worte gefaßt werden, bauen sich Frustration, Angst, Ärger oder der Verdacht, gering geschätzt zu werden, ab – all die unzähligen Gefühle, die dem Versagen zugrunde liegen können. Denken Sie daran, daß Nörgler einen unterdrückten Ärger verspüren. Ohne die Gelegenheit, sich von diesem Druck zu befreien, können sie zu keiner konstruktiven Lösung der Probleme finden. Ein offenes Ohr kann beim Nörgler zweitens das Gefühl verringern, «abgewiesen» zu werden und machtlos zu sein, was das Lamento nur verstärkt. Drittens erhalten Sie durch das Zuhören die Informationen, die Sie benötigen, um den nächsten Schritt auf dem Weg zum reibungslosen Umgang mit dem Nörgler zu tun. Viertens und letztens merken Sie womöglich beim aufmerksamen Zuhören, daß die sich beklagende Person lediglich Verständnis braucht und gar kein Nörgler ist.

Bestätigen.
Der zweite Schritt wäre, das zu bestätigen, was der Nörgler gesagt hat. Bestätigung erfolgt, indem sie andere ausdrücklich wissen lassen, daß Sie *verstanden* haben, was sie Ihnen gesagt haben, daß Sie sich vorstellen können, wie diese sich fühlen, und daß Sie den anderen ernst nehmen. Der einfachste Weg, dies zu erreichen, besteht darin, die Ihrer Meinung nach wichtigsten Gesichtspunkte zu paraphrasieren und anschließend nach bestem Wissen zu beschreiben, wie sich der Nörgler in dieser schrecklichen Situation fühlt. Ihre Bestätigung dem Büroleiter gegenüber, der sich darüber beklagte, daß Ihre Arbeit immer zu spät einträfe, könnte sich etwa folgendermaßen anhören:
«Einen Augenblick, einen Augenblick, ich will sehen, ob ich Sie bisher richtig verstanden habe. In Ordnung, seit letztem Freitag haben Sie den Eindruck, daß die Arbeiten aus unserer Abteilung nicht vor 10 Uhr 30 bei Ihnen eintreffen, obwohl Sie diese bis 9 Uhr 45 haben müßten, um Ihre eigenen Arbeitsabläufe nicht unterbrechen zu müssen. Sie erinnern sich, zweimal letzte Woche angerufen zu haben, und es schien, daß das Telefon acht- oder neunmal klingelte, bevor abgehoben wurde. Sie haben mir in der Sache eine Notiz geschrieben, aber Sie sind sich sicher, daß es zwei Wochen gedauert hat, bevor ich geantwortet habe. Und im Moment sind Sie über die ganze Sache ziemlich aufgebracht.»

Unterbrechen Sie gegebenenfalls.
Um zu bestätigen, müssen Sie eventuell unterbrechen. Der Wortschwall mancher Nörgler scheint endlos; eine Kette von Aussagen, mit *und* oder *aber* verbunden, die wenige Möglichkeiten bietet, taktvoll ins Wort zu fallen. Aber sobald Sie den wesentlichen Punkt der Klagen verstanden haben, sollten Sie den anderen so höflich wie möglich, aber fest entschlossen bremsen. Indem Sie den Ablauf des Gesprächs dirigieren – beispielsweise wer wann über was spricht –, mindern Sie unmittelbar den «Wert» der Klagen für den Nörgler.

Verwenden Sie einschränkende Antworten.
Nörgler bevorzugen Worte wie *immer* und *nie*. Sie werden einfach behaupten, daß sie nie anrufen oder daß die Arbeit *immer* verspätet eintrifft. Sie können Nörglern dabei helfen, stärker auf eine Lösung des Problems hinzuarbeiten, was letztlich das Ziel beim Umgang mit Nörglern ist, indem Sie sie ermuntern, die Klagen an bestimmten Zeiten, Orten und Ereignissen festzumachen. Dies sollte jedoch nur dann getan werden, wenn Sie über genaue Informationen verfügen. *Falls* Sie sich daran erinnern, wann zum Beispiel die unbeantworteten Anrufe gemacht wurden, hilft es, dies zu sagen. Ihre Bestätigung lautet dann: «Sie haben am Dienstag und Freitag angerufen, und jedesmal dauerte es mindestens acht- oder neunmal, bevor der Anruf beantwortet wurde.»

Stimmen Sie nicht zu.
Während es sehr nützlich ist, den Nörgler zu bestätigen, ihm zuzustimmen ist es nicht. Bestätigung signalisiert Verstehen und bedeutet die Gewißheit, vom anderen wirklich wahrgenommen worden zu sein. Zustimmung dagegen bestärkt den Nörgler in seiner Annahme, daß Sie tatsächlich für die Existenz der Mißstände verantwortlich sind. Der Unterschied ist entscheidend. Achten Sie einmal darauf, wie die bestätigende Aussage von vorhin sich verändert, wenn sie zu einer zustimmenden Aussage wird:

«Sie sagen, daß die Arbeit unserer Abteilung verspätet war und Sie Schwierigkeiten hatten, mich zu erreichen. Nun, Sie haben recht. Wir hingen im letzten Monat hinterher, und ich habe ver-

sucht, meine Mitarbeiter dazu zu bringen, das Telefon schneller
zu beantworten. Es tut mir aufrichtig leid, daß Sie Ärger hatten.»

Auf den ersten Blick gesteht diese einfache Aussage lediglich
einen Ausrutscher ein, der dem Klagenden Unannehmlichkeiten
bereitet hat. Der Sprecher übernimmt aufrichtig die Verantwortung und zeigt sich reuig, beides ehrenhafte und hochanständige
Verhaltensweisen. Aber nicht, wenn Sie es mit einem Nörgler zu
tun haben! Das soll nicht heißen, daß diese nicht auf derartige
Eingeständnisse reagieren würden, besonders in Begleitung
einer Entschuldigung. Aber Nörgler reagieren in einer Weise, die
jeglicher praktischen Lösung des Problems im Wege steht.
Um zu verstehen, warum eine Entschuldigung oder Eingeständnis bei Nörglern nicht hilft, denken Sie als erstes an Ihre eigene
Reaktion, wenn Ihnen ein Fremder auf die Füße tritt. Ihrem
«Aua» wird wahrscheinlich ein schnelles «Oh, tut mir leid» folgen. Diese Entschuldigung ist aber weniger aufrichtige Reue über
den Fehltritt, sondern vielmehr Teil eines angelernten Sozialver-
haltens: eine indirekte Bitte um Verzeihung, auf die Sie erwartungsgemäß antworten: «Ach, ist schon gut.» Dieser kleine Dialog
entwickelte sich vermutlich als nützlicher sozialer Mechanismus,
um Auseinandersetzungen zu vermeiden. Aber er hat auch einen
Nachteil:
Stellen Sie sich vor, ein Gast zerbricht beim Herumalbern in Ihrem Haus ein wertvolles, mit vielen Erinnerungen belegtes Familienerbstück, eine Porzellanschüssel zum Beispiel. Obgleich Sie
sich vielleicht ein «Ist nicht so schlimm, machen Sie sich nichts
draus» abringen, *ist* es natürlich schlimm! Der Verlust schmerzt
Sie. Sie ärgern sich über die Unachtsamkeit Ihres Gastes. Aber
Sie behaupten wie automatisch das Gegenteil. Durch dieses seltsame Verhalten vertauschen sich die Rollen: Die den Ärger verur-
sachende Person wird von Ihnen, die Sie den Verlust erlitten haben, getröstet bzw. beschwichtigt.
Die Möglichkeiten, die diese angelernte Handlungsfolge dem
Übeltäter eröffnen, sind bestechend. Viele Kinder haben schnell
begriffen, daß ein rechtzeitiges «Huch, ich habe Mist gebaut» eine
mögliche Bestrafung in tröstenden Zuspruch umwandelt. Folge-

richtig nutzen auch Erwachsene das Schuldeingeständnis als soziales Manöver. Der Nachteil liegt selbstverständlich darin, daß dies zwar die Spannung für den Moment aufhebt, aber nicht zu einer produktiven Lösung des Problems führt. Ein Schuldeingeständnis verhindert den Tadel, ohne die Komplexität zu berücksichtigen, die *jedem* Problem zugrunde liegt. Während Ihr Gast durch sein Herumgealbere die Schale hat zu Bruch gehen lassen, fragt es sich, was ein wertvolles Familienerbstück eigentlich auf einem Partytisch zu suchen hat. Und schließlich haben Sie selbst den Clown eingeladen.

Nörglern gegenüber kann ein Schuldeingeständnis unter Umständen selbst für den Moment nicht funktionieren. Ganz im Gegenteil, wenn Sie es darauf abgesehen haben, mehr als den Ihnen zustehenden Teil der Nörgelei abzukriegen, geben Sie ihm recht und gestehen Sie Ihren Fehler ein. Der Dialog wird ungefähr wie folgt ablaufen:

«Nun, wir *sind* mit unserer Arbeit im Rückstand. Es tut mir wirklich leid, daß Sie dadurch solchen Ärger hatten.»

«Das sollte Ihnen auch leid tun. Und nun werde ich Ihnen gleich noch all die anderen Dinge erzählen, die Sie falsch machen.»

Wenn Sie dem Nörgler eingestehen, daß Sie im Unrecht sind, wird dies wahrscheinlich nicht nur als Zeichen Ihrer Unterwerfung empfunden, sondern bestärkt den Glauben des Nörglers, daß Sie in Wahrheit über alle Macht verfügen, die bemängelten Probleme zu lösen. Sie erklären den Sachverhalt für gültig, daß tatsächlich alles allein Ihre Schuld ist und der andere fehlerlos ist.

Vermeiden Sie die Abfolge:
Anklage–Verteidigung–Gegenanklage.

Nachdem Sie die Beschwerde des Nörglers bestätigt, ihr aber nicht zugestimmt haben, ist es wichtig, sich möglichst schnell der Lösung des Problems zuzuwenden. In erster Linie, um zu vermeiden, in eine heimtückische Gesprächssequenz verstrickt zu werden, die Nörgler überaus schätzen. Sie ist sehr passend als das Anklage–Verteidigungs–Gegenanklage-Muster bezeichnet worden und wurde erstmals bei gestörten Familien nachgewiesen. In dem traditionellen Modell der Kleinfamilie läßt sich dieses Muster in der folgenden Situation wiedererkennen:

ER (mit hilflos frustrierter Stimme): «Ich habe kein einziges sauberes Hemd anzuziehen.» (Anklage.)

SIE: «Nun, weißt du, die Kinder fühlten sich in den letzten Tagen nicht wohl, und ich hatte gestern soviel mit ihnen zu schaffen, und außerdem funktioniert die Waschmaschine nicht besonders, und ich hatte wieder mal Kopfschmerzen...» (Verteidigung.)

SIE (zunehmend verärgert): «...und wenn du deine schmutzigen Hemden doch bloß gleich in den Wäschekorb legen würdest, und überhaupt, wenn du mehr Geld verdienen und mehr Hemden kaufen würdest, hätten wir diesen Ärger gar nicht.» (Gegenanklage)

Die einleitende Bemerkung mag als Anklage gemeint gewesen sein oder auch nicht. Als Anklage *empfunden*, erhielt sie eine «rationale» Verteidigung, die zur Gegenanklage eskaliert. Die Gegenanklage wird erfahrungsgemäß eine weitere Verteidigung auslösen, diese Verteidigung einen Gegenangriff und so fort, zuweilen bis zu einem äußerst schmerzlichen Punkt. Zu diesem Zeitpunkt kann alles, was der andere sagt, als Anklage empfunden werden:

«Schöner Tag ist das heute.» – «Was willst du damit sagen? Ich bin am Wetter nicht schuld...»

Die wenigsten unter uns entgehen der Verstrickung in diesen faszinierenden Ablauf. Obgleich er sich in seiner reinsten Form in der Familie findet, habe ich dieses Muster auch an Arbeitsplätzen, Schulen und in Gemeinden angetroffen, überall dort, wo Menschen zusammen sind. Sicherlich wird dieses Muster in öffentlicherem Rahmen eher durch Höflichkeit und Anspielungen verdeckt, was es auch schwerer erkennbar und behandelbar macht. Wie Don Jackson, ein Familienforscher, aufgezeigt hat, ist es besonders heimtückisch, daß die ‹A–V–G› sich oberflächlich betrachtet wie ein nützliches Problemgespräch anhören kann. In Wirklichkeit behindert sie selbstverständlich die Lösung der Probleme.

Es ist wichtig, die ‹A–V–G›-Abfolge zu verstehen, denn beim Umgang mit Nörglern, diesen begabten Meistern der Anklage, ist es nur wahrscheinlich, daß unsere Abwehrmechanismen greifen. Sind wir nicht schließlich alle dahingehend erzogen worden, daß wir uns zu rechtfertigen haben, sobald etwas zu mißlingen droht? So wie es unseren Eltern vermittelt wurde und anschließend uns von ihnen, reichen auch wir an unsere Kinder die Überzeugung weiter, daß es immer einen Schuldigen gibt. Wenn die Milch verschüttet wurde, hat Gregory nicht aufgepaßt; wenn Rick in Mathematik eine Fünf bekommt, hat er nicht genug gepaukt. Wie stark diese Lehren die kindliche Welt durchziehen können, verdeutlicht eine kleine Episode, die sich während eines Erdbebens zugetragen hat. Die Mutter rief voller Panik nach ihrem Sohn, der sich während des Bebens im Obergeschoß aufhielt. Als Reaktion auf ihren gellenden Schrei: «Johnny, Johnny!» antwortete er: «Ich war's nicht, Mutter, ich war's nicht.»

Die ‹A–V–G› festigt beide Seiten in dem Glauben, daß die Schuld beim anderen liegt und liegen sollte. Obwohl dies letzten Endes zu nichts führt, gibt es auf jeden Fall ein Gefühl der Sicherheit. Aus diesem wesentlichen Grund werden Nörgler bewußt oder unbewußt das Muster aufrechterhalten. Daß sie, genau wie die von ihnen Angeklagten, verärgert, angewidert oder frustriert sind, belegt nur Freuds Diktum über das Verhalten geplagter Menschen: «Sie verschlimmern, was sie zu heilen versuchen.»

Beschreiben Sie die Situation ohne Kommentar oder Entschuldigung.

Die Gefahr, in das Muster ‹A–V–G› zu verfallen, macht es für Sie doppelt wichtig, die Sachverhalte zu bestätigen und darzulegen, allerdings kommentarlos und ohne Entschuldigung. Fragen nach Sachverhalten stellen sich in jeder Diskussion. Bei jemandem, der die Strategie der Anklage verfolgt, ist es besonders wichtig, so beschreibend wie möglich zu bleiben und, wenn überhaupt, nur wenige Schlüsse im Hinblick auf die Bedeutung der jeweiligen Verhaltensweisen zu ziehen. Wenn ein Nörgler behauptet, daß «es Ewigkeiten dauere, bis Sie einen Brief beantwortet haben», unterbrechen Sie sofort das Gespräch. Nehmen Sie den entsprechenden Ordner zu Hand, und suchen Sie den fraglichen Brief zusammen mit der möglicherweise vorhandenen Kopie Ihres Antwortschreibens heraus. In sachlichem Ton antworten Sie: «Nún, sehen wir mal, ja, hier ist Ihr Brief vom 12. Januar, und hier ist der Durchschlag unserer Antwort vom 2. Februar.» Legen Sie die

Korrespondenz in den Ordner zurück, ohne noch etwas hinzuzufügen. Keinen Kommentar, keine Entschuldigung oder Erklärung, ganz gleich wieviel Zeit zwischen dem Brief und der Antwort darauf, verstrichen ist. Wenn tatsächlich zwei Monate zwischen den beiden Briefen liegen, lassen Sie die Fakten für sich selbst sprechen. Wenn sich statt dessen herausstellt, daß die Antwort bereits sechs Tage nach Empfang des Briefes abgeschickt wurde – für die meisten Unternehmen ein recht guter Schnitt –, ist es natürlich sehr verlockend zu sagen: «Sehen Sie! Sehen Sie!» (Verteidigung und Gegenanklage in einem, und dazu noch äußerst sparsam zusammengefaßt.) Leider hält sich der Triumph nur bis zur Antwort (erneute Gegenanklage): «Nun, mir ist es völlig egal, ob Sie eine Kopie haben, ich habe den Brief erst zwei Monate später erhalten. Wenn Ihr Postdienst so schlecht ist...»

Wenden Sie sich der Lösung des Problems zu.
Der nächste Schritt beim Umgang mit Nörglern besteht darin, eine Lösung der von dem Nörgler hervorgehobenen Mißstände zu diskutieren. Die Lösung eines Problems sollte darin bestehen, daß nach Möglichkeiten gesucht wird, was in Zukunft verändert und verbessert werden kann. (Nörgler erinnern an die Genese eines Problems und schreiben Schuld zu.)
Paradoxerweise kann das Bestreben, ein Problem in Zukunft zu lösen, auch dazu dienen, eine ernsthafte Auseinandersetzung zu *vermeiden*. Diese Situation tritt besonders dann ein, wenn die Betroffenen einander eng verbunden sind oder hohe Erwartungen aneinander stellen – Freunde, Familienmitglieder oder Geschäftspartner zum Beispiel. Es ist verlockend, verletzenden Auseinandersetzungen auszuweichen und vorschnell über gefühlsbeladene Streitpunkte hinwegzugehen. «Laß uns nicht wieder alte Geschichten auskramen», verhindert das manchmal notwendige, wenngleich schmerzhafte erneute Öffnen alter, nicht verheilter Wunden. Es verhindert auch eine offenere Aussprache über widersprüchliche Gefühle. Unglücklicherweise können uneingestandene oder unaufgeschlüsselte Gefühle ein «Gespräch» vor- und rückwärts über das gleiche alte Geröll von Klagen und Gegenklagen führen. Aus diesem Grund verlangt das Lösen von Problemen in der Familie, unter Freunden oder Geschäftspart-

nern zuvor eine besonders gründliche Anstrengung, tieferliegende Streitpunkte oder Emotionen zu erkennen und zu diskutieren.

Stellen Sie speziell problemorientierte Fragen. Von der soeben angeführten Ausnahme abgesehen, sollten Sie sich nach den ersten Schritten beim Umgang mit Nörglern so bald wie möglich der Lösung der Probleme zuwenden. Hören Sie teilnehmend zu, bestätigen Sie anschließend, halten Sie dann kurz inne (wenn Sie zu lange unterbrechen, wird sich der Nörgler wieder zu Wort melden und das Gespräch an sich reißen wollen). Stellen Sie nun konkrete Fragen, die deutlich machen, daß Sie an einer Lösung der Probleme in Zukunft interessiert sind. Zum Beispiel: «Wann taucht das Problem auf?» – «Gibt es Situationen, wo es nicht auftaucht?» – «Wann ist es schlechter oder besser?» – «Welche Personen sind davon am meisten betroffen?» – «Woran merken Sie, daß es problematisch wird?» Ich schlage vor, das Wort *Warum* zu vermeiden, selbst wenn es möglicherweise angebracht erscheint, da es an elterliche Vorwürfe erinnern kann: «Warum hast du die Milch verschüttet?» «Warum hast du deine Schwester geärgert?» *Warum*-Fragen fordern eher zu langen, abwehrenden Rechtfertigungen oder Gegenanklagen auf, als daß sie die Möglichkeit geben, sachliche Informationen zu sammeln.

Rechnen Sie mit Frustration. Falls Sie es mit einem erfahrenen Nörgler zu tun haben, erwarten Sie nicht, daß dieser rationale, realitätsbezogene Ansatz gleich beim ersten oder zweiten Versuch funktioniert. Ihre Anstrengungen, das Problem zu lösen, können auf keinerlei Anerkennung stoßen oder sogar von neuen Klagen gefolgt werden. Rechnen Sie damit, sich gereizt zu fühlen und Schwierigkeiten zu haben, aufmerksam zuzuhören. Atmen Sie – nicht zu deutlich – tief durch, unterbrechen Sie, falls nötig, paraphrasieren Sie die Klagen und schalten Sie sich dann auf ein Neues mit den gleichen problemorientierten Fragen wieder ein: «Könnten wir auf die soeben von mir gestellten Fragen zurückkommen...»

Stecken Sie sich begrenzte Ziele. Möglicherweise können Sie den Nörgler bitten, die für das Problem relevanten Daten zusammenzustellen. Als Leiter eines Gemüsehandels könnten Sie beispielsweise sagen: «Schauen Sie, Mrs. Marshall, wir versuchen, die langen Wartezeiten zu verkürzen. Könnten Sie sich vielleicht die nächsten zwei Wochen über notieren, wie lange es jeweils dauert, bis Sie die Kasse passiert haben? Notieren Sie einfach Datum, Tageszeit und Wartezeit.»

Oder ein Manager kann einem Nörgler im Büro sagen: «Es würde mir helfen, unsere Abteilung wieder auf Vordermann zu bringen, wenn Sie die nächsten zwei Wochen über notierten, wann genau die ersten Werkstücke von unserer Abteilung bei Ihnen eintreffen.»

Dieser Schachzug ist insofern nützlich, da er die Kluft zwischen der ehrlichen Sorge des Nörglers und seines dahinterliegenden Gefühls der Nutzlosigkeit überbrückt. Sie sorgen für Antrieb und Zielrichtung, um dem anderen eine erste Tat zu ermöglichen. Er dagegen übernimmt die Arbeit. Eine für alle Beteiligten angenehme Situation.

Dringen Sie auf eine schriftliche Unterlage. Manche Menschen haben das Gefühl, ein Problem im Griff zu haben, sobald Sie es in Worte fassen und niederschreiben. Aus diesem Grund kann es nützlich sein, Nörgler darum zu bitten, ihre Klagen schriftlich niederzulegen.

«Schreiben Sie es auf!» prüft die Motivation des Nörglers oder zumindest, wie hoch oben auf seiner oder ihrer Prioritätenliste die Probleme stehen. Sie können Nörgler allerdings nicht abtun, indem Sie deren Klagen durch die Bitte um Niederschrift indirekt abblocken. Das ist nur das, was die Nörgler erwarten, und Sie erhalten die entsprechende Antwort darauf – noch mehr Klagen. Wenn Sie aber die Streitfälle und Probleme nie in schriftlicher Form erhalten, mögen manche Punkte, die eine Prüfung verlangen, schlichtweg übersehen werden. Folgende Vorgehensweise wird die Wahrscheinlichkeit erhöhen, daß Ihre Bitte um Niederschrift der Beschwerden tatsächlich befolgt wird: (1) Geben Sie einen Zeitpunkt an, zu dem Sie die Antwort erwarten. «Könnten Sie mir wohl eine kurze Beschreibung über die von Ihnen bemerkten Mißstände bis Ende dieser Woche zukommen lassen? Seien Sie möglichst genau, Hank.» (2) Haken Sie nach: «Heute ist Freitag, und ich habe Ihre Notiz über die Probleme erwartet, Hank. Wie sieht's mit Montag aus?»

Denken Sie daran, daß der Nörgler mit seinen Klagen meist in gewisser Weise recht hat, selbst wenn er deren Wert durch die Art, sie vorzubringen, negiert. *Jegliche* konstruktive Vorgehensweise von Nörglern zu unterstützen, ist die Anstrengung wert.

Die letzte Zuflucht.
Was tun, wenn nichts von alledem funktioniert? Der Nörgler bringt weiter seine Klagen vor, der Versuch, sich der Lösung der Probleme zuzuwenden, schlägt fehl, und auch alle Ihre sonstigen Anstrengungen finden keine Resonanz? Es gibt noch einen Kniff, der das Blatt wenden kann: Versuchen Sie, die Art der Interaktion zwischen Ihnen und dem Nörgler zu kommentieren. Unterbrechen Sie den Nörgler noch einmal, und sagen Sie zum Beispiel: «Einen Augenblick mal, Bill – worauf wollen Sie bei unserem Gespräch hinaus? Es ist jetzt halb drei. Um Viertel vor drei habe ich einen Termin. Wohin soll unser Gespräch bis dahin geführt haben?»
Natürlich muß dies gesagt werden, ohne dem Nörgler sein Nörgeln vorzuwerfen, was ich persönlich niemals einfach finde. Ich erinnere mich an viele Situationen, in denen ich eine so erschöpfte, dumpfe Verärgerung über das Lamento eines Nörglers verspürte, daß ich bereit war, ihm den Garaus zu machen – befriedigend, aber nicht sehr nützlich.
Wenn Sie Glück haben und die Umstände günstig sind, reagiert der Nörgler mit: «Was? Was? Nun, hm, ich schätze, ich will, daß du meinen Toaster reparierst.» Oder: «Wenn Ihre Arbeit wenigstens bis Viertel vor zehn – spätestens zehn – bei unserer Abteilung eintreffen könnte...» Das ist natürlich Ihr Stichwort, auf ein Neues eine Lösung des Problems zu versuchen. Aber diesmal sind Sie vom Nörgler selbst dazu aufgefordert worden.
Sie sollten davon ausgehen, daß dieser Kniff nicht gleich beim erstenmal funktioniert. Nörgler sind letztendlich nicht sehr aufmerksam. Ihre Konzentration richtet sich auf ihre Klagen. Machen Sie sich darauf gefaßt, erneut dazwischenfahren zu müssen und es ein zweites Mal zu versuchen.
Folgendes können Sie sich nach Ihren Anstrengungen erhoffen: (1) Dem Nörgler fehlt Ihre Bestärkung, das heißt, Sie tun nicht, was von Ihnen «verlangt» wurde – verteidigen, gegenangreifen, entschuldigen, alles wegerklären oder zum Zimmer hinausgehen –, und er oder sie hört folglich mit dem Nörgeln auf. (2) Ange-

sichts Ihrer konsequenten Versuche, den praktischen Denker hervorzulocken, der irgendwo im Nörgler steckt, erlebt dieser sich selbst dabei, wie er auf problemorientierte Weise an eine Situation herangeht. (3) Sie erfahren von Problemen, von denen Sie bislang gar nichts wußten, rechtzeitig, um etwas dagegen zu unternehmen, mit oder ohne den Nörgler. (4) Wenn dies alles nicht eintrifft, greift der Nörgler zur naheliegendsten Lösung – er läßt von Ihnen ab und sucht sich ein anderes, dankbareres Ohr für seine Klagen.

Noch einmal, vergessen Sie nicht, daß es uns um den möglichst reibungslosen Umgang geht und nicht darum, jemanden zu ändern und weiterzuentwickeln.

‹Dreiecksnörgler› um drei Ecken führen

Zusätzlich zu diesen allgemeinen Methoden, um mit Nörglern zurechtzukommen, hier noch ein Drei-Punkte-Plan, um mit ‹Dreiecksnörglern› umzugehen, diesen schwierigen Leuten, die einem ohne Unterlaß von den Missetaten anderer erzählen. Der Plan funktioniert am besten bei Untergebenen, kann aber unter Umständen auch erfolgreich bei Kollegen und Geschäftspartnern eingesetzt werden.

Versetzen Sie sich in die Lage von Paula, die Vorgesetzte von Marilee und Roger. Marilee ist wieder dabei, Ihnen von Rogers langen Mittagspausen und dessen spätem Eintreffen am Arbeitsplatz zu erzählen. Diesmal reagieren Sie jedoch anders, nachdem Sie zugehört und bestätigt haben – Sie akzeptieren nicht Ihre alleinige Verantwortung für den nächsten Schritt.

«Haben Sie mit... gesprochen?» Sie mögen vielleicht Marilees Beobachtungen über Rogers Arbeitsleistung nicht direkt verwenden können, aber Marilee kann es. Deshalb sollte Ihre erste Antwort lauten: «Haben Sie Roger erzählt, was Sie mir gerade gesagt haben?» Falls dies auf ein interessiertes «Nein, aber wie sollte ich das denn machen?» stößt, können Sie Marilee vorschlagen, sich um ein privates Gespräch mit Roger bei einer Tasse Kaffee zu bemühen, wobei sie dann über Möglichkeiten einer besseren Zusammenarbeit sprechen könnten.

«Kann ich mit... sprechen?» Sofern Marilee dem typischen Drei-

ecksnörgler entspricht und nicht allein mit Roger sprechen will, sagen Sie: «Kann ich mit Roger darüber sprechen, was Sie mir gerade über ihn erzählt haben und daß Sie es mir gesagt haben?» Antwortet sie «ja», können Sie nun über festumrissene und konkrete Dinge mit Roger verhandeln. Ihre Chancen auf einen erfolgreichen Ausgang des Gesprächs sind so sehr viel größer, als wenn Sie zu ihm sagen müßten: «Roger, mir ist zu Ohren gekommen, daß manche Leute Sie morgens nur mit Mühe erreichen können.» Selbstverständlich kann Roger immer noch seine Unschuld beteuern, andere beschuldigen oder die Sache wegerklären. Aber das fällt schwerer, wenn Sie anführen: «Marilee sagte mir, sie hat Sie zweimal letzte Woche um 9 Uhr nicht erreichen können, um über gemeinsame Arbeiten zu sprechen.» Auf diese Weise umgehen Sie auch die Gefahr, daß die Zusammenarbeit zwischen Roger und Ihnen gestört wird.

Ich gebe allerdings zu, daß die Wahrscheinlichkeit, daß Marilee Ihrem Vorschlag zustimmt, nicht allzu groß ist. Deshalb hier der nächste Bremshebel:

Ich würde gerne...» Wenn Marilee Ihnen nicht erlaubt, sie als Informantin Roger gegenüber zu erwähnen, scheint mir eine Variante beider Methoden das beste: «Nun, ich sehe ein, daß es Ihnen widerstrebt, eine Diskussion mit Roger allein anzufangen, aber ich bin gerne bereit, eine zu veranlassen und mit Ihnen beiden zusammenzukommen, um der Sache auf den Grund zu gehen.»

Falls Marilees Antwort positiv ist, bereiten Sie dieses Gespräch vor. Ihre Rolle sollte die einer beratenden dritten Person sein; Sie unterstützen beide Seiten, auf daß dem anderen zugehört, er verstanden und sein Anliegen anerkannt wird; Sie helfen bei der Problemdefinition; Sie wirken bei der Suche nach Lösungen mit. Als Vorgesetzter können Sie darauf bestehen, daß eine Lösung für das Problem gefunden wird. Jedoch sollten Sie die Rolle der richtenden Autorität vermeiden, deren Entscheidung später sabotiert werden könnte. Nach dem dritten Treffen haben Sie die Sache vielleicht bereinigt, oder Marilee wird sich zumindest nicht mehr bei *Ihnen* beklagen.

Schlägt Marilee diesen Vorschlag erneut aus, sollten Sie auf jeden Fall entgegnen: «Nun, falls Sie Ihre Meinung ändern, so lassen Sie es mich wissen.» Damit liegt die Entscheidung bei Marilee, nicht bei Ihnen, so daß es für sie sehr viel schwerer wird, sich weiterhin bei Ihnen zu beschweren. Bei dieser Vorgehensweise hält Sie nichts davon ab, selbst weitere Nachforschungen anzustellen und dabei alle Fakten zu sammeln, die einem produktiven Gespräch mit Roger dienlich sein könnten.

Wenn Sie nicht der Chef sind.
Es ist unangenehm und sogar bedrückend, zum Zuhörer übler Nachrede über einen Mitarbeiter durch einen Dritten zu werden. Die angemessene Reaktion ist den meisten Menschen bekannt; die Durchführung jedoch ist schwierig.
Falls Sie Sam zustimmen, wenn er Ihnen erzählt, wie faul Rex doch sei, besteht Ihr Hauptproblem darin, wieviel Zeit Sie auf das Anhören von Getratsche verwenden können. Diese Beschäftigung birgt eine gewisse Befriedigung, da Sie sich sowohl Rex gegenüber – weil er faul ist – als auch Sam gegenüber – weil er ein Tratschmaul ist – überlegen fühlen können. All das, ohne den Glauben an Ihre eigene Integrität in Frage zu stellen, da Sie lediglich Ihren Eindruck von Rex bestätigt finden. Falls Rex ein ernsthaftes Problem darstellt, versuchen Sie möglicherweise, Ihre Übereinstimmung zum Ausgangspunkt zu machen, um etwas zu verändern, indem Sie Sam fragen: «Was sollten und könnten wir gegen Rex *unternehmen?*» Überraschenderweise mag sogar ein Aktionsplan hieraus hervorgehen.
Als Mitglied einer Gruppe von Freiwilligen mit einem ausgesprochen ineffizienten, aber sehr beliebten Leiter habe ich derartige Erfahrungen machen können. Nach mehreren Monaten des Klagens innerhalb der Gruppe fragte einer: «Nun, was werden wir dagegen *unternehmen?*» Betretenes Schweigen. Schließlich ließen wir uns auf eine konstruktive Diskussion ein. Das Ergebnis war die Gründung eines Komitees, welches dem älteren Leiter die Notwendigkeit eines «Neuansatzes» nahelegte und für ihren alten Freund eine ehrenhafte, neue Rolle in der Gruppe entwickelte. Die Schwierigkeit derartiger Aktionen liegt in der Überwindung der eigenen Selbstgefälligkeit, die das einverständige Klagen erzeugen kann, hin zu einer Umsetzung, die alle Beteiligten dazu zwingt, sich der Komplexität der Situation zu stellen – eine in der Regel wenig befriedigende Beschäftigung.

Um zu unserem Beispiel zurückzukehren: Falls Sie mit Sam nicht
übereinstimmen, daß Rex faul ist, Sie dessen Klage aber anhören,
ist Ihre Reaktion schwierig. Schweigend dazusitzen und durch
das Schweigen scheinbare Zustimmung zu signalisieren ist ein
selbsterniedrigendes Verhalten. Und doch tun wir dies alle viel zu
häufig, weil wir uns nicht auf eine offene Konfrontation einlassen
wollen oder das wärmende Gefühl der Gruppenzugehörigkeit
nicht aufs Spiel setzen wollen. Und was schaden schließlich ein
paar abwertende Worte, die Rex letztendlich nie zu hören bekommen wird?

Derartige Nachrede kann auf mehr als eine Weise schaden. Jedesmal wenn Rex ohne Widerspruch faul genannt wird, wird Sam in
seiner Überzeugung bestärkt. Er mag seinen negativen Eindruck
an andere weitertragen und dabei Ihre «Zustimmung» als zusätzlichen Beweis anführen. Aus Respekt vor Rex werden Sie diesem
vielleicht erzählen, was Sam gesagt hat. Damit provozieren Sie
geradezu eine Reaktion von Rex. Möglicherweise, geradezu wahrscheinlich wird er sich in eine wütende Auseinandersetzung mit
Sam stürzen, wobei letzterer sicherlich jede absichtliche Beleidigung abstreiten wird. Sam wird sich anschließend verunglimpft
fühlen, Rex enttäuscht und mißachtet. Ihr eigenes Gefühl, sich
selbst und Rex gegenüber versagt zu haben, wird vielleicht dazu
führen, ihn zu meiden. Gäbe es Rex nicht, wären Sie schließlich
nicht in diese Geschichte verwickelt worden...

Meiner Ansicht nach gibt es zwei Dinge zu tun, wenn Sie mit dem
Nörgler nicht übereinstimmen: Sie dürfen nicht durch Ihr
Schweigen scheinbar zustimmen; Sie sollten Sams negativen Eindruck durch Ihre eigene gute Meinung ausgleichen. Dadurch vermeiden Sie, daß andere, die Rex nicht kennen, Sams Meinung akzeptieren. Außerdem wird Ihre Beziehung zu Rex durch nichts
getrübt. Und wenn Rex darüber hinaus erfährt, daß Sams Aussage nicht unwidersprochen blieb, wird sich sein Impuls, übereilt
zu handeln, leichter zügeln lassen.

Die Kunst besteht darin, Sams Meinung zu widersprechen, ohne
sie als falsch hinzustellen. Sie werden wahrscheinlich nur wenig
erreichen, wenn Sie Sam davon zu überzeugen versuchen, daß
seine Auffassung über Rex nicht richtig ist. Indem Sie ihn herausfordern, steigern Sie die Spannung in einer bereits gereizten Si-

tuation ohne große Aussichten auf Erfolg. Außerdem wissen Sie gar nicht, ob Rex in seiner Zusammenarbeit mit Sam nicht vielleicht faul *war* oder ob er nicht vielleicht zumindest in gewisser Weise Anlaß dazu gegeben hat, zum Beispiel, indem er das Büro immer sehr zeitig verlassen hat, weshalb Sam ihn «faul» nennt. Wenn Ihr Widerspruch bei Sam Zweifel über die Gültigkeit seiner eigenen Meinung auslöst, ist dies nur erfreulich. In jedem Fall aber bewegen Sie sich auf höchst unsicherem Terrain, wenn Sie versuchen, Sam davon zu überzeugen, daß Sie in Hinblick auf Rex recht haben und er sich irrt.

Äußern Sie Ihre abweichende Auffassung so bald wie möglich. Wie in jeder Situation, in der «nein» gesagt werden muß, bewirkt der Aufschub, daß das soziale Unbehagen zunimmt. Es ist auf jeden Fall leichter, einen Eklat zu vermeiden, wenn Sie Sams Äußerung durch Ihre eigene Einschätzung relativieren. Sollte jedoch der richtige Augenblick verstrichen sein und Sie erst dann all Ihren Mut zusammenhaben, wenn der andere gerade weggehen will, sollten Sie dennoch sprechen. Ein nachgerufenes: «Ach, übrigens, ich finde, Rex ist ein ziemliches Arbeitstier», während Sam den Gang hinuntergeht, mag nicht die beste Art sein, aber es ist besser als nichts.

Seien wir realistisch, Ihr Ziel lautet, Sam mit möglichst geringem eigenen Aufwand zu widerlegen. Wenn der Aufwand zu hoch wird, tun Sie vielleicht nichts mehr. Deshalb sollten Sie die Situation schon früh so sachlich wie möglich halten. «Es ist wirklich interessant, Sam, daß Sie und ich so unterschiedliche Eindrücke von Rex haben. Ich habe mit ihm eine Zeitlang in der Renfrew-Sache zusammengearbeitet, und er hat nie einen Termin versäumt, hat sogar nachts gearbeitet.» Falls Sie Rex zuvor noch nicht kannten, reicht es zu sagen: «Ich bin gespannt, ob ich die gleiche Erfahrung mit Rex machen werde wie Sie, wenn ich ihm begegne.»

Schließlich sollten Sie nach Möglichkeit immer möglichst genaue und konkrete Beobachtungen äußern und nicht auf Allgemeinplätze der Art «Rex ist wirklich ein prima Typ» zurückgreifen.

Zusammenfassung

▸ Hören Sie den Beschwerden genau zu, selbst wenn es Ihnen schwerfällt oder Sie ungeduldig werden.

▸ Bestätigen Sie das Gesagte, indem Sie es paraphrasieren, und prüfen Sie, wie der andere reagiert.

▸ Stimmen Sie den Behauptungen nicht zu, und rechtfertigen Sie diese nicht, selbst wenn Sie sie momentan als gerechtfertigt akzeptieren.

▸ Vermeiden Sie das Anklage–Verteidigung–Gegenanklage-Muster.

▸ Wiederholen und stellen Sie Fakten ohne Bewertung dar.

▸ Versuchen Sie sich der Lösung des Problems zuzuwenden, indem Sie:
genaue, informative Fragen stellen,
begrenzte, auf Fakten zielende Aufgaben zuteilen,
um eine schriftliche Abfassung der Beschwerden bitten, meinen Sie es jedoch ernst und bieten Sie Ihre Unterstützung an.

▸ Falls alles andere versagt, fragen Sie den Nörgler: «Worauf soll das Gespräch eigentlich hinauslaufen?»

Kapitel 4

Stumme Fische: Die Schweigsamen und Unzugänglichen

Helen hatte gerade ihre Präsentation vor den leitenden Angestellten einer Agentur beendet, von der sie hoffte, daß diese bald zu einem der Hauptkunden ihres neuen Unternehmens werden würde. Enthusiastisch hatte sie die vielen nützlichen Dienste beschrieben und erläutert, die sie und ihre Kollegen leisten könnten. Zuversichtlich, ihre Sache gut gemacht zu haben, schloß sie mit den Worten: «Haben die Herren noch irgendwelche Fragen oder Bemerkungen?» Schon nach wenigen Sekunden merkte sie, daß sie sich auf eine Katastrophe gefaßt machen mußte. Keine interessierte, zustimmende Reaktion. Noch nicht einmal ein Kommentar. Nur drei Augenpaare – eins starrte sie an, eins den Tisch und eins aus dem Fenster. Als das Schweigen andauerte, spürte sie ihr Selbstvertrauen schwinden. «Ehm, sollte ich irgend etwas noch mal verdeutlichen?» fragte sie verzagt nach.

«Könnten Sie Ihr Auto wohl mehr auf Ihrer Seite der Auffahrt parken», bat Tom seinen Nachbarn. «Wir haben etwas Schwierigkeiten beim Aussteigen.» Keine Antwort. Tom fuhr fort: «Nun, ich weiß, es gibt keine richtige Trennlinie, aber da wir die gleiche Auffahrt benutzen, habe ich mir die Linie immer in der Mitte vorgestellt.» Nachbar Ed schwieg immer noch und polierte bedächtig seinen Wagen. «Hm», seufzte Tom, während er sich umdrehte, um die Stufen zu seiner Haustür hochzugehen, «ich schätze, wir können auch auf der anderen Seite aus dem Wagen steigen...»

Das Verhalten

Sie haben etwas gesagt oder gefragt. Sie erwarten eine vernünftige und angemessene Antwort. Statt dessen hören Sie bloß »hm«, «nöh», vielleicht ein Grunzen, wahrscheinlich aber gar nichts. Unzugängliche Leute verschließen sich gerade in den Augenblikken, da Sie eine Antwort erwarten oder ein Gespräch führen wollen. Diese stummen Fische erinnern an ihre Vorbilder aus der Tierwelt: Sie entwinden sich jeglicher Kontroverse durch Schweigen, entschlüpfen, sind nicht zu fassen. Mit diesen schwierigen Leuten umzugehen, mag nicht so aufreibend sein wie der Umgang mit ‹Heckenschützen› oder Nörglern, aber es kann einen noch leichter zur Verzweiflung bringen.

Nicht alle stillen Menschen sind stumme Fische. Manche Leute sagen nichts, weil sie so klug sind zu erkennen, daß sie nichts Vernünftiges beitragen können. Andere blenden gerne die Dinge aus, die für ihre Zwecke nicht relevant sind; sie haken Sie ab, noch während Sie sprechen. Andere sind vorübergehend schweigsam, weil sie aufmerksam dem Gespräch zuhören, und sie werden ihren Teil dazu beitragen, sobald sie etwas zu sagen haben.

Was unterscheidet stumme Fische von diesen aus unterschiedlichen Gründen eine Zeitlang schweigsamen Menschen? Leider gibt es keinen hervorstechenden Charakterzug, so wie die ständige Klage des Nörglers, die stumme Fische charakterisiert. Stille Menschen versuchen normalerweise nicht, um jeden Preis direkte Fragen zu ignorieren wie Nachbar Ed, und sie werden reagieren, auch wenn sie ihrer Meinung nach zu einem Gespräch nichts beitragen können. Darüber hinaus aber ist es, wie wir sehen werden, oft schwierig, stumme Fische von anderen zurückhaltenden Menschen zu unterscheiden.

Stumme Fische verstehen

Besonders verwirrend bei stummen Fischen ist der Umstand, daß sie in so vielen Variationen auftauchen. Gemeinsam ist ihnen jedoch ihre Unzugänglichkeit, da ihnen dies eine Reihe unmittelbarer Vorteile verschafft. Im folgenden sind einige Beispiele angeführt, die erklären, warum Verschlossenheit für verschiedene Arten von stummen Fischen sinnvoll ist.

Für manche ist Unzugänglichkeit eine Möglichkeit, auf unverbindliche Weise mit potentiell schmerzhaften zwischenmenschlichen Situationen fertigzuwerden. Wenn ich zum Beispiel zugebe, daß ich das Frankiergerät für alle meine Weihnachtssendungen ins Ausland benutzt habe, werde ich Ärger bekommen. Wenn ich lüge, werde ich ein schlechtes Gewissen haben. Wenn ich nichts sage, wird der andere jedoch entweder das Reden übernehmen oder mich in Ruhe lassen.

Für andere unzugängliche Leute liegt der Reiz des Schweigens in einer berechneten Aggressivität. Wenn Sie Menschen, die auf eine Unterredung mit Ihnen hoffen oder angewiesen sind, verletzen oder beherrschen wollen, kommt nichts an Finesse und Sicherheit der offensichtlich zweckdienlichen Vorenthaltung Ihres Gesprächanteils gleich. Sie können dabei zuschauen, wie der andere immer frustrierter wird, wie seine Würde und sein selbstsicheres Auftreten beim Anblick Ihres versteinerten Gesichtsausdrucks verlöschen. Ein solches Schauspiel läßt sich schwer überbieten.

Für manche ist das Sich-Verschließen ein Weg, sich selbst auszuweichen. Worte verleihen Gedanken und Gefühlen eine reale Gestalt. Wenn man geheime Ängste oder Sehnsüchte formuliert, ist man gleichzeitig mit deren Existenz konfrontiert. Es ist viel sicherer, alles für sich zu behalten, alles zu vertuschen, indem man sich hinter der Verwirrung der anderen versteckt, der ganzen Angelegenheit schweigend aus dem Wege geht und anderen das Reden überläßt.

Wie können Sie herausfinden, was das Schweigen jeweils bedeutet? Bei dem Versuch, das Schweigen eines anderen zu interpretieren, bemühen die meisten von uns ihre eigenen Erfahrungen und schätzen, daß es Angst verdecken soll, Wut oder eine boshafte Arbeitsverweigerung. So wie bei jeder nonverbalen Kommunikation hat das Schweigen zu verschiedenen Zeiten bei verschiedenen Menschen Verschiedenes zu bedeuten. Um zu begreifen, was es in der bestimmten Situation aussagt, müssen wir nach Hinweisen bei den sonstigen Formen nonverbaler Kommunikation der stummen Fische suchen.

Es gibt zwei grundsätzliche Kategorien nonverbaler Zeichen:

Kommunikation mit den Händen und mit dem Gesichtsausdruck. Nonverbale Zeichen mit den Händen – dieses Spektrum symbolischer, stilisierter Gesten, das wir gebrauchen wie Worte, als Zeichen oder Signale mit standardisierten Bedeutungen – sind recht leicht zu entziffernde Hinweise. Wenn ich die Faust gegen Sie ausstrecke, ohne zu lächeln, zweifeln Sie dann daran, daß ich sauer auf Sie bin? Es gibt eine große Vielfalt an Finger-, Hand- und Armbewegungen, Körperhaltungen oder Arten und Stellen, den anderen zu berühren, die wir für solche bewußte Kommunikation einsetzen. Obwohl Gesten wie Worte mißverstanden werden können, ist dies meist nicht der Fall.

Die zweite Kategorie der nonverbalen Zeichen senden wir meist unbeabsichtigt aus. Dazu gehört die große Zahl physiologischer und anatomischer Reaktionen, die jeden inneren Gefühlszustand begleiten; manche dieser Reaktionen spürt man in sich, die meisten allerdings sind uns absolut nicht bewußt. Für diejenigen, die sie bemerken, besitzen diese Reaktionen eine erhebliche, wenngleich verwirrende Bedeutung. Sergeant Peterson beschrieb beispielsweise die nonverbalen Zeichen seines Vorgesetzten, die er seit acht Monaten beobachtet:

«Wenn ich eine Unterredung mit meinem wachhabenden Leutnant über ein Problem in der Einheit führe, habe ich es mir angewöhnt, ihn im Auge zu behalten. Plötzlich erstarrt er – als würde er zu einer Statue. Dann runzelt er die Stirn, seine Mundwinkel rutschen nach unten, und sein Gesicht wird feuerrot. Das soll nicht heißen, daß er zu reden aufhört. Er fährt einfach fort, als wäre nichts geschehen. Bislang habe ich drei Gründe für diese Reaktion gefunden. Ihm mißfällt, was ich getan habe, ihm ist eine Idee zur Lösung des Problems eingefallen, oder er erinnert sich an etwas, was er vergessen hat.»

Fäuste recken, Zeigefinger hochstrecken oder Lächeln in einer Bar werden meistens von jedem, der in unserer Gesellschaft aufgewachsen ist, recht einfach verstanden. Eine gerunzelte Stirn und ein rot angelaufenes Gesicht bereiten viel größere Schwierigkeiten. Bei einem mag es heißen «Ich bin erschreckt», beim anderen «Ich bin wütend» und beim dritten schließlich «Ich denke nach». Um es noch verwirrender zu machen, kann die gerunzelte

Stirn und der finstere Gesichtsausdruck bei demselben Menschen einmal Wut und ein andermal Nachdenken ausdrücken.

Nonverbale Zeichen reichen denn auch selten aus, um auf den Charakter des schweigsamen Wesens vor Ihnen schließen zu können. Es ist extrem leichtsinnig, einfach zu raten, was in einer stummen und unzugänglichen Person vor sich geht, denn falls Ihre Vermutung falsch ist, könnten Sie Probleme schaffen, die eigentlich gar nicht vorhanden waren. Wenn Sie einen ängstlichen Menschen behandeln, als wäre er wütend, zaubern Sie sich Ihre eigene schwierige Person herbei. Deshalb geht es beim Umgang mit stummen Fischen im wesentlichen darum, diese zum Sprechen zu bringen.

An dieser Stelle will ich abschließend noch einmal wiederholen:

▶ Stumme Fische sind stille, unzugängliche Menschen, die nicht sprechen wollen oder können, wenn Sie auf eine Unterredung mit ihnen angewiesen sind.

▶ Es ist oft schwer zu verstehen, was das Schweigen oder die fehlende Antwort bedeutet.

▶ Deshalb besteht Ihre Hauptaufgabe darin, Ihr Gegenüber zum Sprechen zu bringen.

Der Umgang mit stummen Fischen

Stellen Sie sich vor, Sie seien der Vorgesetzte von Rita, der mit ihr über dem Jahresbericht zusammensitzt. Sie beginnen damit, ihr ein paar Sachen zu sagen, gute und schlechte, die Sie an ihr beobachtet haben. Anschließend sind Sie zu einem Gespräch bereit. Sie wüßten gerne, was Rita dazu denkt. Stimmt sie Ihrer Einschätzung zu? Hat sie selbst Ideen, wie sie ihr Verhalten verbessern könnte? Es ist nur normal, dies zu erwarten. Rita zeigt keinerlei Reaktion. Sie sitzt da, starrt zu Boden und trommelt leicht mit den Fingern gegen die Armlehne des Stuhls. Sie fragen sich daraufhin: Ist sie wütend? Hat sie es auf eine Kraftprobe abgesehen, oder will sie mich gleich attackieren? Vielleicht bangt sie nur um ihre Stelle? Vielleicht ist sie nur ein Mensch, der nichts zu sagen hat? Vielleicht dies, vielleicht das, vielleicht sonstwas. Was auch immer der Grund für Ritas Schweigen sein mag, um mit ihr umgehen zu können, müssen Sie mehr erfahren. Der einzige Weg besteht darin, den stummen Fisch zum Sprechen zu bringen.

Stellen Sie offene Fragen.
Die naheliegendste Möglichkeit, jemanden zum Sprechen zu bringen, ist, ihm Fragen zu stellen. Sie könnten Ihre Ausführungen Rita gegenüber mit den Worten abschließen: «Stimmen Sie mir zu?» – «Haben Sie etwas hinzuzufügen?» Oder «Soll ich fortfahren?» Das sind allesamt vernünftige Fragen. Aber bei einem stummen Fisch funktionieren sie nicht, weil sie alle «geschlossen» sind, das heißt, sie können mit ja oder nein beantwortet werden, mit Worten oder Gesten.

Um einen stummen Fisch zum Reden zu ermuntern, müssen Sie offene Fragen stellen, Fragen, die nicht mit einem Wort oder einem Nicken beantwortet sind. Die offenen Fragen, die Sie Rita stellen könnten, lauten: «Was halten Sie von meinen bisherigen Ausführungen?» – «Wie reagieren Sie darauf?» – «Was fällt Ihnen spontan dazu ein?» Helen, die Sprecherin aus dem ersten Beispiel dieses Kapitels, hätte eine viel bessere Chance gehabt, von den leitenden Angestellten der Agentur ein Feedback zu bekommen, wenn sie derartige offene Fragen gestellt hätte. Natürlich kann ein eingefleischter stummer Fisch auch bei derartigen Fragen unzugänglich bleiben, aber es verlangt schon eine beträchtliche Anstrengung, darauf nicht zu reagieren.

Blicken Sie freundlich und ruhig.
Offene Fragen sind besonders wirksam, wenn sie von freundlichen, ruhigen Blicken begleitet werden. Der freundliche ruhige Blick verlangt nach einem fragenden, erwartungsvollen Gesichtsausdruck, Augenbrauen hochgezogen, Augen weit offen (lachen Sie nicht, es funktioniert wirklich). Falls es Ihnen nicht schwerfällt, kann ein leichtes Lächeln den Ängstlichen als Einladung dienen. Manche Leute – diejenigen beispielsweise, deren Schweigen Angst verdeckt – interpretieren direkten Augenkontakt als Zudringlichkeit oder als Forderung. Deshalb richten Sie Ihren Blick lieber auf ein neutrales Gebiet wie die Lippen oder das Kinn und schauen Sie dem Gegenüber nicht direkt in die Augen. Auf jeden Fall sollte Ihr Gesichtsausdruck signalisieren,

daß Sie jeden Moment mit einer Antwort des stummen Fisches rechnen.

Freundliche, ruhige Blicke erreichen dreierlei: (1) Sie verschaffen eine Ruhepause, um Gedanken zu sammeln. (2) Sie geben Ihnen etwas zu tun und zu denken, während Sie darauf warten, daß der stumme Fisch zu reden beginnt. (3) Es bereitet den Boden für die Anwendung der Kraft, die Ihr Schweigen erzeugt.

Damit Sie besser wirken, sollten Sie Ihre freundlichen, ruhigen Blicke länger beizubehalten versuchen, als es Ihnen erwartungsgemäß selbst angenehm wäre. Vielen Menschen wird ein länger andauerndes Schweigen zunehmend unangenehm. Das liegt teilweise daran, daß die Dauer eines Schweigens oft schwer zu bemessen ist. Vielleicht hilft es Ihnen, die Zeit zu erfassen, wenn Sie still für sich zählen, «tausend und eins, tausend und zwei», und so fort. Das beschäftigt Sie, während Sie dasitzen und munter und erwartungsvoll dreinschauen. Zu wissen, daß das Schweigen erst 40 Sekunden dauert, hilft, es auszuhalten.

Achten Sie darauf, *nicht* mit dem stummen Fisch um die Wette zu schweigen. Sobald Sie merken, daß Sie denken «Wer hält am längsten durch», wenden Sie sich dem nächsten Schritt zu.

Füllen Sie nicht die Lücke.
Stumme Fische haben gelernt, in heiklen Situationen zu schweigen, weil immer ein anderer sie durch sein Reden gerettet hat. Ob es nun Geschrei, Belehrungen oder höfliches Geplauder war, eines anderen Worte bewahrten sie davor, in einer wie immer gearteten unangenehmen Situation das Wort zu ergreifen. Verstärken Sie keinesfalls dieses Muster, indem Sie das Schweigen brechen und wieder zum Wesentlichen Ihres «Gesprächs» zurückkehren. Wenn Sie den Faden wieder aufgreifen, geraten Sie nur noch tiefer in die Klemme: «Okay, ehm, nun, ehm, Rita, wie sind Sie mit dem neuen Buchhaltungssystem zurechtgekommen? Erhalten Sie alle nötigen Informationen?» Machen Sie sich darauf gefaßt, daß Sie sich genau so werden verhalten wollen. Uns allen wurde beigebracht, peinliche Situationen, wenn irgend möglich, zu umgehen. Ihr Vorwissen wird es Ihnen leichter machen, zu widerstehen und Ihnen eine alternative Reaktion an die Hand geben.

Kommentieren Sie das Geschehen.
Bedenken Sie die Situation. Sie haben ein Gespräch zu einer angemessenen Zeit über ein wichtiges Thema begonnen. Sie haben
von dem stummen Fisch keine Antwort erhalten. Sie haben abge-
wartet, Sie haben empfänglich und erwartungsvoll dreinge-
schaut, sind dennoch auf keinerlei Reaktion gestoßen. In einer
solch verrückten Lage gibt es nur eine vernünftige Antwort: Machen Sie einen demonstrativen Schritt zur Seite und kommentieren Sie das seltsame Geschehen. Das wäre auch für Tom die beste
Taktik im Umgang mit dem stummen Nachbarn Ed gewesen.
Manchmal ist es möglich, dies lediglich durch einen fragenden
Blick und eine stumme Geste zu verdeutlichen. Meistens ist es
aber nötig, sich klarer auszudrücken: «Ich habe eine Antwort von
Ihnen erwartet, Rita, und Sie sagen nichts. Was hat das zu bedeuten?» Auf diese Weise haben Sie mit einer offenen Frage geendet.
Sie nehmen wieder den freundlichen, ruhigen Blick an und bewahren ihn, gelassen, interessiert und in Erwartung einer Ant-
wort.

Gehen Sie gegebenenfalls einen Schritt zurück.
Falls Ihre «Was ist los?»-Frage auf weiteres Schweigen trifft, halten Sie möglichst lange Ihren ruhigen wartenden Blick und kommentieren Sie dann erneut: «Also, ich habe den Eindruck, daß ich
auf eine Reaktion von Ihnen warte und Sie nichts sagen. Wie kommen wir aus dieser Klemme heraus?» Sofern Sie daran denken
können, versuchen Sie, stets mit einer offenen Frage zu enden,
und nehmen Sie anschließend wieder Ihren erwartungsvollen
Ausdruck an.
Mit zunehmender Anspannung *oder* wenn der stumme, bockige
Fisch glaubt, daß Sie Ihr Maß bekommen haben, hören Sie vielleicht etwas wie: «Kann ich jetzt gehen?» («Ich muß jetzt gehen»,
lautet die übliche Formulierung, sofern Sie Kollegen auf gleicher
hierarchischer Ebene sind.) Falls es hierzu kommt, antworten Sie
entschieden, aber nicht provozierend, was Ihnen ermöglicht, die
Kontrolle über das Gespräch zu behalten: «Jetzt noch nicht, ich
habe noch ein paar Anliegen.»

Helfen Sie, die Spannung zu brechen.
Zu diesem Zeitpunkt lohnt es sich, erneut zu versuchen, dem stummen Fisch zu helfen, damit der sein Schweigen brechen kann. Jeder hat gelegentlich Schwierigkeiten, sich auszudrükken. Besonders dann, wenn Gefühle, Unsicherheit oder komplexe Gedanken formuliert werden müssen. Folgende Fragen und Bemerkungen können dem anderen oft einen kleinen Anstoß geben und helfen, die Zunge zu lösen.

(1) «Können Sie darüber sprechen, warum es Ihnen schwerfällt, Ihre Gedanken zu formulieren?»

(2) «Machen Sie sich Gedanken über meine Reaktion auf das, was Sie gerne sagen würden? Wie glauben Sie, werde ich reagieren?»

(3) «Woran denken Sie gerade?»

(4) «Wo liegt das Problem?»

(5) «Sie sehen bedrückt aus.»

(6) «Bemühen Sie sich nicht, von vorne anzufangen, was geht Ihnen gerade jetzt durch den Kopf?»

(7) «Täusche ich mich darin, daß Sie sich unwohl fühlen (gereizt, verärgert oder ungeduldig)?» (Ich benutze oft diese häufende Frageweise, weil sie in gewisser Weise entwaffnend ist.)

Die letzte Frage räumt ein, daß Sie sich vielleicht über die Auslegung der wie immer gearteten Anzeichen, die zu Ihrem Eindruck geführt haben, irren könnten. Machen Sie sich auf ein «Ja, Sie irren sich» gefaßt und akzeptieren Sie dies. Die Versuchung kann groß sein, hierauf zu entgegnen: «Ja, Sie auch», gerade bei jemandem, der mit geballten Fäusten und rotem Gesicht sagt: «Nein, ich bin nicht verärgert.» Es gibt zwei Gründe, dieser Versuchung zu widerstehen:

Erstens sind sich manche Menschen ihrer momentanen Gefühle nicht besonders bewußt. Später mögen sie vielleicht vage realisieren: «Ich muß verärgert gewesen sein», aber in der Situation selbst richten sie ihre Aufmerksamkeit auf anderes. Darauf zu beharren, daß sie verärgert sind, wenn sie sich nicht wütend fühlen, ist sinnlos. Trotzdem kann es nützlich sein, zu entgegnen: «Oh, als ich sah, wie Sie die Stirn runzelten, fragte ich mich, ob ich Ihnen wohl auf die Füße getreten hätte.»

Zweitens tun Sie gut daran, die Behauptung Ihres stummen Gegenübers zu akzeptieren, weil Sie vermeiden sollten, daß das Gespräch Ihrer Kontrolle entgleitet. Wenn der stumme Fisch Sie erfolgreich in eine Auseinandersetzung darüber verwickeln kann, wie er sich fühlt, hat er nichts zu verlieren. Er ist der einzige verbindliche Richter, und Sie werden ziemlich lächerlich wirken und sich dementsprechend fühlen, wenn Sie versuchen, ihm zu erklären, was in ihm vorgeht.

Daß Sie die Antwort akzeptieren, bedeutet jedoch nicht, daß Sie die einsetzende Unterhaltung beenden sollten. Nehmen Sie die Bemerkung als Signal, sich weiter vorzuwagen: «Nun, wenn Sie nicht verärgert sind, was ist dann das Problem?» Oder: «Da es nicht an Ihrer Verärgerung liegt, aus welchen Gründen haben Sie mir dann nicht mitgeteilt, daß Ihre Abteilung keine Kundenbeschwerden mehr bearbeitet?»

Setzen Sie sich zeitliche Grenzen.
Wenn Sie schon vorher wissen, daß Sie es mit einem stummen Fisch zu tun bekommen, überlegen Sie sich, wieviel Zeit Sie ihm widmen wollen und können. Falls Ihnen das Verhältnis wichtig ist und das Gesprächsthema von Bedeutung, sollten Sie sich genügend Zeit für den stummen Fisch reservieren. Denn falls Sie nervös sein sollten, da ein wichtiger Kunde auf Sie wartet, werden Sie wohl kaum überzeugend in Ruhe abwarten können.

Es gibt drei wichtige Gründe, warum man beim Zusammentreffen mit stummen Fischen feste zeitliche Grenzen setzen sollte. Erstens wird es Ihnen leichter fallen, gegebenenfalls ruhig abzuwarten, weil Sie wissen, daß Sie eine halbe Stunde (oder fünfzehn Minuten oder zwei Stunden) reserviert haben. Zweitens könnte das Ihnen entgegenschlagende Schweigen Ausdruck von inneren Zweifeln sein, ob ein heikles Thema angesprochen werden kann oder nicht. (Beratern und Therapeuten ist der Umstand vertraut, daß wichtige Anliegen oft für die letzten zehn Minuten der vorgesehenen Zeit aufgehoben werden.) Eine Zeitgrenze verhilft Ihrem stummen Fisch vielleicht dazu, sich aufzuraffen und mit der schwer auszusprechenden Sache herauszurücken. Und drittens wissen Sie selbst, wann im Rahmen der gesetzten Zeit Sie den letzten Schritt unternehmen müssen.

Wenn der stumme Fisch antwortet: «Ich weiß nicht.»
Wenn Sie es mit einem besonders hartnäckigen stummen Fisch zu
tun haben, sollten Sie damit rechnen, daß auf Ihre offenen Fragen
entgegnet wird: «Ich weiß nicht.» Stellen Sie sich die Situation
vor: «Wie stehen Sie momentan zu der Angelegenheit?» – «Ich
weiß nicht.» – «Was ist los?» – «Ich weiß nicht.» – «Woran denken
Sie gerade?» – «Ich weiß nicht.» Und so weiter.
Folgende Strategien helfen manchmal, eine produktivere Antwort zu entlocken:
(1) Nehmen Sie das «Ich weiß nicht» als aufrichtige Antwort, und
versuchen Sie, einen der Vorschläge anzubringen, die dabei helfen, Menschen aus ihrer Erstarrung herauszuholen.
(2) Antworten Sie «Und weiter?», und bewahren Sie Ihren erwartungsvollen Blick. Sie haben die Möglichkeit, etwas zu sagen, um
Ihre eigene Anspannung zu mildern, überlassen den Fortgang der
Unterhaltung aber dem stummen Fisch.
(3) Ignorieren Sie das «Ich weiß nicht», und äußern Sie sich darüber, daß Ihre Besprechung scheinbar in eine Sackgasse geraten
ist. Anschließend nehmen Sie wieder Ihren freundlichen, erwartungsvollen Blick an.
Wenn diese Verhaltensweisen oder andere, die Ihnen spontan einfallen, nichts bewirken, versuchen Sie den letzten Schritt des Verhaltens, das auf Seite 93 f. beschrieben wird.

Wenn der stumme Fisch zu reden beginnt

Inzwischen ist es Ihnen vielleicht gelungen, ein Gespräch in Gang
zu bringen. Zwei Gesichtspunkte sollten Sie dabei im Auge behalten.

Seien Sie aufmerksam, wenn ein stummer Fisch spricht.
Falls und wenn eine wirkliche Antwort erfolgt, sollten Sie aufmerksam zuhören und Ihr genaues Zuhören mit allen erdenk-
lichen Mitteln signalisieren. Nicken Sie mit dem Kopf, umschrei-
ben Sie, was Sie glauben, gehört zu haben, und schauen Sie auf
keinen Fall auf die Uhr.
Falls Sie gerne reden und ungern zuhören und schweigen, sollten
Sie aufpassen. Wenn der stumme Fisch schließlich zu sprechen

beginnt, kann das Gefühl der Erleichterung so groß sein, daß es
schwerfällt, den eigenen Rededrang zurückzuhalten. Vergessen
Sie nicht, daß die kleine Flamme der Reaktion, die Sie geschürt
haben, leicht ausgepustet werden kann.

Gestehen Sie Umwege zu.
Häufig kann eine erste Antwort für das Thema, das Sie besprechen wollen, nicht besonders relevant erscheinen. Wenn sie
gänzlich fernliegt – «Heute ist ein schöner Tag», zum Thema
«Warum hat Joe keine Gehaltserhöhung erhalten?» –, behandeln Sie dies als eine weitere Form von Nichtantwort, und verfolgen Sie weiter Ihre Schritte. Falls es aber wie ein ehrlicher Versuch klingt, mit Ihnen ernsthaft über ein Anliegen zu sprechen,
lassen Sie Ihrem Gegenüber Zeit fortzufahren. Es kann sich als
unmittelbarer zusammenhängend herausstellen, als Sie dachten. Beispielsweise könnte Rita nach ein paar einleitenden Sät-
zen schließlich sagen:
Rita: «Nun, ich bin mit dem neuen System in der Buchhaltung
nicht zufrieden.»
Sie: «Hm. Was finden Sie daran problematisch?»
Rita: «Vor Monatsende kann ich keinerlei Auskünfte über die
Reisespesen bekommen.»
Sie: «Was stört Sie daran?»
Rita: «Nun, das ist ein Grund dafür, warum ich meine geschätzten
Unkosten so weit übertroffen habe (einer der von Ihnen angeführ-
ten Punkte).»
Sie: «Ich wußte nicht, daß Sie das störte. Sprechen wir doch mal
darüber, ob wir etwas machen können...»

Selbst wenn Rita nicht selbst ihre Aussage mit dem angesprochenen Anliegen in Verbindung bringt, so haben Sie doch nun eine
bessere Möglichkeit, fortzufahren. Das Eis ist gebrochen, das Gespräch in Fluß gekommen. Sie können die Unterredung wieder
auf Ihr Thema zurücklenken: «Das ist interessant, aber könnten
wir darauf gegen 3 Uhr noch mal zurückkommen? Lassen Sie uns
bis dahin noch etwas genauer über Ihre Arbeit sprechen. Wie ich
bereits gesagt habe...»

Wenn der stumme Fisch stumm bleibt

Gehen wir davon aus, daß Sie alle vorgeschlagenen Methoden ausprobiert haben und keine funktioniert hat. Ihr stummer Fisch bleibt stumm, das anliegende Thema unberührt. Was können Sie anderes tun, als sich frustriert zu fühlen?
Ihnen steht zur Umgehung einer alten Falle noch ein solider und befriedigender letzter Schritt offen.

Vermeiden Sie ein höfliches Ende des Gesprächs.
Wenn die gegenseitig verabredete Zeit abgelaufen ist, sollten Sie erneut widerstehen, durch Freundlichkeiten, wie Sie wahrscheinlich erlernt haben, peinliche Situationen zu umgehen. Sagen Sie nicht: «Nun, Rita, ehm, danke, daß Sie hergekommen sind, ich wünsche Ihnen ein schönes Wochenende.» Oder: «Okay, Rita, ich lasse es schriftlich festhalten und Ihnen einen Durchschlag zukommen.» Bleiben Sie nicht verlegen stehen, während Rita schweigend das Büro verläßt. Das sind sehr verständliche Verhaltensweisen, aber sie lassen Ihnen keine Chance für einen erfolgreichen Gesprächsausgang. Machen Sie dem stummen Fisch unmißverständlich klar, daß er oder sie nicht so ohne weiteres davonkommt.
Einem Untergebenen gegenüber kann man folgendermaßen vorgehen: Sie stehen auf und gehen mit den Worten zur Tür: «In Ordnung, Rita. Es sieht ganz danach aus, als könnten wir mit der Angelegenheit im Moment nicht weiterkommen. Die Sache ist mir wichtig, und ich kann sie nicht unter den Tisch fallen lassen. Kommen Sie bitte morgen von 2 bis 3 Uhr zu mir. Schauen Sie in Ihren Terminkalender, und rufen Sie mich an, falls Ihnen eine andere Zeit besser paßt.» Sie stehen neben der Tür und warten, daß Rita hinausgeht.
Wenn es sich um Ihren Chef oder um einen Kunden handelt, sollten Sie sich etwas anders verhalten: «Ich melde mich morgen wegen eines neuen Termins», könnten Sie beispielsweise sagen. Wichtig ist, daß Sie erstens das Ende des Treffens bestimmen und zweitens anzeigen, daß Sie beabsichtigen, die Angelegenheit erneut zur Sprache zu bringen.

Bleiben Sie am Ball.

Sie müssen selbstverständlich konsequent bleiben, wenn Sie Fortschritte machen wollen. Sagen Sie die Verabredung mit Rita um 2 Uhr auf keinen Fall ab oder «vergessen» Sie nicht, Ihren Kunden anzurufen. Andernfalls werden Sie die wichtigen, wenn auch noch nicht zu Buche geschlagenen Gewinne Ihrer vorigen Verhaltensschritte auslöschen. Wenn dieses Anschlußtreffen stattfindet, geht es darum, alle nötigen Schritte auszuführen, die Ihnen helfen, das Schweigen zu brechen.

Interessanterweise kann das positive und direkte Beenden eines «Gesprächs» gerade die Reaktion auslösen, die Sie die ganze Zeit über angestrebt haben; mitunter sogar noch stärker, als Sie hätten vermuten können. Hier einige Antworten, die ich erhalten habe:

«Einen Moment mal! Ich sitze hier derart wütend, daß ich Angst habe, sobald ich den Mund aufmache, würde ich Ihnen etwas an den Kopf werfen.»

«Was? Was? Nein, eine Sekunde, Doktor Bramson. Ich habe hier gesessen und mir Gedanken über Ihre Worte zu meinem Zuspätkommen gemacht. Es hat mich an etwas erinnert, daß mir meine Frau gestern abend sagte.» (All dies, nachdem ich eine Viertelstunde lang offene Fragen gestellt und er ‹interessiert› genickt und mir gerade in die Augen geschaut hatte.)

«Warum hacken Sie dauernd auf mir rum, lassen Sie mich in Ruhe.»

Jede dieser Antworten führte bei einem Folgetreffen zu wertvollen Gesprächen. So verlockend eine Fortsetzung sein mag, sobald sich eine Tür geöffnet hat, Sie können sicher langfristig mehr erreichen, wenn Sie die Botschaft und die dahinterliegenden Gefühle bestätigen, sich aber an eine Zeitgrenze halten. Dieser Rat schließt nicht aus, ein neues Gespräch zu vereinbaren, sofern Ihr Terminkalender dies zuläßt.

Im äußersten Fall handeln Sie allein.

Sie haben sich den stummen Fisch so oft Sie konnten vorgenommen, jedesmal vergeblich. Ihr Chef will sich immer noch nicht dazu äußern, warum er die Abmahnung in Ihre Akte aufgenommen hat. Rita will nichts über Ihr nachlässiges Arbeiten sagen. Angesichts der Unmöglichkeit eines Gesprächs können Sie wenig anderes tun, als Ihrem verschlossenen Gegenüber mitzuteilen, was Sie als nächstes vorhaben:

«Da wir die Sache scheinbar nicht klären können, Rita, werde ich Ihnen sagen, was ich zu meiner eigenen Beruhigung zu tun beabsichtige. Als erstes werde ich eine Notiz für Sie diktieren, mit einer Kopie für die Akte, in der ich festhalte, was ich Ihnen über Ihr Auftreten gesagt habe. Ich erwarte eine Antwort. Wenn Sie nicht antworten, gehe ich davon aus, daß Sie meinen Ausführungen zustimmen, und werde dies ebenfalls in Ihrer Akte vermerken. Ich habe vor, Sie für die nächsten drei Monate jeden Dienstag zu treffen, um Ihre Fortschritte zu prüfen. Falls sich Ihre Fehlerquote bis zum 31. März nicht verbessert, sehe ich mich gezwungen, Ihnen zu kündigen...»

Inzwischen werden Sie vielleicht eine Vermutung haben, was die ausbleibende Reaktion zu bedeuten hat. Äußern Sie diese Annahme so deutlich Sie können. Zum Beispiel:

«Mr. Williams, ich nehme an, Ihr Schweigen (oder Ihre Weigerung, mit mir über die Mahnung zu sprechen) bedeutet, daß Sie offensichtlich der Meinung sind, meine Weigerung, die Formulierung der Notiz zu ändern, sei ungehorsam. Auf dieser Basis werde ich eine Beschwerde einreichen.»

Es gibt zwei Gründe, die Vermutung auszusprechen. Ein «Ich nehme an, Ihr Schweigen bedeutet, daß Sie mir zustimmen» mag selbst zu diesem späten Zeitpunkt eine Antwort hervorlocken, die weiterführen kann. Darüber hinaus helfen Sie sich selbst, letzte Zweifel über Ihre Interpretation der Unzugänglichkeit auszuräumen. Dies erlaubt Ihnen, entschieden die wie auch immer gearteten nächsten Schritte zu tun, die zur Klärung der Situation nötig sind.

Zusammenfassung

▶ Statt das Schweigen zu deuten, sollten Sie lieber versuchen, den stummen Fisch zum Reden zu bringen.

▶ Stellen Sie offene Fragen.

▶ Warten Sie so ruhig wie möglich auf eine Antwort. Gebrauchen Sie beratende Fragen, um verstockten Fischen zu helfen.

▶ Füllen Sie das Schweigen nicht mit eigener Rede.

▶ Nehmen Sie sich genügend Zeit, um in Ruhe abwarten zu können.

▶ Einigen Sie sich darüber oder geben Sie deutlich zur Kenntnis, wieviel Zeit für Ihr «Gespräch» vorgesehen ist.

▶ Kommentieren Sie das Geschehen, falls Sie keine Antwort erhalten. Beenden Sie Ihren Kommentar mit einer offenen Frage.

▶ Warten Sie wieder, so lange sie können.
Kommentieren Sie anschließend das Geschehen und warten Sie erneut;
versuchen Sie die Kontrolle über das Zusammensein zu behalten, indem Sie sachlich auf Antworten wie «Kann ich jetzt gehen?» und «Ich weiß nicht» reagieren.

▶ Wenn der stumme Fisch zu reden beginnt,
seien Sie aufmerksam und zügeln Sie Ihren eigenen Drang zu reden;
lassen Sie scheinbar abwegige Bemerkungen zu. Sie können zu etwas Relevantem oder Wichtigem führen. Falls nicht, äußern Sie Ihr Bedürfnis, zum ursprünglichen Thema zurückzukehren.

▶ Wenn der stumme Fisch stumm bleibt,
vermeiden Sie ein höfliches Ende;
beenden Sie selbst das Treffen, und kündigen Sie einen neuen Termin an.
Informieren Sie am Schluß den stummen Fisch, was Sie tun werden und müssen, da eine Diskussion der Angelegenheit nicht stattgefunden hat.

Kapitel 5

Überfreundliche und andere unheimlich nette Leute

«Mann, bin ich sauer. Letzten Monat habe ich drei Stunden lang ein Display bei Matthews in Kingston aufgebaut. Joe Matthews hat sich dermaßen darüber gefreut, daß er mich hinterher auf ein Glas eingeladen hat und mir erzählte, wie sehr er die Art unserer Firma schätze – fraglos übernahm er die gesamte Werbeaktion. Ich höre ihn noch: ‹Pete, ich muß nur noch meine Bücher auf den neuesten Stand bringen, und dann mache ich Sie zum Gebietshelden – ich spreche von einer wirklich großen Bestellung.› Heute kam die Übersicht zum Monatsende, und dieser gemeine Hund von Matthews hat seine Bestellung um 30 % verringert. Damit habe ich diesen Monat Verlust gemacht, bekomme keine Zulage, und zu allem Überfluß habe ich eine Reihe anderer Kunden verloren, weil ich ihm soviel Zeit gewidmet habe.»

Das Verhalten

Der arme Pete. Wie kann ein so netter, freundlicher und entgegenkommender Mensch wie Joe Matthews jemals Mißbehagen auslösen? Leute wie Joe halten stets ein Lächeln und ein freundliches Wort bereit. Und vor allem erscheinen sie so zugänglich. Was immer Sie von ihnen wollen, es wird in Aussicht gestellt. Was für nette, liebe Leute; *bis* es um Taten geht: diesen Bestellzettel unterzeichnen, Ihre Gehaltserhöhung in schriftlicher Form akzeptieren, eine ehrliche und unverbrämte Besprechung eines Problems. Wie wehren Sie sich gegen jemanden, der Ihnen stets zustimmt? Ohne klare Strategie, ohne konkrete Hindernisse und Widerstände können Sie das Ansteigen Ihres Blutdrucks nur zur

Kenntnis nehmen, während Sie durch die übermäßige Zustimmung immer stärker blockiert werden.

Überfreundliche erzählen stets Dinge, die man gerne hört. Sie sind deshalb schwierige Leute, weil sie Ihnen das Gefühl vermitteln, mit Ihren Plänen übereinzustimmen, nur um Sie anschließend sitzenzulassen. Überfreundliche sind extrovertierte, gesellige Menschen, die auf andere zugehen, was zu sehr persönlichen Beziehungen führt. «Sie heißen Bill Perry? Tag! Ich heiße Carleton Cramer. Sagen Sie, habe ich Sie nicht schon mal in der Zeitung gesehen? Gehörten Sie nicht zur Football-Mannschaft der High School? Nein? Komisch, Sie sehen genau wie der tolle Läufer aus, der 1967 dort spielte.» Überfreundliche nehmen das, was sie sagen, wahrscheinlich nicht sehr genau, aber sie sind anderen gegenüber sehr aufmerksam.

Überfreundliche benutzen Humor oft als Mittel, um das Gespräch aufzulockern und in Fluß zu halten. Ihr Witz ist in erster Linie darauf gerichtet, Intimität auszudrücken, nicht – wie man annehmen könnte – Stichelei. «Hallo, Mary! Wie ich sehe, muß sich deine Familie immer noch alleine durchs Leben schlagen. Ich bin sehr froh, daß du es geschafft hast, zum Treffen zu kommen.» Manchmal benutzen Überfreundliche Humor auch, um ein ernsthaftes Anliegen zu übermitteln, wie wir gleich sehen werden.

Überfreundliche verstehen

Wir alle wollen geschätzt und geliebt werden. Wer kennt nicht die Bestätigung und Wärme, die von Worten, Blicken oder Gesten ausgehen, die besagen: «Ich mag dich, du gefällst mir.» Der Wunsch nach persönlicher Bestätigung, danach, zu spüren, daß wir tatsächlich liebenswert sind, ist sicher eines der wesentlichsten zwischenmenschlichen Bedürfnisse des Menschen. Wir bemühen uns um ein Gleichgewicht, welches unser Bestreben, eine Arbeit gut zu machen und einen angemessenen Platz in der sozialen Rangordnung einzunehmen, mit dem verständlichen Wunsch, geschätzt zu werden, vereint.

Bei den Überfreundlichen ist dieses innere Gleichgewicht gänzlich zu einem Extrem hin verschoben, weshalb sie der Zuneigung oder wenigstens der Anerkennung jedes einzelnen zu jeder Zeit

bedürfen. Für diese schwierigen Leute ist die stets zu vermei-
dende oder zu fliehende Kastastrophe eine offene Auseinandersetzung, die möglicherweise die furchteinflößende Folge haben
könnte, daß Anerkennung, Zustimmung oder Zuneigung entzogen werden.

Ein solch übergroßes Bedürfnis nach Zuneigung zu befriedigen,
scheint aussichtslos, weshalb manche dieser Menschen resignie-
ren und sich zurückziehen. Für sie ist Einsamkeit leichter zu ertragen als die ständige Bedrohung, zurückgewiesen zu werden.
Wer mit dem Bedürfnis zu gefallen geschlagen ist, ohne geschickt
genug zu sein, anderen Menschen fortwährende Bestätigung zu
entlocken, für den mag Distanzierung, äußerliche oder inner-
liche, die einzige lebbare Alternative bedeuten.

Überfreundliche hingegen *sind* geschickt genug, um ihren Mitmenschen Zuwendung zu entlocken. Oft entdecken sie schon sehr
früh eine unfehlbare Methode, direkte Zeichen der Wertschätzung zu erhalten. Das «Geheimnis» ist ganz einfach: Menschen
mögen Menschen, die ihnen Zuneigung entgegenbringen. Falls
wir uns auf einem Fest treffen sollten und ich Sie auf eine Weise
anlächeln würde, die Ihnen das Gefühl vermittelt, akzeptiert zu
sein, werden Sie mich mit ziemlicher Sicherheit als angenehm
empfinden und mir mit zahlreichen subtilen Zeichen mitteilen,
daß Sie mich ebenfalls mögen.

Diese Einsicht verinnerlicht zu haben und sie gekonnt anzuwenden, ist ein Segen für jemanden, der Zuneigung braucht. Ob mit
sieben Jahren («Wirklich, Mama, du backst die besten Schoko-
plätzchen auf der ganzen Welt.») oder mit dreißig («Eh, super! Wie
ich mich freue, dich zu sehen, Kumpel.»), es funktioniert und
funktioniert und funktioniert.

Wäre das Leben einfach und konfliktfrei, so wären die Überfreundlichen kaum je schwierige Leute. Aber die Beschäftigun-
gen Erwachsener sind üblicherweise komplex. Sie beinhalten
Arbeiten, die erledigt werden müssen, einen Platz in der Gesellschaft, der errungen werden muß, und Spaß, der genossen werden
soll, manchmal alles zur selben Zeit, und diese untereinander ver-
knüpften Bedürfnisse führen zu Konflikten – etwas, das Überfreundliche unbedingt umgehen wollen.

Weil sie stets zu vermeiden trachten, daß der Eindruck entstehen könnte, sie seien vielleicht nicht immer gute Kumpel, machen Überfreundliche oft unrealistische Zugeständnisse: «Ich erledige den Bericht für Donnerstagmorgen.» – «Ich gebe den Scheck morgen sofort auf die Post.» – «Ihr Auto wird um 4 Uhr 30 fertig sein.» Oder: «Ich bin in einer Viertelstunde zu Hause.» Dies wird aufrichtig und mit bestem Willen gesagt, so daß den Worten Glauben geschenkt wird, selbst von denjenigen, die oftmals enttäuscht worden sind.

Überfreundliche nehmen ihre Versprechen meist völlig ernst. Die Versicherung: «Ich bin in einer Viertelstunde zu Hause», auch wenn angesichts verstopfter Straßen die Fahrt garantiert an die 30 Minuten dauern wird, erhält ihren Sinn, wenn man sie von seiner Warte aus betrachtet. Dem Wunsch des Überfreundlichen, so schnell wie möglich nach Hause zu kommen, soll die reale Verkehrssituation keinen Abbruch tun, auch um den Preis, Ihnen in dem Gesprächsmoment ein X für ein U vorzumachen.

Wie bei anderen schwierigen Leuten bietet das Ausweichen vor Konflikten auch den Überfreundlichen gewisse kurzfristige Vorteile, die jedoch langfristig teuer bezahlt werden. Joe Matthews beispielsweise hat den Konflikt genau so behandelt, wie es überfreundliche Leute gewöhnlich tun. Er erzählte Pete alle angenehmen Dinge, die dieser gerne hören wollte, vermied dabei aber ein paar nicht so erfreuliche Wahrheiten. So behielt Joe die Tatsache für sich, daß er vor kurzem beschlossen hatte, seine Kosmetikabteilung aufzuwerten und zu vergrößern, und daß er bereits in großem Umfang bei einem Hersteller mit einem exklusiven Markennamen und einer teureren Produktreihe bestellt hatte. Das Problem für Joe war: «Wenn ich Pete sage, was ich plane, wird er enttäuscht und wütend auf mich sein. Wenn ich aber auch von seiner Firma Produkte bestelle, wird meine finanzielle Lage brenzlig. Außerdem muß ich irgendwann die Bestellungen bei ihm einschränken.» Joe versuchte das Problem zu lösen, indem er besonders nett zu Pete war, während er die Bestellungen an dessen Firma reduzierte. So konnte Joe vermeiden, sich dem Ärger und der Enttäuschung von Pete direkt auszusetzen. Pete hatte ebenfalls einen kurzfristigen Vorteil: Er fühlte sich großartig – eine Weile lang. Der Preis, den beide Seiten langfristig zu zahlen hatten, überstieg jedoch diese Vorteile. Pete verschwendete wertvolle Zeit und fühlt sich nun von Joe betrogen; Joe weiß, daß er Pete verärgert hat, und wird bei der nächsten Begegnung noch freundlicher und so noch weniger aufrichtig sein; Pete wird Besuche bei Joe vermeiden und von seinem Chef dafür zur Rede gestellt werden.

Wären Überfreundliche von Anfang an aufrichtig und in der Lage, einige kleine Unannehmlichkeiten zu verkraften, ließe sich das Problem leichter regeln und allen Teilen bliebe viel Ärger erspart. Hätte Pete zum Beispiel über Joe Matthews' Entscheidung Bescheid gewußt, seine Kosmetikabteilung aufzuwerten, dann:

(1) hätte er nicht so viel wertvolle Zeit auf eine recht unbedeutende Auslage verwandt.

(2) hätte die Auslage die teureren Produkte der Firma in den Vordergrund rücken können. Ironischerweise hatte Pete seine farbenfrohe Auslage mit den viel beworbenen Niedrig-Preis-Produkten arrangiert.

(3) wäre Pete nicht so enttäuscht gewesen; er hätte die schlechte Nachricht seinem Chef selbst mitteilen können, und dieser hätte sie nicht den monatlichen Bestellisten entnehmen müssen.

(4) hätten Joe und er weiterhin produktiv zusammenarbeiten können, mit Verständnis für die Anliegen des anderen.

Zusammenfassend läßt sich also sagen:

▶ Überfreundliche besitzen ein stark ausgeprägtes Bedürfnis, geschätzt und akzeptiert zu werden.

▶ Um leichter Anerkennung zu finden, vermitteln sie anderen das Gefühl, gemocht und akzeptiert zu werden.

▶ Überfreundliche werden nur dann zu schwierigen Leuten, wenn ihr Bedürfnis nach Freundschaft mit realen Umständen kollidiert.

▶ Um nicht das unmittelbare Risiko, Freundschaft oder Anerkennung zu verlieren, einzugehen, nehmen Überfreundliche Verpflichtungen auf sich, die sie nicht einhalten können oder wollen.

Der Umgang mit Überfreundlichen

Überfreundliche Menschen verfälschen die Darstellung der Realität, um Anerkennung zu finden. Ihre Strategie besteht deshalb darin, dem Überfreundlichen Sicherheit zu vermitteln, so daß er nicht den Eindruck erhält, zwischen der aufrichtigen Diskussion von Problemen und Ihrer Wertschätzung bestehe ein Widerspruch. Auf diese Weise fühlt sich der Überfreundliche nicht bedroht, und Sie werden über die wahren Umstände informiert. Auf dieses Wissen sind Sie angewiesen, denn nur so können Schwierigkeiten gelöst werden. Verborgene Probleme beeinflussen die Zusammenarbeit, befinden sich aber außerhalb Ihres bewußten Zugriffs. In der Praxis kann diese Strategie folgendermaßen umgesetzt werden.

Honorieren Sie die Ehrlichkeit.
Obwohl Überfreundliche Ihnen gegenüber ehrlich sein sollten, werden sie es nicht unbedingt sein. Selbst der Vorsatz, offen zu sein, entlastet sie nicht von dem Glauben, Ihnen das sagen zu müssen, was Sie ihrer Meinung nach gerne hören möchten. Das soll nicht heißen, daß Sie niemals ein «Super, es ist toll, was ihr hier für gute Arbeit leistet» für bare Münze nehmen können und die Freundschaft und Wärme, die dieses Lob begleiten, nicht genießen dürften. Sofern nichts Wichtiges auf dem Spiel steht und Sie nicht bereits erkannt haben, daß Sie es mit einem Überfreundlichen zu tun haben, ist dies völlig problemlos. Sobald aber eine der beiden Bedingungen zutrifft, können ein paar Hilfen zur Aufrichtigkeit zukünftigen Ärger ersparen.
Oft genügt die unverblümte Bitte um die ehrliche Meinung, besonders wenn Sie unmißverständlich zu verstehen geben: «Ich möchte wirklich wissen, was Sie denken, denn ich schätze Ihre Freundschaft.» Um so akzeptierter sich Ihr Überfreundlicher fühlt, um so geringer ist sein Bedürfnis, nach Ausflüchten zu greifen. Die meisten Menschen haben mit Überfreundlichen Kummer, weil sie selbst nicht um eine ehrliche Antwort bitten, sondern lieber Nettigkeiten hören.
Sie machen es der Person leichter, die mit der überfreundlichen Art schwer beladen ist, die Wahrheit zu sagen, wenn Sie deutlich

machen, daß die Kritik nicht Unwillen Ihrerseits hervorrufen
wird. Sie sollten beispielsweise nicht sagen: «Nun, was gefiel Ihnen denn *nicht* an meinem Bericht, Sam?», sondern lieber: «Ich
freue mich wirklich, daß Ihnen mein Bericht gefällt, Sam, aber
jeder Bericht hat seine schwächeren Stellen, selbst wenn er gut
ist. Welche Punkte halten Sie für weniger gelungen?» Aus dem
gleichen Grund, aus dem es Lehrern leichter fällt, bei Eltern und
Schülern Gehör zu finden, wenn sie eine Leistung mit «befriedigend» benoten, statt mit «mangelhaft», wird es Überfreundlichen
weniger schwerfallen, Ihnen zu sagen, was «gut», aber nicht «perfekt», statt was «schlecht» ist. In keinem Fall schadet es, im Gegenteil, etwa folgende Aussage anzufügen: «Ich arbeite sehr
gerne mit Ihnen zusammen, deshalb möchte ich nicht, daß irgend
etwas zwischen unser Verhältnis tritt.»

Seien Sie persönlich – wenn Sie können.
Es hilft, zu Überfreundlichen in bestimmtem Maße «persönlich»
zu sein. Damit meine ich *nicht*, daß Sie intime Geheimnisse aus-
plaudern oder sich um tiefschürfende oder gefühlige Gespräche
bemühen sollten. Persönlich soll in diesem Zusammenhang heißen, in die Unterhaltung Fragen und Bemerkungen zum Privatleben des Überfreundlichen einzuflechten. Zum Beispiel: «Ist das
Ihre Familie auf dem Foto?» – «Ist die Krawatte neu, die Sie heute
tragen?» – «Ihr Kleid gefällt mir übrigens sehr.»
Indem Sie die distanzierenden Förmlichkeiten einer Beziehung
und am Arbeitsplatz durchbrechen und mit Worten zu überbrük-
ken versuchen, zeigen Sie dem Überfreundlichen, daß Sie sich für
seine Person interessieren. Sie signalisieren ihm eine grundsätzliche Akzeptanz, aufgrund derer ein offenes Gespräch auch über
eventuell problematische Sachverhalte gewagt wird.
Falls Sie sich jedoch für Ihr Gegenüber beim besten Willen nicht
interessieren können, sollten Sie es auch nicht vortäuschen.
Überfreundliche haben ein gutes und feinfühliges Gespür. Sie
achten auf negative nonverbale Zeichen, und da sie selbst Meister
im Täuschen sind, sind sie besonders befähigt, andere dabei zu
überführen. (Überfreundliche würden hervorragende Prüfer für
Kreditangelegenheiten abgeben, *wenn* sie dabei nie jemanden
selbst persönlich ablehnen müßten.) Falls Ihre Anstrengungen,

einen persönlichen Kontakt herzustellen, nicht echt sind oder
dazu dienen, notdürftig Ihren Ärger zu überdecken, wird dies mit
hoher Wahrscheinlichkeit durchschaut werden. Sie werden am
Ende nur noch mehr von dem am Hals haben, was Sie von Anfang
an nicht gewollt haben – scheinheiliges Gerede. Wenn Sie für Ihr
Gegenüber also keine Sympathien hegen, ist es besser, ihn oder
sie auf andere Art einsehen zu lassen, daß er bzw. sie durch eine
ehrliche Antwort nichts verliert, statt selbst nicht ganz echte Gefühle vorzutäuschen.

*Lassen Sie es nicht zu, daß Überfreundliche unrealistische Ver-
pflichtungen eingehen.*
Allen Beteiligten kann viel Ärger erspart bleiben, wenn verhindert wird, daß Überfreundliche Verpflichtungen eingehen, die sie
nicht einhalten können. Versuchen Sie es wenigstens. Wenn der
Überfreundliche sagt: «Ich bin in einer Viertelstunde zu Hause»,
entgegnen Sie: «Nun, in Ordnung, aber bei dem Verkehr, ich habe
die letzten Male 45 Minuten für die Strecke gebraucht. Ich erwarte dich also um Viertel nach 6. (Es ist 5 Uhr 30.) Falls du es
früher schaffst, prima.» (Und fangen Sie nicht an, ab Viertel vor 6
auf die Uhr zu schauen. Ganz egal, was gesagt wurde, Sie wissen,
daß es bis Viertel nach 6 dauern wird.)
Wenn er oder sie sagt: «Der Scheck wird heute in der Post sein»,
sagen Sie nicht: «Wetten, daß nicht», sondern: «Ich kenne eine
ganze Reihe Leute, denen es schwerfällt, zu dieser Jahreszeit Geld
lockerzumachen. Wie ist das bei Ihnen?»

Seien Sie zu Kompromissen bereit.
Vielleicht befinden Sie sich in einer Situation, die nach einer offenen Auseinandersetzung mit einem Überfreundlichen geradezu
schreit. Es ist womöglich lohnenswert, sich bereits im Vorfeld des
Konflikts Verhandlungsmöglichkeiten und Kompromisse zu
überlegen, um dadurch das Problem letztendlich zu Ihrem eigenen Besten zu lösen. Da Überfreundliche dazu neigen, in den Situationen am ängstlichsten zu reagieren, in denen sie das Wohlwollen anderer zu verlieren drohen, haben sie eine Vorliebe für
sogenannte Sieger-Sieger-Lösungen. Das sind Entscheidungen,
in denen durch Kompromisse gewisse Bedürfnisse beider Seiten

befriedigt werden. «Sie werden etwas von dem bekommen, was Sie wollen, und ich werde etwas von dem bekommen, was ich will, und wir werden beide zufrieden sein.» Falls es Ihnen schwerfällt nachzugeben, wenn Sie glauben, im Recht zu sein, ist es nützlich, zuvor darüber nachzudenken und sich zu überlegen, *was* Sie dem anderen zugestehen können. Diese Strategie soll nicht dazu dienen, den anderen versöhnlich zu stimmen. Vielmehr soll der Druck gemildert und eine realistische Lösung gefunden werden. Wenn der Druck zu groß ist, werden Überfreundliche Ergebnissen zustimmen, die sie nicht einhalten wollen oder können.

Es ist hilfreich, Ihren Kompromißvorschlag so früh wie möglich zu äußern. Sobald Sie sich zusammengesetzt haben, sagen Sie beispielsweise: «Bevor wir anfangen, wollte ich Ihnen sagen, daß ich über unser Gespräch, wie oft wir unsere Sitzungen abhalten sollten, nachgedacht habe. Ich glaube immer noch, daß einmal im Monat ausreicht, aber ich wäre auch bereit, alle vierzehn Tage zusammenzukommen, wenn das nützen würde.» Auf diese Weise kann der Überfreundliche sich entspannen, bevor die Angst vor einem möglichen Konflikt überhand nimmt.

Achten Sie auf Ironie.
Durch indirekte Kommunikation kann der Konflikt, die Wahrheit zu sagen oder diese aus Angst zu verschleiern und anderen dadurch zu mißfallen oder eine Distanz zu errichten, vermieden werden. Eine solche Kommunikation kann sogar dazu führen, daß etwas Positives gesagt wird, obwohl etwas Negatives gemeint ist. Gerechterweise will ich hier betonen, daß Überfreundliche Ironie zuweilen in einer recht nützlichen Weise gebrauchen, um die bittere Wahrheit zu versüßen. Noch häufiger verwenden sie Ironie, um die Wahrheit zu sagen und diese gleichzeitig Lügen zu strafen.

Ironie ist in ihrer Doppelbödigkeit für den Überfreundlichen ein perfektes Ausdrucksmittel. Er braucht ein Problem, das er beispielsweise mit Ihnen hat, nur in eine witzige, ironische Bemerkung zu kleiden und zu beobachten, wie offen er Sie kritisieren kann. Falls Sie verletzt oder ärgerlich reagieren, ist es ein leichtes, die Bemerkung als Scherz abzutun; andernfalls kann er in seiner Kritik fortfahren.

Grüßt Sie also der Überfreundliche im Vorbeigehen mit einem herzlichen Lächeln und der Bemerkung: «Ah, da ist ja wieder der große Experte», dann merken Sie auf. Ist das nur ein fröhlicher Gruß an jemanden, der in seinem Fach eine Menge Ahnung hat? Warum nicht! Aber vielleicht wirkt dieses Wissen auch bevormundend. Falls Ihr Kontakt wichtig ist, sollten Sie der Bemerkung auf den Grund gehen und versuchen, deren wahre Bedeutung in Erfahrung zu bringen. Sie könnten sagen: «Ehm, am Wochenende habe ich über Ihre Worte letztens, ‹der große Experte›, nachgedacht. Zuerst hielt ich es bloß für komisch und irgendwie nett, aber ich habe mittlerweile Zweifel. Gibt es etwas in meinem Verhalten, das Sie stört? Mir macht die Zusammenarbeit mit Ihnen solchen Spaß, deshalb möchte ich keinesfalls, daß Unstimmigkeiten das nette Klima belasten.»

Auf diese Weise nachzuhaken lohnt sich und kann von großem Nutzen sein, falls es funktioniert. Meinen eigenen Erfahrungen zufolge allerdings ist diese Methode häufig nicht erfolgreich. Seien Sie nicht überrascht, wenn Ihr Kollege besorgt alles abstreitet und beteuert, daß es sich lediglich um einen Witz gehandelt habe. In diesem Fall würde es nur zu Panik und Peinlichkeiten führen, wenn Sie weiter nachbohren. Entweder Sie schlucken es mit einem «Da bin ich aber froh» herunter, oder, noch besser, Sie antworten mit einer Einladung zum Kaffee oder zu einem gemeinsamen Mittagessen. Das sollte Sie allerdings nicht davon abhalten, weiterhin darauf zu achten, wie Ihr eigenes Verhalten auf den Überfreundlichen wirken könnte.

Ein Beispiel aus der Praxis

Schauen wir uns einmal an, was anders verlaufen wäre, wenn Pete Joe gegenüber einige der Methoden für einen reibungslosen Umgang angewandt hätte. Meine Kommentare stehen rechts.

Pete: «Nun, Joe, ich bin fertig. Was halten Sie davon?»

Pete, Sie fordern zu Schmeicheleien auf.

Joe: «Meeensch, das ist super, Pete. Ich habe noch nie dergleichen gesehen; Ihre Verkaufsauslagen sind einfach großartig!»

Da haben Sie's. (In Wahrheit war es Pete zufolge ein Monolog, der drei oder vier Minuten lang dauerte.)

Pete: «Ich wette, das wird Ihre Verkäufe im ersten Monat um 30% steigern. Was halten Sie davon, jetzt gleich schon nachzuordern?»

Sie haben sich Ihre erste Chance entgehen lassen, Pete. Es wird schwieriger für Joe, ehrlich zu sein. Er weiß, daß sie ungern auf den Bonus verzichten wollen.

Joe: «Wie wäre es, wenn wir zu Jake's gingen, um einen zu trinken. Ich möchte Ihnen für Ihre Arbeit gerne einen ausgeben.»

Ganz schön kluger Schachzug, Joe.

Pete: «Ich laß mir keine Gelegenheit entgehen, auf Sie anzustoßen, Joe. Aber einen Augenblick noch. Joe, ich bin wirklich froh darüber, daß Ihnen das Display und die Verkaufsförderungsmittel gefallen. Können wir uns kurz hinsetzen und die Sache ein wenig genauer durchsprechen; beispielsweise, was Ihnen wirklich ins Auge fällt, was gut ist, aber nicht herausragend? Wir wollen schließlich noch lange mit Ihnen Geschäfte machen, und ich will sichergehen, noch viele Gläser von Ihnen spendiert zu bekommen.»

Hilfreich als Zeichen der Verbundenheit. Gut gemacht, Pete, Sie haben die plötzliche Ablenkung bemerkt.

Es fällt leichter, an Kleinigkeiten Kritik zu üben.

Eine weitere persönliche Bemerkung.

Joe: «Nun, Pete (eine lange Pause) – das einzige Detail, das vielleicht nicht ganz dem Standard entspricht, sind die Produkte der ‹Fifth Avenue›-Reihe. In letzter Zeit kommen eine Menge Leute aus der Villengegend hier 'runter, und diese seltenen Vögel denken natürlich nicht im Traum daran, das gleiche Zeug zu benutzen, wie wir Sterblichen. Sie interessieren sich nur für ‹Eau de Snob›, sonst gar nichts.»

Joe wagt einen Fingerzeig, um zu sehen, wie empfänglich Pete auf Ehrlichkeit reagieren wird.

Pete: «Das interessiert mich, können Sie mir noch mehr darüber erzählen. Wir werden auf lange Sicht mehr für Sie und für uns erreichen können, wenn wir Ihren Ansprüchen Folge leisten.»

Gute Antwort. Pete setzt das Gespräch fort und bittet um eine kritische Stellungnahme.

Joe: «Vielleicht sollte ich Ihnen sagen, daß ich mit den Leuten von ‹Angel's Breath› gesprochen habe. Ich bleibe natürlich bei meinen Bestellungen bei Ihnen, aber ich glaube, ich brauche auch einige wirklich exklusive Produkte, um die Leute vom Hügel in den Laden zu locken. Snobs oder nicht, sie haben die Knete.»

Joe kann sich immer noch nicht dazu durchringen, über die bevorstehende Kürzung der Bestellung zu sprechen.

Pete: «Hört sich ganz so an, als ob Sie sich die Sache wirklich gut überlegt hätten, Joe. Aber werden Sie nicht in Geldschwierigkeiten geraten, wenn

Nun kann Pete die Probleme angehen, der eigentliche Grund, warum die Hintergründe besprochen werden.

Sie den Umfang der Bestellungen beibehalten wollen? Was halten Sie davon, wenn wir unser Bestellvolumen im nächsten Monat um 10 % verringern. Wir werden die Auswahl dahingehend verändern, daß wir den Akzent auf die teureren Produkte setzen. Inzwischen werde ich mit unserer Zentrale reden, um zu sehen, ob wir noch anderes anzubieten haben. Vielleicht verschaffen wir Ihnen eine Produktreihe, die so gut ist wie ‹Angel's Breath›, für weniger...»

«Nun, alter Kumpel, wie sieht es mit dem Drink aus?»

Vermeidet Ärger für Joe und verringert die Überraschung für Pete.

Pete hätte sich hier etwas zurückhalten können. Es fällt Überfreundlichen leicht, zuzustimmen. Ein wenig Druck hätte Joe dazu gebracht, sein volles Bestellvolumen beizubehalten – jedenfalls vorläufig.

Hält die Verbindung aufrecht und belohnt Joes Bemühen um Aufrichtigkeit.

Zusammenfassung

▶ Bemühen Sie sich, die Gründe ausfindig zu machen, die Überfreundliche vom Handeln abhalten.

▶ Teilen Sie dem Überfreundlichen mit, daß Sie ihn als Menschen schätzen, indem Sie es ihm offen sagen oder indem Sie zu Familie, Hobbys oder Garderobe Fragen oder Bemerkungen äußern. Tun Sie dies nur, wenn Sie es auch wirklich meinen, zumindest bis zu einem gewissen Grad.

▶ Fordern Sie den Überfreundlichen auf, Ihnen von den Schwierigkeiten zu erzählen, die einer guten Verbindung zwischen Ihnen vielleicht im Wege stehen.

▶ Ermuntern Sie den Überfreundlichen, über irgendeinen Aspekt des Produkts, der Dienstleistung oder an Ihnen (nur sofern angemessen) zu sprechen, der eventuell verbessert werden könnte.

▶ Seien Sie zu Kompromissen und Verhandlungen bereit, wenn sich ein Konflikt anbahnt.

▶ Achten Sie auf ironische Bemerkungen von Überfreundlichen. Darin können verborgene Hinweise enthalten sein.

Kapitel 6

Die große Ernüchterung:
Der Negativist in Aktion

Neu eingestellt, mit einem glänzenden Abschluß in Betriebswissenschaft, war Gary Hanning seit vier Monaten angewiesen, Richard Sheldon auf die Finger zu sehen, dem Leiter der Buchhaltung. Er hatte jede Menge Gelegenheit gehabt, um zu verstehen, warum die Geschäftsführung soviel über althergebrachte Buchhaltungsmethoden gestöhnt und ihn gebeten hatte, zu «sehen, was getan werden könnte». Aber was anfangs nach einer Chance für Gary ausgesehen hatte, seine Fähigkeiten beim Lösen von Problemen zu beweisen, hatte sich schnell als eine nutzlose und frustrierende Erfahrung herausgestellt. Seiner Frau klagte Gary sein Leid:

«Kannst du dir eine Versicherungsgesellschaft vorstellen, die die Rechnungsbelege immer noch per Hand auflistet? (Er stöhnte.) Die Abteilung ist in so schlechtem Zustand, daß nahezu jede Änderung eine Verbesserung darstellen würde, aber ich bringe Dick Sheldon einfach nicht dazu, irgendwas zu bewegen. Der ist dermaßen ernüchternd, wie ich es nie zuvor bei einem Menschen erlebt habe. Was immer ich vorschlage, ‹wird einfach nicht funktionieren›. Die Belegschaft ist ‹dagegen›, ‹die Kräfte sind nicht fortbildungsfähig›, ‹sie können nicht ersetzt werden, weil sie langjährige Mitarbeiter sind›, ‹es würde zuviel Zeit kosten, auf automatische Datenverarbeitung umzustellen›. Jede Antwort leuchtet ein – Dick ist kein Dummkopf. Sobald ich nach Wegen suche, diese Probleme zu umgehen, sagt er nur: ‹Das haben wir vor zwei Jahren versucht, und es hat nicht geklappt.› Dann lehnt er sich zurück, seufzt und greift nach dem Berg von Papieren, die er signieren muß. Nach mittlerweile vier Monaten sind mir die

Ideen ausgegangen. Vielleicht hat er recht, und es kann nichts geändert werden.»

«Nun», sagte seine Frau, «er hat dir jedenfalls erfolgreich den Wind aus den Segeln genommen.»

Das Verhalten

Leute wie Dick Sheldon sind Negativisten – entnervende, was ihre eigenen Angelegenheiten begrifft, oft durchaus fähige Leute, die produktive Vorschläge anderer mit den Worten abtun: «Das wird nicht gehen.» «Der Versuch lohnt nicht.» Oder: «Das kann man vergessen, sie werden uns das nie durchgehen lassen.» Sollten Sie aus purer Verzweiflung sagen: «Nun, was sollten wir denn sonst unternehmen?», hören Sie wahrscheinlich: «Nichts, es gibt nichts, was dagegen unternommen werden kann. Wir haben schon alles versucht.» Diese Einschätzungen und Äußerungen werden mit solcher Überzeugung vorgebracht, daß Sie vermutlich anfangen werden zu glauben, all Ihre Ideen für die Zukunft seien nichts als naive, unangemessen optimistische Tagträumereien gewesen.

Es ist wichtig, Negativisten, die alle Vorschläge ungeachtet ihrer Vorteile abschmettern, von den vorsichtigen Menschen abzugrenzen, die vor Entscheidungen mit Bedacht Vor- und Nachteile abwägen, bevor sie sich definitiv äußern. Viele nutzen «Negativisten-Analysen» im konstruktiven Sinne, da sie erlebt haben, wie vermeintlich lohnende Projekte scheiterten, weil niemand das, was mißlingen könnte, bedacht hatte. Bei dieser praktischen Methode der Entscheidungsfindung sucht man nach ungeplanten Nebeneffekten, die sich aus einem Vorhaben eventuell ergeben könnten. Nachdem diese Mißstände ausgemacht worden sind, können Wege überlegt werden, deren Auswirkungen zu umgehen, zu bewältigen oder zu verringern. Menschen, die aktiv Unvorhersehbarkeiten erwägen, unterscheiden sich von Negativisten, indem sie das Problem nicht nur erkennen, sondern darüber hinaus konstruktive Konsequenzen ziehen: «Deshalb sollten wir eher folgendes tun» – eine Vorgehensweise, die bei Negativisten undenkbar ist. Im praktischen Leben lassen sich die beiden Typen recht leicht voneinander unterscheiden: «Aber wenn wir diesen

neuen Lieferwagen kaufen, überziehen wir weit unser Kredit-
limit», beantworten Sie mit: «Nun, da ist etwas dran – können wir
aus dieser Schwierigkeit irgendwie heraus?» Achten Sie auf die
Reaktion. Wenn es heißt: «Vielleicht kommen wir ja mit einem
Gebrauchtwagen zurecht», können Sie aufatmen. Falls Sie dagegen zu hören bekommen: «Da ist gar nichts zu machen», dann
haben Sie es mit einem Negativisten zu tun.

Negativisten haben in Gruppen oft einen sehr ungünstigen Einfluß, ein Einfluß, der leicht unterschätzt wird, da die meisten
von uns davon ausgehen, daß Hindernisse fast immer gemeinsam bewältigt werden können. Sofern die Bedingungen stimmen, motivieren uns Schwierigkeiten bei unserer Suche nach
Alternativen eher, als daß sie uns abschrecken. Wenn aber ein
begabter Negativist am Werk ist, ist das Gegenteil der Fall.
Hier ein Beispiel:

Eine Gruppe Sozialarbeiter traf sich, um einige seit langer Zeit
bestehende Probleme zu besprechen. Ich war von höherer Stelle
aus gebeten worden, dabeizusein, um die Sache zu erleichtern und
Vorschläge zu unterbreiten, weil man glaubte, daß es um die Mo-
ral der Gruppe schlecht bestellt wäre: Der erste, und wie sich herausstellte, der einzige behandelte Punkt galt der Frage, wie die
Belegschaft mehr Arbeitsraum zur Verfügung gestellt bekommen
könnte. Das Problem erschien berechtigt: Vier oder fünf Schreib-
tische standen in jedes kleine Büro gezwängt, es gab keinerlei
Rückzugsmöglichkeit, ein kleines, kaltes und unfreundliches
Zimmer diente für Gespräche. Die Diskussion nahm folgenden
Lauf:

Virginia (die Leiterin): «Wir beklagen uns nun schon seit Monaten über das Problem. Was können wir dagegen unternehmen?»

Stan: «Ich kann nicht glauben, daß Turner (der Vorgesetzte der
Dienststelle) es zuläßt, daß die Lage weiter so bleibt. Er muß wissen, daß wir hier nicht mehr tun können, als Formulare ausfül-
len.»

Don: «Und das bei einem Unterrichtsprogramm in Beratungs-
techniken. Es ist unmöglich.»

Virginia: «Nun, ich habe Dieter (ihr Chef) das Problem erklärt
und gesagt, wie unzufrieden wir alle sind, aber er meint, daß überall zuwenig Platz wäre.»

Bramson: «Sind Sie sicher, daß Mr. Turner sich über die Konsequenzen des Platzmangels bewußt ist?»

Virginia: «Nun, er muß wissen, daß...»

Don (unterbricht): «Es ist sinnlos, so weiterzumachen. Diese Typen wissen, was wir brauchen, sie werden uns nicht dabei helfen, etwas daran zu ändern, also vergessen wir's.»

Maude: «Einen Moment mal. Ich würde gerne hören, was Virginia gerade sagen wollte.»

Virginia (mit einem Seufzer): «Nun, vielleicht hat Don recht. Ich habe es Dieter wieder und wieder gesagt.»

Bramson: «Ich bin sicher, daß es entmutigend war. Aber manchmal schenken Leute mündlichen Beschwerden nicht die gleiche Beachtung wie einer schriftlichen Notiz über den Aufwand an Zeit und Geld...»

Virginia: «Nun, ich glaube, wir haben wirklich...»

Don (unterbricht): «Es wird nichts bringen. Ist Turner je hier vorbeigekommen, abgesehen von Blitzbesuchen in den Gängen? Die sind zu sehr mit ihren politischen Spielchen beschäftigt, um Anteil zu nehmen.»

Stan: «Don hat recht. Laßt uns von etwas anderem sprechen.»

Maude: «Aber... oh, na gut.»

Virginia: «Was sollen wir unternehmen, um mehr Pflegeeltern zu finden?»

Don: «Wir werden gar nichts unternehmen, bis wir den Ausschuß dazu bewegt haben, Ausgleichszahlungen vorzusehen...»

Schweigen.

Selbst bei der Abschrift dieses Dialogs aus meinem Notizbuch überfällt mich wieder diese depressive, festgefahrene Atmosphäre. Jeder einzelne hatte sich auf die Sitzung gefreut. Die Erwartungen waren hoch. Doch Enttäuschung und ein Gefühl der Hilflosigkeit, statt einer Strategie, wie man das, was erreicht werden soll, durchsetzen kann, waren das traurige Ergebnis.

Negativisten verstehen

Negativisten gelingt es, soviel Macht über andere zu gewinnen, da sie das in uns allen vorhandene Potential an Verzweiflung ansprechen. Wir alle haben uns irgendwann als Opfer von Kräften gefühlt, die sich unserem Zugriff entzogen. Bürokratische Apparate sind riesengroß und können unbeweglich erscheinen. Unfälle und Krankheiten lassen sorgsam ausgefeilte Zukunftspläne scheitern. «Die Welt ist groß und das Schicksal tückisch» ist eine passende, wenn auch nur partielle Beschreibung unser aller Leben. Deshalb empfindet jeder von uns ärgerliche Hilflosigkeit, wenn die negativen Seiten einer Situation uns in entmutigender Weise vor Augen geführt werden. Weil sich Negativisten durch und durch mut- und hilflos fühlen, können ihre pessimistischen Kommentare leicht ähnliche Gefühle bei Freunden, Familienmitgliedern oder Kollegen hervorrufen.

Um Negativisten zu verstehen, muß man sich klarmachen, daß sie Vorhaben nicht absichtlich verhindern. Sie glauben tatsächlich, daß die hemmenden Kräfte sich ihrem Einfluß entziehen bzw. dem jedes anderen gewöhnlichen Menschen. Niemand ist beispielsweise mehr daran interessiert, den Platzmangel zu beseitigen als Don. Für ihn waren jedoch die Schwierigkeiten, das Problem zu lösen, real vorhanden und ausschlaggebend. Er hatte auch tatsächlich Beschwerden an die Zentrale geschrieben, ohne Antwort zu erhalten. Der Chef war beschäftigt und machte keine persönlichen Besuche der Belegschaftssitzungen der Dienststelle. Derartige Hindernisse, die überwunden oder umgangen werden müssen, sind allerdings immer vorhanden, andernfalls gäbe es nie irgendwelche Schwierigkeiten. Für einen Negativisten stellen diese Widerstände jedoch unüberwindbare Barrieren dar, statt Hindernisse, die vielleicht zu umgehen, zu durchbrechen oder zu überwinden sind.

Negativisten sind wie Nörgler davon überzeugt, daß sie wenig Macht über ihr eigenes Leben haben. Das Schicksal scheint ihnen immer wieder dazwischenzukommen, niemand hat je ganz die Macht, diesem zu trotzen. Während diese Sichtweise bei den meisten von uns durch die Einsicht abgemildert wird, daß wir unser Leben sehr wohl in mehr oder weniger starkem Maße selbst ge-

stalten können, bleibt den Negativisten, die so wenig an ihre Einflußmöglichkeiten glauben, nur die Hoffnung, daß andere Menschen bzw. das Schicksal ihnen gnädig sein mögen.

Aber was geschieht, wenn jemand glaubt, auch den Mächtigen
nicht vertrauen zu können, und der Meinung ist, daß diese nicht
vernünftig und einsichtig handeln? Dann bleibt nichts als Frustration und Bitterkeit. Das ist das Los der Negativisten, die, im
Unterschied zu Nörglern, weit häufiger verbittert sind. Negativisten haben in ihren Entwicklungsjahren meist eine fundamen-
tale menschliche Enttäuschung nicht verarbeiten können.

Wir alle mußten uns mit einer mehr oder weniger unliebsamen
Entdeckung abfinden: Unsere Eltern sind keine Heiligen, auch
keine Ungeheuer; sie sind lediglich normale, ausgesprochen le-
bendige, aber fehlbare Menschen.

Für jedes Kind ist dies eine erschreckende und bittere Lektion, die
oft Wutausbrüche, einsame Tränen und große Enttäuschung nach
sich zieht. Denn wenn «sie» Fehler machen und nicht wissen, was
sie tun, kann ich ihnen nicht blind folgen, sondern muß *selbst* auf
mich aufpassen. Diese Erkenntnis ist so angsteinflößend, daß die
meisten von uns, selbst wenn wir nicht oft darüber nachdenken,
weiterhin in einem gewissen Grade an dem magischen Glauben
festhalten – daß, um die Soziologin Ido Hoos zu zitieren, «es *irgendwo* Erwachsene geben muß, die wissen, wo es langgeht.» Negativisten können uns deshalb so leicht entmutigen, weil in den
meisten von uns zumindest noch Reste dieser starken Gefühle leben: Oh, Eltern, warum habt ihr so an uns versagt? Kann denn
niemandem getraut werden?

Wie gesagt, etwas von dieser kosmischen Verbitterung steckt in
uns allen, in denjenigen, die zu Negativisten wurden, findet sich
jedoch eine Menge davon. Sicher sind sie sich des zugrundeliegen-
den Glaubensverlustes nicht bewußt. Statt dessen haben sie sich
zahlreiche Gründe zurechtgelegt, warum es sich nicht lohnt, in
einer Sache aktiv zu werden. Wie wir alle versuchen sie ihre tief-
verwurzelten Überzeugungen mit Hilfe des gesunden Menschen-
verstandes zu beweisen und zu rechtfertigen. Ihre Sicht der Dinge
bringen sie mit einer Überzeugung vor, die von tiefem Glauben
herrührt. Da kann es nicht überraschen, daß der Negativist verwirrt reagiert, wenn Sie wiederum im festen Glauben daran auf-

treten, daß vielleicht doch etwas unternommen werden kann, um die Situation zu verbessern.

Fassen wir zusammen;
▸ Obwohl sie zuweilen persönlich fähig sein können, sind Negativisten Menschen, die zutiefst davon überzeugt sind, daß jegliche Aufgabe, die nicht in ihren eigenen Händen liegt, fehlschlagen wird.
▸ Ihr Pessimismus wird von den Versuchen anderer, ein Problem zu lösen oder zu bessern, noch angestachelt.
▸ Weil sie fest daran glauben, daß andere in Machtpositionen nichts unternehmen oder nur sich selbst bedienen, bringen sie ihre negativen Urteile mit großer Bestimmtheit vor.

Der Umgang mit Negativisten

Lassen Sie sich nicht anstecken.
Negativisten, die auf unerschütterliche und rationale Weise hilflose Verstimmung vermitteln, rühren an der Verzweiflung, die in jedem von uns steckt. Für Negativisten bestätigt eine kollektive Depression den zentralen Sinn, den sie ihrem Leben gegeben haben.
Ich habe Gruppen bei Problemgesprächen erlebt, die in Schweigen versanken, da sie zuließen, in den Bann eines Negativisten zu geraten. Sie sitzen da und starren auf den Fußboden, überwältigt von einer negativistischen Person, die mit fester Stimme und wiederholt verkündet: «Es hat einfach keinen Zweck, es zu versuchen, er wird es nie zulassen.» «Er» ist natürlich der mächtige Chef. «Diese Leute wollen nicht, daß wir das Problem lösen.» «Sie haben ihre Gründe, und es ist einfach sinnlos, irgend etwas zu unternehmen.» – «Es wird nie funktionieren; erinnert ihr euch nicht mehr, wir haben es bereits letztes Jahr versucht, und es hat nichts bewirkt.» So wird der Elan einer Gruppe gebrochen. Um eine Gruppendepression zu verhindern, nehmen Sie diese typischen Äußerungen eines Negativisten als Alarmsignale, um sich auf das Geschehen zu konzentrieren. Denken Sie daran: «Ein Negativist ist am Werk!» Achten Sie darauf, ob die Stimmung den anderen Gruppenmitgliedern auf die Nerven geht. Indem Sie sich

die Situation vor Augen führen, können Sie vermeiden, *selbst* von dem Pessimismus angesteckt zu werden. Der nächste Schritt stärkt Ihre Verteidigungsmöglichkeiten und kann andere davor bewahren, sich von dem Negativismus mitreißen zu lassen.

Seien Sie optimistisch.
Setzen Sie dem Negativismus Ihren eigenen, der Sache angemessenen Optimismus entgegen. Seien Sie bereit, sich gegebenenfalls zu wiederholen. So könnte sich ein Gespräch ungefähr anhören:
Sie: «Wir müssen das Paket noch heute abholen.»
Negativist: «Es ist zehn nach fünf. Die Poststelle ist geschlossen.»
Sie: «Vielleicht ist noch jemand da.»
Negativist: «Niemals. Die Typen verschwinden spätestens um eins nach fünf.»
Sie: «Sicher doch, aber erinnern Sie sich an letztes Jahr, als wir an die Seitentür der Post geklopft haben, um den Eilbrief noch zu kriegen. Das war ein Sonntag, und es hat eine Viertelstunde gedauert, bevor jemand antwortete, aber die Frau, die an die Tür gekommen ist, hat den Brief für uns gefunden.»

Wenn Sie kein so geeignetes Beispiel zur möglichen Bewältigung von Schwierigkeiten zur Hand haben, wählen Sie eine Analogie zu einem früheren Erlebnis oder eine Geschichte von zu Hause. Wenn Ihnen nichts Konkretes einfällt, ist es in jedem Fall besser, zu sagen: «Ich glaube immer noch, daß wir nicht alles versucht haben», als zu schweigen. Eine solche Bemerkung kann helfen, Ihre eigene Überzeugung zu stärken und die anderen wieder optimistischer werden zu lassen – ein Optimismus natürlich, der der Sache angemessen und handlungsorientiert ist und keine passive versponnene Schicksalsgläubigkeit.

Argumentieren Sie nicht.
Sie sollten Negativisten *nicht* zu überzeugen versuchen, ihren Irrtum einzugestehen. Erstens irren sie sich vielleicht gar nicht. (Selbst wenn Sie alles in Ihrer Macht Stehende unternommen haben, kann das einzige wirkliche Ergebnis Ihrer Versuche sein, daß Sie Befriedigung über Ihr Engagement empfinden.)

Zweitens ist diese Mühe vergebens. Da Negativisten vollkommen sicher sind, daß nichts funktionieren wird, kann man sie nur schwer vom Gegenteil überzeugen. Das Gespräch verkommt leicht zu einem Machtkampf – «Sie haben unrecht, ich habe recht» –, was alle Ihre Anstrengungen, dem Negativisten eine Zustimmung abzuringen und durch Ihre optimistischen Aussagen positiv auf ihn einzuwirken, zunichte macht. Schließlich wissen Sie nicht, wie die Sache enden wird, der Negativist aber *weiß*, daß es aussichtslos ist. Es ist klar, wer überzeugender argumentieren würde. Statt den Negativisten direkt anzugreifen, sollten Sie eher hervorheben, daß manche Möglichkeiten den Versuch lohnen, selbst wenn der Negativist vielleicht recht hat in der Annahme, daß sie nicht fruchten werden.

Vermeiden Sie überstürzte Lösungsvorschläge.
Die Neigung, allzu schnell Lösungen vorzuschlagen, ohne sich vorher die Mühe zu machen, ein Problem von verschiedenen Seiten zu beleuchten, ist allgemein verbreitet. Warum soll man schließlich analysieren, wenn die Lösungen vermeindlich auf der Hand liegen? Die «Hauruck»-Methode hat oft auch tatsächlich Erfolg. Häufig fruchten die raschen Antworten, falls Sie Glück haben und das Problem wirklich einfach ist. Wenn ein Problem allerdings komplexer ist, bewirken vorschnelle Lösungsvorschläge nur zusätzliche Arbeit.
In Zusammenarbeit mit einem Negativisten gibt es zwei weitere Gründe, warum der Drang, schnell zu handeln, gebremst werden sollte. Erstens läßt sich ein Anliegen, das genauer beschrieben und bei dem nach dem Was, Wo, Warum und Wie gefragt wird, deutlicher als Problem definieren, statt lediglich in eine Klage zu verfallen. Meiner Erfahrung nach bringt eine genaue Darlegung der Sachverhalte den Negativisten auf wunderbare Weise aus dem Konzept. Solange niemand Lösungen vorschlägt, die abgeschmettert werden können, steht es dem Negativisten frei, sich für die Aufgabe, ein komplexes Problem zu entwirren, zu interessieren. Aus welchem Grund auch immer neigen Negativisten dazu, sich zurückzuziehen, wenn die Aufmerksamkeit sich auf die Beschreibung und nicht auf die Beurteilung des Problems richtet. (Haben Sie bemerkt, daß Negativisten häufig im Mittel-

punkt der Aufmerksamkeit stehen, ohne irgend etwas dafür tun zu müssen?)

Der zweite zusätzliche Grund, vorschnelle Lösungen zu vermeiden, besteht darin, daß Ihre Vorschläge dem Negativisten die Möglichkeit geben, erneut zu erklären, warum dieses oder jenes nichts nutzen wird. Als «Belohnung» für ihr Engagement ernten Sie und alle anderen Beteiligten also mit großer Wahrscheinlichkeit weitere entmutigende Kommentare.

Ziehen Sie den ungünstigsten Verlauf der Dinge in Erwägung.
Wenn es schließlich zu Alternativvorschlägen kommt, können Sie dem Negativisten etwas Wind aus den Segeln nehmen, indem Sie fragen, was denn im schlimmsten Fall eintreten könnte, wenn der Plan verwirklicht würde: «Gehen wir einmal davon aus, daß wir diesen neuen Vertrag bei den Banken durchbringen. Ja, Richard, ich verstehe, daß Sie nicht glauben, daß wir die Sache wirklich bewerkstelligen können, aber wenn es doch klappen sollte, was wäre die schlimmstmögliche Folge?» Direkt in den Abgrund zu blicken hilft, wirkliche Gefahren zu erkennen und überzogene Befürchtungen als solche zu entfernen. Sie können vorab überlegen, wie die Negativpositionen eingeschätzt werden müssen, und Negativisten, ebenso wie die anderen, die vielleicht aus Angst vor denkbaren «Katastrophen» in Passivität verharren, werden gelassener.

Nutzen Sie den Negativismus.
So lästig sie sein mögen, verfügen Negativisten doch über einen Blickwinkel, der bei der Ausarbeitung von Plänen produktiv eingesetzt werden kann. Zum einen kann ihre Konzentration auf die Widrigkeiten des Lebens als Gegengewicht zu übertriebenem Optimismus fungieren.

Zum anderen finden Sie, nachdem Sie für sich die diffusen Gefühle der Hilflosigkeit und Verzweiflung des Negativisten von der *Substanz* seiner negativen Kommentare getrennt haben, diese vielleicht beachtenswert. Diese Substanz kann als nützliche Warnung dienen, als Hinweis auf Aspekte der Situation, die besonderer Vorsicht bedürfen. Vielleicht wird der Chef zum Beispiel tatsächlich empfindlich reagieren, wenn er Ihren Bericht erhält.

Wenn Sie diese Möglichkeit im voraus bedacht haben, können Sie sich auf seine eventuelle verdrossene und abwehrende Reaktion vorbereiten und besser klarstellen, daß Ihr Anliegen keineswegs destruktiver Natur war, sondern Sie dem Programm helfen wollen. Auf diese Weise nutzen Sie die Spürnase des Negativisten und sind in der Lage, sowohl negativen wie positiven Möglichkeiten die angemessene Beachtung zu zollen.

Seien Sie bereit zum Alleingang.
Stellen Sie sich darauf ein, alleine zu agieren, wenn die Gruppe im Banne des Negativisten bleibt. Sagen Sie zu dem Negativisten: «Schauen Sie, Don, ich merke, daß Sie an die Möglichkeit eines Erfolges nicht glauben, wenn wir den Bericht weiterleiten. Ich bin vielleicht ein totaler Dummkopf, aber ich bin davon überzeugt, daß die Sache bei entsprechender Vorsicht doch Aussicht auf Erfolg hat. Ich bin bereit, die nötigen Fakten zu sammeln und den Bericht abzufassen. Falls jemand dabei mitmachen will, ich kann alle Hilfe brauchen, die ich kriegen kann. Aber wenn nicht, dann mache ich es alleine.» Zugegeben, dieses Verhalten fordert seinen Preis. Ein Alleingang sprengt den Gruppenzusammenhalt. Sie wollen sich zwar verständlicherweise nicht durch eine Haltung, die Sie nicht teilen, von Aktivitäten abhalten lassen, aber Sie riskieren so vielleicht, daß der Negativist im verborgenen Ihren Einsatz sabotiert, wenngleich diese Gefahr nicht sehr groß ist. Wahrscheinlicher ist, daß Ihnen der Negativist, nachdem seine Einschätzung der Lage bestätigt wurde, hilfreichen, wenn auch skeptischen Beistand leisten und die Informationen über Kundenbeschwerden für Ihren Bericht zusammenstellen wird. Indem Sie die Initiative ergreifen, zeigen Sie einen zupackenden, der Sache angemessenen Optimismus, der vielleicht die anderen Gruppenmitglieder ansteckt, eventuell sogar den Negativisten. Zögern Sie also nicht!

Hüten Sie sich davor, Negativismus zu provozieren.
Obwohl wir uns damit beschäftigt haben, wie man mit Negativisten umgehen kann, lohnt es sich auch, sich vor Augen zu führen, inwiefern manche Handlungen Negativismus *hervorrufen* können, insbesondere bei Menschen, die normalerweise nicht auf

diese Weise reagieren. Denken Sie an einen dieser hochkompetenten Mitarbeiter, die vorsichtig sind und sehr analytisch und alles, was sie tun, sorgfältig abwägen. Verwickeln Sie einen solchen Menschen in ein neues Vorhaben, das Sie folgendermaßen darstellen: «Hier haben Sie eine Skizze, Len. Ich möchte, daß Sie alle Bezirksleiter anrufen und mit ihnen den Plan durchgehen. Für diese Sache gibt es gute Gründe; sie sind alle in dem achtseitigen Informationspapier enthalten. Das können Sie sich morgen näher anschauen, mit den Telefonaten müssen wir aber heute morgen beginnen. Ich erkläre es Ihnen später.»

In diesem Fall wird Len zu seinem Schreibtisch gehen und die nächsten 20 Minuten nichts tun. Er wird zurückkommen und sich wie ein Negativist verhalten. Er wird sagen: «Nein, das können wir nicht machen.» Und: «Das wird nie funktionieren.» Er wird sich widersetzen, er wird nichts angemessen ausführen und sich obendrein beim Gedanken an dieses Projekt sehr schlecht fühlen.

Menschen, die methodisch denken, reagieren abwehrend in Situationen, in denen die Umstände sie dazu zwingen, aktiv zu werden, bevor sie das Geschehen völlig durchschaut haben. Sie werden sehr viel mehr erreichen, wenn Sie diesen Mitarbeiter mit allen verfügbaren Informationen möglichst früh versorgen. Falls Sie selbst anders an Ihre Arbeit herangehen, werden Sie die Sache eventuell nicht zuvor durchsehen. Menschen mit methodischem Verstand jedoch legen Wert auf sorgfältige Vorabinformation und werden erst dann bereit sein, aktiv zu werden. Wenn eine angemessene Vorbereitung aus zeitlichen Gründen nicht möglich ist, sollten Sie den hochkarätigen Analytiker mit einem solchen «Husch-husch»-Projekt nicht betrauen. Ansonsten wird dieses Vorgehen eine negativistische Reaktion mit ziemlicher Sicherheit provozieren.

Zusammenfassung

► Lassen Sie sich von der Hoffnungslosigkeit des Negativisten nicht anstecken.

► Machen Sie optimistische, aber realistische Aussagen über vergangene Erfolge bei der Lösung ähnlich gelagerter Probleme.

▶ Versuchen Sie nicht, Negativisten von ihrem Pessimismus in einem Streitgespräch abzubringen.

▶ Äußern Sie keine vorschnellen Lösungsvorschläge, bis das Problem ausreichend diskutiert wurde.

▶ Sobald eine Lösungsmöglichkeit ernsthaft in Erwägung gezogen wird, äußern Sie rasch selbst die Frage nach möglichen negativen Folgen, die aus einer Handlungsweise hervorgehen könnten.

▶ Betrachten Sie die Unkenrufe des Negativisten als Hinweise auf mögliche ernstzunehmende Schwierigkeiten.

▶ Seien Sie schließlich bereit, notfalls im Alleingang zu handeln. Kündigen Sie dieses Vorhaben unzweideutig an.

▶ Achten Sie darauf, keine negativistischen Reaktionen bei stark analytisch denkenden Personen zu provozieren, indem Sie diese zum Handeln drängen, bevor sie sich genau informieren konnten.

Kapitel 7

‹Bulldozer› und ‹Ballons›:
Die Besserwisser

«Du hast wirklich Glück, Paul, daß du Dante Alfetto bei der neuen Serie, an der er arbeitet, assistieren darfst. Er ist einer der besten Regisseure zur Zeit», sagte Jack, als er mit seinem Freund in der Kantine des Filmstudios saß.

«Ja, du hast wohl recht», sagte Paul bitter, «daß er der beste Regisseur ist, aber ich glaube, es bringt mir nicht viel, außer dem deutlichen Gefühl, ein Idiot zu sein. Der Typ ist davon überzeugt, daß er alles weiß, was es über das Filmemachen zu wissen gibt. Mit Hilfe von Skizzen hat er einen ausführlichen Plan für jede Einstellung ausgearbeitet, die sämtlich durchnumeriert sind.»

«Und was ist daran so schlimm? Vielleicht ist er ja deshalb so gut.»

«Klar», antwortete Paul, «aber es läßt mir nichts zu tun übrig, als Requisiten anzuschleppen und durch die Gegend zu tragen. Offiziell bin ich der Regieassistent; ich sollte besser ‹leitender Nichtstuer› heißen. Sobald ich etwas vorschlage, erklärt er mir auf seine überlegene Art, warum das absolut nicht funktionieren kann. Vor einem Monat schlug ich ihm einige Änderungen für das Drehbuch vor. Eine Woche später bekam ich sie mit allen möglichen gemeinen Anmerkungen versehen zurück – ‹editorische Verbesserungen› nannte er das. Ehrlich gesagt, saß ich die letzten zwei Wochen nur tatenlos herum und schaute zu. Zum Teufel noch mal, wenn er so verdammt toll ist, soll er die Sache doch alleine machen.»

«Also, habe ich mich verständlich genug ausgedrückt, warum wir keine Videokassetten ins Programm aufnehmen sollten?» fragte

Ames. «Der zu erwartende Umsatz und die Kosten für die Kassetten zeigen eindeutig, daß wir *weder* mit dem Verkauf *noch* mit dem Leihgeschäft einen akzeptablen Profit erzielen können. Ich habe mich eingehend mit der Angelegenheit beschäftigt – mit den Preisen für die Kassetten, mit der Anzahl der Videogeräte in den Haushalten, mit den Markttendenzen –, und es kann kein Zweifel daran bestehen, daß ich recht habe.»

«Nun, vielleicht haben Sie recht», lenkte Ted ein, «aber ich wette, daß ich die Sache zum Laufen brächte.»

«Schon gut, es reicht», unterbrach Ames barsch. «Ich kann nicht noch mehr Zeit darauf verschwenden. Mein Vater meinte zwar, Sie verstünden was vom Geschäft, aber die Idee mit den Videokassetten sieht mir nicht danach aus.»

Während er ärgerlich dem jungen Phillip Ames zuhörte, der vor kurzem das von ihm geleitete Geschäft für Platten und Hi-Fi-Geräte geerbt hatte, tröstete sich Ted Wilson mit dem Gedanken, daß eine große Musikgeschäftskette im nächsten Monat eine Filiale in der Stadt eröffnen würde und mit dem Verkauf von Videokassetten begönne. Dann würde Herr Ames, der Besserwisser, im Regen stehen.

Besserwisser wie Dante Alfetto und Phillip Ames scheint es überall in der Arbeitswelt zu geben. Sie scheinen von ihrer eigenen Überlegenheit derart überzeugt zu sein, daß wir fehlerhaften Sterblichen uns oft erniedrigt, gelähmt, hilflos und gleichzeitig verärgert fühlen. Die Besserwisser gibt es vor allem in zwei Varianten, ‹Bulldozer› und ‹Ballons›. Beide verhalten sich, als wüßten sie alles, was es zu wissen gibt, mit dem Unterschied, daß ‹Bulldozer› tatsächlich viel wissen, während dies bei ‹Ballons› nicht der Fall ist. In diesem Kapitel werden wir sehen, wie man mit ihnen umgehen kann.

‹Bulldozer›

Hören wir Sid zu, einem Angestellten im Personalbüro, der sich über seine Vorgesetzte Virginia Dorne beklagt:

«Bei uns gibt es nur eine Art zu arbeiten: ihre Art. Sie erledigen die Angelegenheit ihren Terminvorgaben und ihren Vorstellungen entsprechend. Virginia Dorne kann Vorschläge und Anregungen nicht gebrauchen und sich schon gar nicht Ihren Senf anhören. Bleiben Sie ihr mit Fragen vom Leib. Es ist auch gleichgültig, wieviel Erfahrung Sie mit einem bestimmten Lohnsystem haben oder daß Sie sicher vorhersagen können, daß manche ihrer Ideen nicht realisiert werden können. Sie verlangt lediglich, daß Sie Ihren Mund halten und aufmerksam zuhören. Falls jedoch tatsächlich etwas schiefgehen sollte, wird sie mit Sicherheit versuchen, Ihnen die Schuld zuzuschieben, weil Sie angeblich nicht richtig zugehört haben. Andernfalls zieht sie sich Türen knallend in ihr Büro zurück und spricht mit keinem ein Wort, bis sie eine komplizierte Erklärung für den Vorfall gefunden hat. Zugegebenermaßen sind 80% ihrer Ideen gut, und ich habe eine Menge von ihr gelernt. Aber wenn sie danebenliegt, wird es ein Affentanz. Die Sache anschließend geradezubiegen dauert manchmal Monate.

Das Verhalten

Virginia Dorne zeigt wie Dante Alfetto alle wesentlichen Merkmale des ‹Bulldozers› unter den Besserwissern. Wie ihr Name andeutet, sind ‹Bulldozer› hochproduktive Leute, gründliche und genaue Denker, die sachkundig und wohlüberlegt planen und ihre Vorhaben allen eventuellen Hindernissen zum Trotz durchsetzen. Sie strahlen Macht und persönliche Autorität aus und sind meist sich selbst genug, was bedeutet, daß sie andere Menschen nur wenig brauchen, wenn überhaupt.

Sie fragen sich vielleicht, warum derartig produktive Menschen in ein Buch über schwierige Leute aufgenommen werden? Falls Sie je in einer Gruppe gearbeitet haben, zu der ein Kollege, Vorgesetzter oder Untergebener mit den Eigenschaften des ‹Bulldozers› gehörte, kennen Sie möglicherweise die Antwort:

(1.) Durch einen Tonfall, der extreme Selbstsicherheit, ja Selbstgefälligkeit ausdrückt, fühlen sich andere eingeschränkt und herablassend behandelt.

(2) Frustrierenderweise haben Besserwisser häufig völlig recht

und vermitteln anderen so das Gefühl, unfähig oder dumm zu sein und bringen sie in Verlegenheit.

(3) ‹Bulldozer› verärgern nicht nur ihre Mitarbeiter, sondern provozieren oft trotziges, selbstzerstörerisches Verhalten bei anderen. Ein Ingenieurteam gewöhnte sich beispielsweise an, als Ausdruck des Protests dem alles niederwalzenden Vorgesetzten Berichte zuzuschicken, die nachlässig von Hand auf Kladdenpapier notiert waren. «Warum sollten wir uns anstrengen, ordentliche Arbeit zu leisten», erklärten sie. «Jeder Bericht, der oben eintrifft, ganz egal wie sorgfältig er verfaßt wurde, kommt voller Anmerkungen und Kritik zurück. Wir schreiben ihn neu, er kommt wieder zurück, manchmal geht das viermal hin und her. Wir wurden es leid, unsererseits von den Sekretärinnen Schelte zu kassieren, weil sie die Berichte so oft neu tippen mußten.»

(4) ‹Bulldozer› lassen dem Urteilsvermögen, der Kreativität oder den Fähigkeiten anderer wenig Raum.

(5) Sobald sie beschlossen haben, einen Plan in die Tat umzusetzen, ist es ausgesprochen schwer, sie davon abzubringen, selbst wenn andere den Plan für völlig undurchführbar halten. Deshalb wird eine Fehlentscheidung von ‹Bulldozern›, wenngleich sie nur selten vorkommt, oft zu einer Katastrophe für alle Beteiligten.

(6) Schließlich finden sie die Fehler für das Mißlingen ihres Plans zumeist bei den Unfähigen, die, wie Sie und ich, für die Ausführung verantwortlich waren.

Nicht alle Experten sind Besserwisser. Experten sind Menschen, die über ein bestimmtes Gebiet sehr gut Bescheid wissen und in der Lage sind, diese Kenntnisse für die Lösung von spezifischen Problemen einzusetzen. Oft sind sie Menschen von beeindruckender Bescheidenheit. Ich habe einige kennengelernt, deren Fähigkeiten nahezu übersehen wurden, weil sie ihren Verdienst an den Erfolgen einer Gruppe leugneten, obwohl hauptsächlich sie für Konzeption und Ausführung verantwortlich waren. Der Unterschied zwischen gewöhnlichen Experten und ‹Bulldozern› liegt in der Art, wie sie ihr Wissen mitteilen.

Weil sich ‹Bulldozer› wie die Graalshüter der Weisheit vorkommen, haben sie wenig Interesse an den Argumenten oder dem Sachverstand anderer. Schließlich kennen sie bereits die beste Lösung. Deshalb reagieren sie verärgert, zornig oder abweisend auf anderslautende Meinungen. Sie empfinden diese als persönliche Beleidigungen. Wenn ‹Bulldozer› nach ihren Vorstellungen oder Plänen gefragt werden, überschütten sie ihr Gegenüber mit einer Fülle von Informationen und logischen Argumenten, so daß sich der Fragende völlig überfahren fühlt oder ungeduldig wird. Häufig haben die Aussagen nur am Rande mit den gestellten Fragen zu tun. Um gegen eine solche Lawine anzukommen und mit der generellen Überheblichkeit der ‹Bulldozer› besser fertigzuwerden, sollten wir uns genauer anschauen, *warum* Menschen dieser Art sich derart verhalten.

‹Bulldozer› verstehen

Erinnern Sie sich, wie Ihre Eltern Ihnen etwas erklärten, was Sie nicht wußten? «Leg das Messer hin! Willst du dich verletzen?» – «Wenn du den Schläger weiter vom Körper weghältst, kannst du weiter ausholen – so ist's richtig, Junge!» – «Du solltest dir lieber einen Regenmantel überziehen, es sieht nach Regen aus.» Gerade was die praktischen Seiten des Lebens angeht, liegen Welten zwischen dem Wissen von Kindern und dem ihrer Eltern. Eltern denken nicht bloß, sie wüßten mehr, sie verfügen in der Tat über ein größeres Wissen, und sie beherrschen quasi alles, was ihrem vierjährigen Kind begegnen kann. Selbst die Gefühle des Kindes sind für Eltern oft einsehbarer als für das Kind selbst.

Manchen Kindern vermittelt dieses elterliche Wissen Sicherheit angesichts einer Welt, in der das Geschehende und Bevorstehende oft unergründlich und widersprüchlich scheint. Diese Kinder sind besonders motiviert, Wissen zu erlangen und dieses für sich zu strukturieren. Sie folgen dem Motto: Lerne das Wesen der Dinge erkennen; lerne, wie sie zusammengehören – dann, und erst dann, kannst du dich sicher fühlen.

Diese Aussicht treibt viele Menschen an, motiviert sie, zu lernen und sich genauer mit Dingen zu befassen. Dies ist eine ausgesprochen konstruktive Antwort auf den Wunsch nach Sicherheit. Das Problem liegt darin, daß viele Dinge dieser Welt schwierig zu ent-

schlüsseln sind und aus verschiedenen Perspektiven unterschiedlich wahrgenommen werden können. Diese allgegenwärtige Vieldeutigkeit frustriert manche Menschen, und sie machen sich von
vornherein nicht die Mühe, Wahrnehmungen zu gliedern und zu
entschlüsseln, sondern reagieren lediglich spontan und in der jeweiligen Situation. Andere haben die Anstrengung nicht aufgegeben, sondern gelernt, Vieldeutigkeit zu akzeptieren oder sie sogar zu begrüßen, ebenso wie die scheinbare Vorläufigkeit allen
Wissens. Wiederum andere, die schwierigen Leute, die wir hier zu
verstehen suchen, können diese Ungewißheit einfach nicht ertragen und bemühen sich nur um so mehr, allen ihre eigene Ordnung
überzustülpen. Die Gewißheit, daß ihre Theorien, Tatsachen und
Vorgehensweisen richtig sind, macht ihnen ihre vermeintlich un-
überschaubare Welt erträglich.

Der ‹Bulldozer› bezieht seine Stabilität aus seinem Wissen, an das
er sich festklammert und welches ihm als stabiler Bezugspunkt
dient. Es ist deshalb nicht erstaunlich, daß ihn ein Angriff gegen
dieses Wissen tief verletzt. Der Angriff gilt nicht nur dem tatsächlichen Gegenstand der Auseinandersetzung, sondern ebenso den
tiefsten Schichten seiner persönlichen Motivation. Aus diesem
Grund reagiert der ‹Bulldozer›, wenn ein Vorhaben scheitert, zuallererst, indem er die Unfähigkeit der anderen moniert. Falls
dies zur Erklärung nicht ausreicht und die Risse im Schutzwall
der Logik eingestanden werden müssen, kann das auf emotiona-
ler Ebene verheerende Folgen zeitigen.

Wie wir in den vorangegangenen Kapiteln gesehen haben, glauben Nörgler und Negativisten, daß das, was in ihrem Leben
geschieht, sich in erster Linie ihrem Einfluß entzieht. Bei ‹Bulldozern› ist das Gegenteil der Fall. Ihre frühkindlichen Erfahrungen ließen eine Welt entstehen, in der sie ihre Ziele immer erreich-
ten. Lob oder Tadel der Eltern als Maßstab aller Dinge, verbunden
mit der Erfahrung, Dinge durch sorgfältige Planung und deren
Umsetzung zu verändern, führten zu dem Glauben, daß sie selbst,
nicht Schicksal oder Glück, das Eintreten guter oder schlechter
Umstände verursachen.*

---

* Niemand kann letztlich erklären, warum Menschen auf die Frage «Wer entscheidet über mein Leben?» so unterschiedlich reagieren. Vielleicht hängt es
stärker vom Zufall und einigen entscheidenden Erfahrungen ab als von be-

Angesichts des starken Bedürfnisses, die eigene Wahrnehmung der Realität bestätigt zu sehen und nur eigenen Anstrengungen verpflichtet zu sein, wundert es wenig, daß ‹Bulldozer› Ideen und Schlußfolgerungen anderer mit Verachtung strafen. Mit jedem Mal, da ein ‹Bulldozer› entschieden und systematisch ein anvisiertes Ziel verfolgt, wird er darüber hinaus sicherer; eine Sicherheit, die der Fähigkeit, eigeninitiativ, selbständig und unabhängig von anderen zu handeln, entspringt.

Fassen wir zusammen:

▸ ‹Bulldozer› haben, wie andere Menschen, die sich in bestimmten Bereichen sehr gut auskennen, das Gefühl und die Sicherheit, daß Wissen Stabilität in einer relativ unüberschaubaren Welt ermöglichen kann.

▸ Da ‹Bulldozer› glauben, ihr eigenes Leben selbst am besten bestimmen zu können, neigen sie dazu, die Ideen und Aussagen anderer als irrelevant abzutun.

▸ Die durch den *Wissens*vorsprung begründete Macht der Eltern wurde gleichgesetzt mit Überlegenheit und Sicherheit.

Mit ‹Bulldozern› umgehen

Beim Umgang mit ‹Bulldozern› geht es in erster Linie darum, diese dazu zu bewegen, alternative Sichtweisen in Erwägung zu ziehen. Wichtig ist, sorgfältig direkte Herausforderungen ihrer Sachkenntnis zu vermeiden, damit sie alternative Vorschläge nicht als persönliche Angriffe mißverstehen. Hierbei sollten Sie vier grundlegende Schritte beachten: Bereiten Sie sich gut vor; hören Sie zu und bestätigen Sie; fragen Sie und machen Sie Vorschläge, ohne zu provozieren; und achten Sie darauf, nicht selber zum Besserwisser zu werden.

Bereiten Sie sich gut vor.
Die erste Regel für den Umgang mit ‹Bulldozern›, in dieser Hinsicht eigentlich mit allen Besserwissern, lautet: Seien Sie *unbe-*

stimmten Mustern des Eltern-Kind-Verhältnisses. Daß Unterschiede bei der Beurteilung der Ursachen existieren, scheint überzeugend bewiesen.

dingt gut vorbereitet! Tragen Sie zumindest die notwendigen Informationen zusammen, seien Sie mit entsprechendem Hintergrundmaterial vertraut, und bringen Sie Ihre Anliegen oder Vorschläge in geordneter Weise vor. Sie müssen sich auf jeden Fall versichern, daß alle Daten und Berechnungen korrekt sind. Vielleicht tun Sie dies bereits aus Gewohnheit und weil auch in Ihnen etwas von einem Besserwisser steckt. Falls Sie jedoch zu den Menschen gehören, die mit einem flüchtig durchdachten Vorschlag zufrieden sind und meinen, es sei überflüssig, etwas ein zweites Mal durchzugehen, versichere ich Ihnen, daß dies im Angesicht von Besserwissern der Anfang vom Ende, vielleicht auch schon das Ende sein wird: Die meisten Experten kontrollieren selbstverständlich jegliche Art von Daten oder Berechnungen, um sicherzugehen, daß diese stimmen. Wie auch immer diese Kontrolle stattfinden mag, *eines können Sie sicher sein:* Wenn Ihre Zahlen nicht mit dem Ergebnis übereinstimmen, das Ihr Besserwisser errechnet, haben Sie jeglichen zuvor eventuell vorhandenen Einfluß verloren. Besserwisser werden Sie als fähigen Mitarbeiter, dem Vertrauen gebührt, nicht ernst nehmen, wenn Sie unvorbereitet erscheinen oder unzuverlässig sind. Sie werden nicht einmal mit Ihnen diskutieren; Sie werden einfach für unfähig erklärt und hinauskomplementiert.

Hören Sie zu und bestätigen Sie.
Besserwisser zweifeln gemeinhin, daß ihre Weisheit bis in Ihr ärmliches Hirn vorgedrungen ist. Die beste Art, dem anderen zu signalisieren, daß Sie das Gesagte begreifen, ist aufmerksames Zuhören. Versuchen Sie, nicht zu unterbrechen oder abzukürzen. Paraphrasieren, d. h. bestätigen Sie die wichtigsten Gedanken seiner Rede.
Wenngleich Zuhören und Bestätigen anfangs wertvolle Zeit in Anspruch nehmen, können sie später sowohl Zeit wie Ärger ersparen. Zum einen kommt dadurch eine wirkliche Kommunikation zustande, und Sie können sicher sein, daß Sie tatsächlich verstanden haben. Da ‹Bulldozer› *für gewöhnlich* von dem, was sie erzählen, Ahnung haben, können Sie dabei sogar noch etwas lernen.
Darüber hinaus vermitteln Sie mit Ihrer Aufmerksamkeit, daß

Sie Bedeutung und Weisheit des ‹Bulldozers› anerkennen und respektieren. Schon dies vermag seine allwissende Art zu sprechen vermindern.

Der wichtigste Gewinn des bestätigenden Zuhörens ist, daß es Sie vor einer Welle wortreicher Expertisen bewahrt. Wenn ‹Bulldozer› nicht *sicher* sind, daß Sie die Komplexität des Problems völlig durchschaut haben, neigen sie dazu, Fragen oder auch nur zögerliche Zustimmung als Hinweis zu deuten, daß Sie nicht alles verstanden haben. Was sollte sonst der Grund dafür sein, daß Sie nicht eifrig zustimmen? Sie hören daraufhin eine Wiederholung des gesamten Vorschlags, diesmal in allen Einzelheiten.

Ein Chemie-Ingenieur beschrieb diese Eigenart bei einem Kollegen:

«Ich habe gelernt, Gordon nie irgendwelche Fragen zu stellen. Es ist tatsächlich weniger zeitaufwendig, wenn ich statt dessen die Ablage durcharbeite und mich so selbst über seine Projekte informiere. Wenn Sie Gordon gegenüber auch nur einen Kommentar äußern, glaubt er, daß Sie geschlafen haben, während er redete. Und dann legt er mit ausführlichen, chronologisch aufbereiteten, weit ausholenden Informationen und Erklärungen los, wie genau er zu seinen Schlüssen gelangt ist. Es ist unmöglich, ihn davon abzuhalten. Er wird alles genau erklären, selbst Formeln, die ich im Physikunterricht der Schule gelernt habe. Kommendes Jahr sind wir beide der gleichen Projektgruppe zugeteilt worden; mir graut bereits jetzt davor.»

Indem Sie paraphrasieren, zeigen Sie also dem Besserwisser, daß Sie sehr wohl verstanden haben, was er oder sie gesagt hat.

Fragen Sie entschieden, aber ohne zu provozieren.
Ganz egal, ob Sie Mitarbeiter, Vorgesetzter oder Untergebener eines ‹Bulldozers› sind, die Umstände können es notwendig machen, daß Sie auf etwas Gescheitertes oder Fehlendes hinweisen müssen. Vielleicht handelt es sich nur darum, ein Thema anzusprechen, das Ihrer Meinung nach nicht angemessen behandelt worden ist. Seien Sie sich bewußt, daß jeder, der etwas von der Art eines ‹Bulldozers› in sich hat, alles *persönlich* nimmt, was von der eigenen Sicht der Dinge abweichen könnte.

Aus diesem Grund ist es gemeinhin ratsam, Fragen zu formulieren, sobald unangenehme Themen oder Versäumnisse angeschnitten werden und eventuell gebieterisch wirkende Aussagesätze zu vermeiden. Sie könnten beispielsweise sagen: «Ich verstehe nicht ganz, warum eine Anhebung der Preise unsere Chancen auf dem Markt verbessern wird. Könnten Sie mir das erklären?» Das sagen Sie, selbst wenn Sie denken: ‹Warum erkennen Sie denn nicht, daß wir uns selbst vom Markt verdrängen, wenn wir Ihren Plan ausführen?› Selbst die Worte: ‹Wir würden gegenüber unserer Konkurrenz zu teuer sein›, für weniger Empfindliche absolut akzeptabel, klingen für einen ‹Bulldozer› provozierend.

Obwohl Sie den ‹Bulldozer› nicht direkt herausfordern dürfen, sollten Ihre Fragen vollständig, sicher und eindeutig formuliert sein. Bleiben Sie zu vage, wird dies vom ‹Bulldozer› vielleicht als Beweis Ihrer Unkenntnis gewertet. Auch mit Raffinesse oder Schmeichelei werden Sie womöglich entschieden abgewiesen, was weder für Ihre Beziehung zu dem ‹Bulldozer› noch für Ihr Ego günstig wäre.

Indem Sie Fragen formulieren, vermeiden Sie, daß der ‹Bulldozer› sich in seiner Kompetenz angegriffen fühlt. Denken Sie daran, daß ‹Bulldozer› verstörter reagieren als die meisten von uns, wenn sie sich mit Umständen konfrontiert sehen, die darauf hinweisen, daß ihre Deutung der Welt nicht so zutreffend ist, wie sie es glauben und brauchen. Wenn ihr Wissen in Frage gestellt wird, reagieren sie verstärkt auf die Art, die Sie von Anfang an verhindern wollten – sie streiten vehement die Möglichkeit ab, daß es neben ihrer eigenen andere plausible Auffassungen der Realität geben könnte.

Zwei Techniken haben sich als ausgesprochen nützlich erwiesen, um die Aufmerksamkeit von ‹Bulldozern› zu erregen: die Darstellung alternativer Möglichkeiten als Umweg und das Formulieren sogenannter ‹weiterführender Fragen›. Diese Techniken funktionieren, da sie Ihnen die Möglichkeit geben, das Gespräch ohne provokante Untertöne zu führen.

Die Darstellung alternativer Möglichkeiten als Umweg. Einer meiner Mitarbeiter ist besonders geschickt darin, unzugängliche Leute dazu zu bringen, einem Alternativvorschlag Aufmerksamkeit zu schenken. Er benutzt folgende Umschreibung: «Ich sehe ein, daß dies wahrscheinlich nicht das endgültige Ergebnis sein wird, aber könnten wir uns für ein paar Minuten Zeit nehmen, um zu betrachten, ob wohl irgend etwas Nützliches daran sein könnte?» Sie müßten ein ‹Super-Bulldozer› sein, um sich gegen diese Worte zu sperren.

Stellen Sie weiterführende Fragen. Eine der wirksamsten Techniken beim Umgang mit ‹Bulldozern› ist die Formulierung weiterführender Fragen. Weiterführende Fragen fordern dazu auf, einen Plan oder eine Idee im Geiste über einen gewissen Zeitraum oder in einem gewissen Umfang weiterzuspinnen. Zum Beispiel: «Wie wird diese Idee in der Praxis aussehen?» Und: «Können Sie mir sagen, wie Sie sich das Funktionieren des Programms in einem Jahr vorstellen?» Eigentlich liegt der Sinn weiterführender Fragen darin, dazu beizutragen, daß sich ein Gespräch von der Ebene der Konzeption zur Umsetzung hin weiterbewegt. Eine Unterhaltung hört sich dann ungefähr so an:

Sie: «Frank, Sie scheinen zu denken, daß ich grundsätzlich verstehe, wie Ihr neues Buchhaltungssystem funktionieren wird. (Das sollte er; Sie haben doch gerade erst dessen Ideen für ihn paraphrasiert, nicht wahr?) Nun, könnten Sie einmal der Reihe nach die Schritte durchgehen, die wir unternehmen werden, wenn wir es in die Tat umsetzen und beschreiben, was daraus im Laufe der nächsten sechs Monate folgen wird?»

Frank: «Sicher. Als erstes mieten wir Innosys-Computer-Systeme, um die von uns benötigten Programme zu entwickeln. Dann müssen wir damit beginnen, all die Daten von unseren alten Aktenordnern auf Band zu übertragen und... He – einen Moment mal –, mir ist gerade etwas klargeworden. Wir werden im ersten Jahr zwei zusätzliche Kräfte für die Buchhaltung benötigen. Das sollte ins Budget mit aufgenommen werden.»

Vielleicht war Ihnen bereits aufgefallen, daß eine Budgeterweiterung notwendig geworden wäre, vielleicht auch nicht. Wichtig ist, daß Frank es nun bemerkt hat, und das neue Programm wird nicht von Anfang an durch Personalmangel oder ein überzogenes Budget behindert.

Hochtrabend und dogmatisch oder nicht, ‹Bulldozer› führen ihre Aufgaben kenntnisreich und kompetent aus. Generell zeigen sie sich Fakten und logischen Schlüssen gegenüber aufgeschlossen,

besonders wenn es sich um *von ihnen* angeführte Fakten und
Schlußfolgerungen handelt. Ihre Aufgabe besteht darin, ‹Bulldozer› vor ihrer eigenen Besserwisserei zu schützen und so Projekte
zu verhindern, die voraussehbar zum Scheitern verurteilt sind.
(Nebenbei bemerkt glaube ich, daß es sich bei dem Kapitän der
Titanic um einen solchen Besserwisser handelte.) Vielleicht haben Sie eine solche Entwicklung selbst bereits erlebt: ‹Bulldozer›
sammeln Fakten, ordnen sie und entwickeln einen festen Plan,
nach dem alles klappen sollte. Danach schreiten sie ohne Zögern
zur Tat. Neue Fakten? Unstimmige Daten? Diese werden entweder entschieden ignoriert oder mit analytischer Raffinesse so
manipuliert, daß sie sich in den Plan integrieren lassen. Indem
Sie dem ‹Bulldozer› weiterführende Fragen stellen, zwingen Sie
ihn, seine Sicht der Dinge nochmals zu überprüfen. Aber tun Sie
dies auf konstruktive Weise, in einem Klima, das nicht von ihm
verlangt, sich vor irgend jemandem außer sich selbst zu verteidigen.

*Vermeiden Sie es, ebenso besserwisserisch wie der
‹Bulldozer› zu sein.*
Für Menschen, die sich als gleichermaßen qualifiziert betrachten,
kann die eingebildete Herablassung der ‹Bulldozer› besonders
inakzeptabel sein. Selbst unkomplizierte Menschen können sich,
ohne sich über die intensive Wechselwirkung im klaren zu sein, in
einen vergeblichen, manchmal katastrophalen Kampf verstrik-
ken. Betrachten Sie dieses Beispiel:
Clyde und Faye waren die wichtigsten Mitglieder einer einflußrei-
chen interdisziplinären wissenschaftlichen Forschungsgruppe.
Von Anfang an gab es scheinbar endlose Zankereien unter den
Beteiligten, wie die Aufgaben bewältigt werden sollten. Während
der Sitzungen kam es immer häufiger zu erregtem, verbohrtem
Gezänk, hauptsächlich über die Vorgehensweisen, denen für die
Dokumentation der Arbeitsergebnisse gefolgt werden sollte. Was
auch immer Clyde vorschlug, Faye würde es herablassend zu-
rückweisen. Clyde fühlte sich in einem unangenehmen Schlagab-
tausch gefangen und schien sich diesem nicht entziehen zu können. Er wandte sich Unterstützung suchend den anderen zu, um
so einen Ausweg zu finden. Während der ersten Wochen hatte

Trudy, die Vorsitzende, die das Problem erkannte, mehrfach Kompromisse vorgeschlagen. Faye argumentierte daraufhin mit Trudy. Clyde trug seinen ursprünglichen Plan wieder vor, und der ganze Kreislauf begann von vorne, bis Clyde schließlich bereit war zu kündigen und die Gruppe ihre Motivation verloren hatte.

Jeder schien zu wissen, daß Faye eine herausragende Biologin war, aber auch ein schwieriger Mensch. Clyde dagegen galt als vernünftig, als jemand, der ruhig seine Ideen verfolgte. In einer privaten Unterhaltung mit Clyde erfuhr ich, daß sich dieser in seiner eigenen Sachkenntnis von Faye provoziert fühlte. Sechs Monate zuvor hatte er ein sehr erfolgreiches Buch publiziert. Aus gutem Grund betrachtete er sich als Autorität zu dem Arbeitsgebiet der Forschungsgruppe, und er ärgerte sich zutiefst über Faye. Ihre Kampfansage an seine Kompetenz hatte ihn dazu veranlaßt, alle seine Kräfte zu mobilisieren. In solchen Schlachten gewinnen jedoch für gewöhnlich die ‹Bulldozer›. Ihre Motivation ist gemeinhin stärker, und sie verfügen über ein Durchhaltevermögen, das gelegentliche Aufmucker wie Clyde nicht entwickelt haben.
Falls *Sie* sich in Clydes Rolle wiederfinden sollten und glauben, Ihr Sachverstand werde herausgefordert, hier einige Hinweise, die helfen, die Situation zu meistern.
Hören Sie sich selbst zu. Achten Sie auf den Ton Ihrer Stimme, ist er dünkelhaft? Beharren Sie stur auf Ihrer Meinung? Oder würden Sie sich am liebsten verärgert und schweigend zurückziehen? Diese Anzeichen deuten darauf hin, daß die Situation ziemlich unangenehme Züge in Ihnen zum Vorschein bringt.
Erkennen Sie die Kompetenz des Bulldozers an: «Ich respektiere Ihren Standpunkt, da ich Sie für sehr kompetent auf dem Gebiet halte.» Diese Worte haben noch niemandem geschadet, und auf diese Weise können Sie sich bei einem ‹Bulldozer› Gehör verschaffen. Machen Sie sich darauf gefaßt, daß Ihre Aussage überhört wird, da der ‹Bulldozer› Ihre Meinung für unwesentlich hält. Dieses Zugeständnis hilft aber besonders, wenn der ‹Bulldozer› feindselig-aggressive Züge trägt, und der Versuch, auf diesem Wege Aufmerksamkeit zu erlangen, lohnt in jedem Fall.
Geben Sie sich Zeit zum Überlegen. Es ist häufig nützlich, den Er-

klärungen eines ‹Bulldozers› folgendermaßen zu begegnen: «Schauen Sie, Faye, aufgrund unserer Diskussion glaube ich zu verstehen, worauf Sie hinauswollen. Es ist wohldurchdacht, und vielleicht ist es der Weg, wie vorgegangen werden sollte, momentan bin ich aber noch nicht von allen Aspekten überzeugt. Lassen Sie mir etwas Zeit, um mir die Sache durch den Kopf gehen zu lassen.» Dem könnten Sie hinzufügen: «Darf ich Sie bitten, meine Ideen einmal näher in Betracht zu ziehen? Vielleicht können Sie ja etwas daraus machen.»

Die Pause erreicht zweierlei. Erstens gibt sie dem ‹Bulldozer› die Gelegenheit, Ihren Vorschlag zu durchdenken. Mit allen Besserwissern läßt sich leichter umgehen, wenn sie ausreichend Zeit haben, um neue Informationen aufzunehmen. Vorschläge, über die Sie noch nicht gründlich nachdenken konnten, werden Sie in der Tat direkt ablehnen, weil alle anderen scheinbar genau wissen, worum es geht, und Sie selbst sich unfähig fühlen. Zweitens gibt Ihnen eine Unterbrechung die Gelegenheit, sich zu besinnen und sich daran zu erinnern, daß Ihr Ziel nicht darin besteht, das erniedrigende Grinsen vom Gesicht des Besserwissers zu tilgen. So werden Sie beim Folgetreffen darauf vorbereitet sein, weiterführende Fragen zu stellen und ernsthaft nach einer Antwort zu suchen. Ansonsten steht Ihnen noch ein letzter Schritt für den erfolgreichen Umgang mit ‹Bulldozern› offen.

Zur letzten Rettung: Ordnen Sie sich dem Besserwisser unter.
Was kann man tun, wenn keiner der oben beschriebenen Schritte Erfolg hat? Ihr Besserwisser beharrt weiterhin auf seiner Weltsicht, äußert sich zu Ihren Vorschlägen mit Herablassung, nimmt alle Erfolge für sich in Anspruch und ignoriert die auftauchenden Probleme. Gibt es noch eine Alternative zu Kapitulation und Abschreibung der Kosten?

Eine Möglichkeit, die eine relativ störungsfreie Beziehung begründen kann, gibt es in der Tat noch, allerdings um einen unübersehbaren Preis. Sie müssen Ihren Stolz herunterschlucken und sich diesem «überlegenen» Wesen gegenüber bewußt ehrerbietig verhalten, selbst wenn es Ihnen hierarchisch gleichgestellt oder untergeordnet ist. Hören Sie aufmerksam zu, blinzeln Sie mit den Augen und tanzen Sie mit großer Konzentration nach seiner Pfeife. Signalisieren Sie ihm: «In Ordnung, Sie großer, wundervoller, allwissender Quell der Weisheit, sagen Sie mir, was Sie zu tun gedenken, und ich helfe Ihnen bei der Ausführung.» Wenn Sie in dieser Weise Ihre Bereitschaft, sich unterzuordnen, zeigen, müßte Ihre Zusammenarbeit weitgehend störungsfrei und angenehmer verlaufen. Unter diesen Bedingungen können Sie mit einem ‹Bulldozer› produktiv weiterarbeiten, und Sie selbst werden sich, falls es gutgehen sollte, weniger angespannt und verärgert fühlen.

Dieses Verhalten unterscheidet sich *deutlich* von der unbewußten und unkontrollierten Reaktion auf einen herablassenden und selbstherrlichen Umgangston. Dieser unbewußte Widerstand kann dazu führen, daß Sie den anderen sabotieren, verleumden und schließlich sich selbst blockieren. Im Extremfall richten Sie Ihren Ärger gegen sich selbst, und Sie fühlen sich niedergeschlagen und frustriert.

Indem Sie sich *bewußt* für ein Verhalten entscheiden, das einen reibungsloseren Umgang ermöglicht, bewahren Sie sich auch Ihren Respekt vor sich selbst. Ebenso schützen Sie sich vor immer stärker werdenden inneren Spannungen, die auftauchen, wenn Sie sich in einer Weise *reaktiv* verhalten, die Sie mit Ihren eigenen Wertmaßstäben eigentlich nicht vereinbaren können; Sie behalten die Kontrolle über Ihr eigenes Verhalten.

Diese letzte Verhaltensmöglichkeit zu wählen, bedeutet nicht, daß Sie nicht zuvor jede andere Form des reibungslosen Umgangs versucht hätten, einschließlich der hier vorgeschlagenen. Ihre Anstrengungen sind nicht zuletzt deshalb lohnenswert, weil der ‹Bulldozer› Sie als kompetenten Assistenten in einem neuen Licht sehen könnte, quasi als Experten von eigenen Gnaden. Haben Sie schließlich nicht die wahre Quelle der Weisheit erkannt und unterstützt? Haben Sie nicht eingesehen, was für eine kluge und fähige Person er oder sie ist? Der ‹Bulldozer› wird mit Ihnen schließlich vielleicht über die Schwierigkeiten sprechen, wie die Sache all den anderen Hohlköpfen klargemacht werden könnte, denjenigen, die Sie *beide* ertragen müssen. Da ‹Bulldozer› oft Menschen mit Autorität und Macht sind, kann diese gleichgestellte (nun, *fast* gleichgestellte) Beziehung äußerst wertvoll sein.

Diejenigen unter Ihnen, denen bei dem Gedanken, die Gunst eines solchen Besserwissers auf diese Weise zu erlangen, die Haare zu Berge stehen, will ich an die Alternativen erinnern: (1) Beharren Sie auf Ihrer Meinung und schäumen Sie vor Wut; (2) sabotieren Sie jedes Vorhaben und bringen Sie das Unternehmen (und sich selbst vielleicht dazu) zum Scheitern; (3) schreien Sie los und zeigen Sie dadurch, daß der andere von Anfang an recht hatte; (4) räumen Sie das Feld; oder (5) ermöglichen Sie durch Ihr bewußtes Verhalten einen reibungslosen Umgang mit dem ‹Bulldozer›.

Zusammenfassung

► Sorgen Sie dafür, daß Sie sich angemessen vorbereitet haben; gehen Sie alle Unterlagen und Daten noch einmal durch und kontrollieren Sie diese auf ihre Richtigkeit.

► Hören Sie aufmerksam zu und paraphrasieren Sie die Vorschläge des ‹Bulldozers›, um dadurch langen, wiederholten Erklärungen vorzubeugen.

► Vermeiden Sie dogmatische Aussagen.

► Formulieren Sie Ihre abweichende Auffassung mit Bedacht, aber unzweideutig; verwenden Sie die Frageform, um Probleme vorzutragen.

► Stellen Sie weiterführende Fragen, um eine erneute Untersuchung des Vorhabens einzuleiten.

► Bezwingen Sie Ihr eigenes besserwisserisches Verhalten, indem Sie
sich selbst genau beobachten;
Ihren Respekt vor dem Wissen des ‹Bulldozers› signalisieren;
Unterbrechungen erwirken, um so für beide Seiten Zeit zu gewinnen, die jeweiligen Vorschläge zu bedenken.

► Wählen Sie als letzte Möglichkeit die eigene Unterordnung, um Spannungen zu vermeiden und vielleicht eine gleichgestellte Beziehung in der Zukunft aufzubauen.

‹Ballons›: Die vermeintlichen Besserwisser

«Mein Ehemann Carl hat die Angewohnheit, sich in alles einzumischen, egal ob er etwas von dem angesprochenen Thema versteht oder nicht. Ich muß zugeben, daß er gut reden kann. Das
meiste, was er sagt, hört sich für jeden, der weniger weiß als er,
einleuchtend an. Gestern hat er beispielsweise darauf beharrt,
daß der Defekt am Wagen des Nachbarn von einer verschlissenen
Radaufhängung herrühre. Er war davon derart überzeugt, daß
unser Nachbar Steve sich daraufhin weigerte, den Automechani-
ker, der einen anderen Grund anführte, das Auto reparieren zu
lassen. Am Ende mußte Steve 250 Dollar für zusätzliche Arbeitszeit zahlen, bis die Sache schließlich in Ordnung gebracht war. Ich
wollte, daß Carl sich bei Steve entschuldigte, aber mein Mann
konnte nicht einsehen, warum er Steve etwas schuldig sein sollte.
‹Steve ist ein erwachsener Mann›, sagte er. ‹Er trifft seine eigenen
Entscheidungen.›»

Das Verhalten

Der ‹Autofachmann› Carl (und nebenbei bemerkt, Professor für
Englisch an der Universität) ist ein *vermeintlicher* Besserwisser.
Um diese ärgerlichen und manchmal lästigen Leute zu beschreiben, scheint das Wort ‹Ballon› angemessen – ein Objekt mit dün-
ner beweglicher Außenhaut, das mit heißer Luft oder Gas gefüllt
ist. ‹Ballons› sprechen mit großer Autorität über Dinge, von denen sie wenig Ahnung haben, und sogar die wenige Ahnung kann
falsch sein. Sie lesen Zeitungsartikel und werden augenblicklich
zu Fachleuten auf dem Gebiet, ergehen sich über die in dem Arti-
kel grob umrissenen Themen, ohne dabei die Quelle ihres großen
Wissenschatzes preiszugeben. ‹Ballons› können unfähige Ange-
ber sein, die leicht durchschaut werden können, aber auch hoch-
trabende und anmaßende Tyrannen wie Phillip Ames, dem wir zu
Beginn des Kapitels begegnet sind. Schließlich gehören zu ihnen
auch die sich gut ausdrückenden und begabten ‹Experten› wie
Carl, die, wo immer sie auftauchen, Verwirrung stiften. Weil
manche ‹Ballons› so leicht überzeugen können, ist es schwierig,
sie von ‹Bulldozern› zu unterscheiden. Sie können häufig nur

dann sichergehen, daß Sie es mit einem *vermeintlichen* Experten zu tun haben, wenn Sie selbst tatsächlich Experte auf dem betreffenden Gebiet sind und deshalb wissen, wie sich die Dinge in Wahrheit verhalten.

‹Ballons› sind nicht einfach Lügner oder Überredungskünstler. Lügner und Überredungskünstler unterscheidet von ‹Ballons›, daß die ersteren stets wissen, daß sie täuschen und dabei ein festes Ziel, zumeist den eigenen Vorteil, vor Augen haben. ‹Ballons› dagegen sind fest davon überzeugt, daß sie wissen, wovon sie sprechen.

‹Ballons› verstehen

Ich habe lange darüber nachgedacht, wie jemand zum ‹Ballon› wird, vielleicht weil in mir selber einiges von diesem Typus steckt. Ursprünglich scheint die Motivation der ‹Ballons› dem immensen Wunsch nach Respekt und Bewunderung durch andere zu entspringen. Dabei geht es ihnen weniger um Liebe als vielmehr um Anerkennung und Ansehen. Derartiger Zuspruch wird am leichtesten errungen, indem man bei möglichst vielen Themen mit sicheren Kenntnissen glänzt.

Diese erlernte Strategie funktioniert am besten, wenn man sich der Täuschung nicht bewußt ist. Die Grenze zwischen Realität und Wunschdenken verschwimmt, und *im Moment des Sprechens* sind sie überzeugt, ein wahres Wort vorzubringen. Vermutungen werden zu Tatsachen, und Meinungen erhalten den Glanz der Weisheit.

Das, was in dem ‹Ballon› abläuft, entzieht sich größtenteils seines Bewußtseins, und bei fortgesetztem Gebrauch wird dieses fehlerhafte Denkmuster bestärkt:

(1) Ich möchte, daß die anderen erkennen, wie brillant (gebildet, wunderbar, fähig) ich bin.

(2) Was ich denke, klingt so einleuchtend, daß es vielleicht der Wahrheit entspricht.

(3) Wenn es wahr ist, warum sollte ich es dann nicht sagen.

(4) Nun, da ich es gesagt habe und niemand widersprochen hat, muß es wohl wahr sein.

(5) Also bin ich brillant.

‹Ballons› sind oft ausgesprochen neugierige Menschen, die sich in vielerlei Hinsicht «informiert» vorkommen: Sie lesen Zeitungen, blättern in den ersten Kapiteln vieler Bücher, verfolgen gespannt Klatsch und Tratsch und sperren Augen und Ohren auf, wo immer sie können – großartige Möglichkeiten, Wissensfetzen und Informationshappen über jede Menge interessanter Dinge aufzuschnappen. Problematisch wird es, sobald sie das aus all den Zutaten zusammengemischte Gebräu weitergeben möchten.

Fassen wir kurz zusammen:
▸ ‹Ballons› suchen die Bewunderung und den Respekt anderer, indem sie sich als Experten gebären, ohne es zu sein.
▸ Häufig sind sie sich nicht darüber bewußt, daß sie von Dingen sprechen, von denen sie nur wenig Ahnung haben.
▸ ‹Ballons› sind oft neugierig und bemühen sich um Informationen. Diese im Prinzip nützliche Eigenschaft führt zu Schwierigkeiten, wenn grob umrissene oder verkürzte Angaben zur vollständigen und genauen Darstellung eines Sachverhaltes herangezogen werden.

Mit ‹Ballons› umgehen

Im Vergleich zu den anderen schwierigen Leuten, von denen dieses Buch handelt, bereiten ‹Ballons› relativ wenig Kopfzerbrechen. Haben Sie sich einmal an sie gewöhnt, können Sie die vermeintlichen Besserwisser sogar mögen. Gönnerhaft können Sie den ‹Ballon› sich über Themen ergehen lassen, von denen er offensichtlich wenig versteht. Sie zollen ihm die gewünschte Aufmerksamkeit und fühlen sich als Wohltäter.

Sofern ‹Ballons› nicht einflußreiche Positionen einnehmen, empfinden die meisten Menschen nur leichte Verärgerung, Ungeduld oder Verlegenheit, wenn sie mit ihnen verkehren müssen. «Sollte ich diese Person davon abhalten, andere in die Irre zu führen?» fragen Sie sich vielleicht noch von Zeit zu Zeit.

Wenn ‹Ballons› allerdings wichtige Funktionen besetzen, kann deren Verquickung von Realität und Wunschdenken zu wirklichem Ärger führen. Sie werden Vorschläge machen, die auf plausiblen, aber falschen Voraussetzungen basieren, denen auf-

grund ihrer Autoritätsstellung oder ihres Charismas gefolgt werden muß. Ein Personalleiter berichtete mir von einer durch einen
mächtigen ‹Ballon› verursachten drohenden Katastrophe:

«Ich glaube, keiner weiß wirklich, wie dicht wir letzten Herbst vor
einem enormen Fiasko standen. Willis Schaefer, unser ehema-
liger Chef – übrigens ein sehr fähiger Organisator im Personal-
wesen –, entschied, nachdem er einen Vortrag über das Thema
gehört hatte, daß wir ein Beratungsprogramm für Angestellte
bräuchten. Er machte sich ganz allein daran, einen Vorschlag für
die Direktion auszuarbeiten. Es war ein stupider, oberflächlicher
Plan, der ein Vermögen gekostet und uns obendrein Schwierigkeiten mit der Gewerkschaft eingebracht hätte. Aber er sprach
vor den hohen Tieren so kenntnisreich darüber, daß diese bereit
waren, die Sache zu akzeptieren, noch bevor der Plan offiziell vorgestellt worden war. Gott sei Dank wurde Schaefer von einem anderen Unternehmen abgeworben, und das gesamte Vorhaben
löste sich in Luft auf.

Warum hat keiner von uns Alarm geschlagen? Meines Erachtens
gibt es dafür zwei Gründe. Erstens waren wir alle dafür, als er von
dem Vortrag über Angestelltenberatung zurückkam und davon
erzählte. Die Firma braucht etwas in der Richtung. Aber noch
bevor wir uns die Sache genauer überlegen konnten, erzählte er
sehr wichtigen Leuten davon, wie so etwas genau aussehen sollte.
Seine Erläuterungen waren derart daneben, daß alles, was wir zu
diesem Zeitpunkt hätten einwenden können, ihn als Vollidioten
hingestellt hätte.»

Dieses Beispiel verdeutlicht vorbildlich das Hauptproblem beim
Umgang mit ‹Ballons›. Wie können Sie erreichen, daß die un-
durchführbare Idee des ‹Ballons› zurückgewiesen wird, ohne ihn
dadurch bloßzustellen? Schließlich ist nichts leichter, als vermeintliche Besserwisser zu enttarnen. Ein laut und klar gespro-
chenes «Blödsinn!», gefolgt von exakten und belegten Angaben,
wird den äußeren Schein zerstören und den ‹Ballon› als Betrüger
überführen. So verlockend dieser Weg erscheinen mag, er ist doch
eine recht bittere Medizin, besonders wenn Sie mit der Person zusammenarbeiten oder -leben sollen. Es existiert eine gleichermaßen wirksame, aber sehr viel humanere Methode. Sie birgt den

zusätzlichen Vorteil, daß Sie nicht zermalmt werden, falls Sie sich getäuscht haben und sich Ihr ‹Ballon› als ‹Bulldozer› entpuppt.

Benennen Sie die Fakten als Alternative.
Der erste Schritt, um mit ‹Ballons› reibungslos umzugehen, besteht darin, ausführlich die Fakten zu schildern, so wie Sie diese kennen. Aber statt «Blödsinn» zu schreien (oder sonst etwas), präsentieren Sie Ihre Analyse als Alternativvorschlag, nicht als einzig mögliche Deutung der Angelegenheit.

Geben Sie dem ‹Ballon› die Möglichkeit, sich zurückzuziehen.
Ermöglichen sie dem ‹Ballon›, das Gesicht zu wahren und den Rückzug anzutreten. Im Augenblick der Wahrheit (hier wörtlich gemeint) wird er oder sie wie gelähmt sein. Wirkliche Fachleute enttarnen den ‹Ballon› urplötzlich, und der drohende katastrophale Gesichtsverlust könnte den ‹Ballon› zu unüberlegten hektischen Verteidigungsreaktionen treiben.
Schauen wir uns an, wie dieser Schritt bei Carl funktioniert hätte:

> Carl: «Es steht außer Frage, Steve, das Rattern hinten in Ihrem Wagen ist die Radaufhängung. Es kann nichts anderes sein. Lassen Sie sich von den Typen bloß keine neue Hinterachse andrehen. Bei dem Wagenmodell halten die Achsen ewig. Ich hab noch nie von einem gehört, bei dem die Achsen ersetzt werden müßten.»
> Steve: «Nun, der Mann von der Reparaturwerkstatt meinte, seiner Ansicht nach liegt es am Achsengehäuse, das sich vielleicht mit dem...»

Sie (ein Kenner des Wagenmodells): «Wissen Sie, Carl, das paßt zu ein paar Sachen, die ich über diesen Wagentyp und Achsenprobleme gelesen habe. Es ist möglich, daß eine zu große Belastung des Fahrgestells, zum Beispiel durch einen Anhänger, das Achsengehäuse verbiegen kann. Vielleicht denken Sie an die Achsen der Modelle vor 1972. Damals war die Sache vielleicht noch anders.»

Carl: «Oh, hm... vielleicht habe ich daran gedacht.»

Sie: «Ich glaube nicht, daß Sie die Reparatur mehr als 250 Dollar kosten wird, Steve.»

Es ist leichter für Außenstehende, mit einem ‹Ballon› umzugehen. Steve hätte jedoch das gleiche tun können, wenn er ein Kenner des Wagenmodells gewesen wäre.

Flechten Sie ein paar Füllsel in das Gespräch mit ein; das gibt dem ‹Ballon› die Chance, sich zu fassen.

Suchen Sie das Gespräch unter vier Augen.
Nach meiner Erfahrung mit ‹Ballons› ist es einfacher, ihnen unter vier Augen die wahren Fakten zu erläutern. Es ist leichter für ihn, daß Gesicht zu wahren, wenn es sich nur um Ihre Einschätzung handelt, die für den ‹Ballon› auf dem Spiel steht. Vielleicht wünschen Sie sich dennoch, nachdem der ‹Ballon› zum Beispiel die Finanzlage in großer Runde dargestellt hat (deren Fehlerhaftigkeit Sie soeben aufgedeckt haben), vor versammelter Mannschaft einen passenden Vorschlag aus der Tasche zu ziehen, wie die Sache am elegantesten aus der Welt geschafft werden könnte. Ich weiß, es ist verführerisch zu sehen, wie dem ‹Ballon› die Luft entweicht, aber vielleicht sind Sie ja nachsichtig...

Zusammenfassung

► Äußern Sie Fakten oder abweichende Auffassungen so beschreibend wie möglich und stellen Sie sie als Ihre eigene Interpretation hin.

► Geben Sie dem ‹Ballon› die Möglichkeit, sein Gesicht zu wahren.

► Seien Sie bereit, Gesprächspausen, die durch die Verlegenheit des enttarnten ‹Ballons› entstehen, zu überbrücken.

► Stellen Sie den ‹Ballon› möglichst unter vier Augen zur Rede.

Kapitel 8

Unentschlossene und Zauderer

Janet war klug, wißbegierig und steckte voller Ideen. Als sie Prokura erhielt und in das Team, das die neuen Produkte entwikkelte, versetzt wurde, glaubte sie, sich endlich auf dem Weg zum Erfolg zu befinden. Anfangs hatte sie ihre Vorgesetzte Donna als sehr hilfreich und bestärkend empfunden – vergleichbare Unterstützung hatte sie in ihrem dreizehnjährigen Arbeitsleben noch nicht erfahren. Der Ärger begann, als Janets Team einer neuen Abteilung zugewiesen wurde. Donna, nach wie vor ihre Vorgesetzte, unterstand nun der Leitung eines neuernannten Abteilungschefs, den wir Mr. Bennett nennen werden, denn seine Untergebenen sprachen ihn nie beim Vornamen an. Janet bemerkte sofort eine Veränderung bei ihrer Vorgesetzten. Sie beschrieb diese folgendermaßen:

«Donna brauchte zunehmend länger, um eine Entscheidung zu treffen. Vorher hatte sie mir eine Menge Spielraum eingeräumt, aber plötzlich bestand sie darauf, mir für jede meiner Unternehmungen zuvor ihre Zustimmung zu erteilen. Beispielsweise wollte sie plötzlich meine Marketingmitteilungen absegnen, obwohl diese völlig denjenigen entsprachen, die ich vor drei Monaten mit recht gutem Erfolg auf eigene Verantwortung verschickt hatte. Dabei wandte sie sich gar nicht gegen meine Pläne. Ganz im Gegenteil: Ich überzeugte sie bei quasi all meinen Vorhaben. Das Ärgerliche war – und ich brauchte eine Weile, um zu begreifen, was geschah –, daß sie ständig ihre Meinung änderte; ich überzeugte sie erneut, und sie änderte daraufhin wieder ihre Meinung. Ich wurde aggressiv, schließlich ungeduldig und kämpfte für die meiner Meinung nach richtigen Entscheidungen. Einmal schickte ich ihr sogar eine Mitteilung an die Geschäftsführung, mit der Bitte, diese weiterzuleiten. Ich überreichte sie ihr mit einem Stift und stand neben ihr, während sie unterzeichnete. Die Mitteilung legte sie aber – mit ihrer Unterschrift – am nächsten Morgen auf meinen Schreibtisch mit der beigefügten Bemerkung, daß ich die Sache nicht weiterverfolgen sollte.

Ich habe bei zwei Gelegenheiten an ihr vorbei gehandelt, beide Male ohne viel Erfolg. Das zweite Mal führte es zu verletzten Gefühlen und tränenreichen Fragen ihrerseits über meine Loyalität. Endlich konnte ich meine Verbitterung über die vergangenen Monate nicht länger unterdrücken: Ich ließ ein paar gemeine, sarkastische Bemerkungen los und beschuldigte sie, schwach zu sein. Donna drehte sich um und verließ wortlos den Raum. Am nächsten Tag versuchten wir beide, so zu tun, als wäre nichts passiert, aber unser Arbeitsverhältnis verschlechterte sich zunehmend. Wir erledigten unsere Aufgaben mit großer Distanz. Ich hinterlegte ihr mittags Zettel auf dem Schreibtisch, und sie ließ mir Mitteilungen über die Hauspost zukommen. Die Arbeit wurde weiterhin erledigt, aber die Wirkung auf meine Leistung und meinen Einsatz war verheerend.»

Mack war der technisch versierte Besitzer und Leiter eines großen Betriebes; Tom, zupackend und hochmotiviert, arbeitete als sein Produktionsleiter; und Bob, der Werksmeister, galt als unproduktiv, aber sympathisch. Ich beriet sowohl Mack wie Tom.

Das Problem tauchte zuerst bei einer betriebsinternen Besprechung auf, als Bob sich bitter darüber beklagte, daß er nicht zum Abteilungsleiter befördert worden war. Mack wies ihn darauf hin, daß er nie eine formelle Bewerbung auf den Posten eingereicht hatte, und gab ihm zu verstehen, daß Bob dies bei der nächsten sich bietenden Gelegenheit nachholen sollte.

Am nächsten Tag, bei einem Gespräch zwischen Tom, Mack und mir, machte Tom seiner Enttäuschung Luft. Wer mit Bob zusammenarbeite, sagte er, der wisse, daß dieser die letzten drei Jahre nicht allzuviel geleistet habe. «Warum also», fragte er Mack, seine Verärgerung kaum verhehlend, «haben Sie Bob gegenüber durchblicken lassen, daß Sie ihn befördern würden, wenn er sich offiziell bewerben würde.» Bei dieser und vielen folgenden Unterredungen gestand Mack zerknirscht ein, daß er Schwierigkeiten mit Bob hatte. Er sah ein, daß es notwendig wäre, Bob offen zu erklären, daß er diesen nicht befördert hatte, weil er es nicht verdient habe, *und falls* Bob eine Beförderung anstrebe, er sich zuvor stärker einsetzen müsse.

Vier Monate später war Toms Ärger und Enttäuschung schlimmer als je zuvor:

«An schlechten Tagen hält Mack mich immer mal wieder an, die Produktivität zu steigern und die Arbeitsleistung zu verbessern. Aber wenn ich diese Anweisung weitergebe, ärgern sich die Arbeiter in der Werkshalle. Ich mache ihnen auch keinen Vorwurf. Sie wissen alle, daß manche Leute, Bob ist der schlimmste, nur halbe Kraft schieben, weil sie den Chef seit langem kennen. Ich selbst kann bei Bob nichts erreichen – und ich hab's viele Male versucht –, denn er hält mich bloß für ungerecht und autoritär. Er kann immer einfach nach oben gehen und die Angelegenheit mit dem ‹guten alten Mack› besprechen. Sie wissen, wie oft Mack beschlossen hat, daß er Bob die Leviten lesen müsse. Ich selbst habe es die letzten vier Monate viermal angesprochen. Jedesmal stimmt er mir zu, schuldbewußt, und entschuldigt sich, aber ich weiß, daß es bis zum Jüngsten Tag dauern wird, bis er sich endlich dazu durchringt.»

Das Verhalten

Wenn Sie davon abhängig sind, daß andere etwas für Sie tun – wichtige Briefe abschicken, Bestellungen oder Rechnungen unterschreiben, Beförderungen aussprechen, Ihre Vorschläge einer höheren Ebene überbringen oder Beiträge zu Ihrem Projekt leisten –, dann ist nichts zermürbender als deren Unfähigkeit, sich zu einer Entscheidung durchzuringen. Ihre Abhängigkeit von ihnen macht diese unentschlossenen Menschen so schrecklich frustrierend: Sie selbst stecken voller Tatendrang und Energie und werden von den Unentschlossenen blockiert. Das schlimmste daran ist, daß oft kein Ausweg aus dem Dilemma in Sicht ist.

Es gibt viele verschiedene Typen von unentschlossenen Menschen. Leute wie Donna und Mack stehen allerdings für eine besonders schwierige Variante von Entscheidungsunfähigkeit. Ich nenne sie die Zauderer, weil sie dazu neigen, wichtige Entscheidungen so lange hinauszuzögern, bis sie sich schließlich erübrigen. Wie andere, die sich nicht entscheiden können, werden Zauderer nur dann zu einem Problem, wenn etwas, das Sie betrifft, von deren Entscheidung abhängt. Andernfalls könnten Zauderer so unentschieden sein, wie sie wollten, und sehen, wie sie damit zurechtkommen.

Selbstverständlich ist oder sollte jeder auch zögern dürfen und sich zum Beispiel Zeit nehmen, um zwei Alternativen, die beide gleichermaßen verlockend oder unangenehm sind, in Ruhe zu bedenken. Selbst ein längerer Zeitraum ist gerechtfertigt, sofern dieser zur Information, Befragung oder Analyse verwendet wird und die Entscheidung weitreichende Konsequenzen hat. Zauderer aber verlängern nicht einfach den Prozeß der Entscheidungsfindung, sondern sie vermeiden ihn, manchmal in absurder und unproduktiver Weise. Unproduktiv nicht nur für Sie, weil die Entscheidung, von der Sie abhängen, nicht getroffen wird, sondern auch für den anderen, weil er zu keiner Entscheidung kommt, sondern lediglich das Problem hinausschiebt.

Zu ihrer Verteidigung sei angemerkt, daß Zauderer fast immer angenehme und wohlmeinende Menschen sind, insbesondere dann, wenn sie über einer wichtigen Entscheidung brüten. Das ist auch der Grund, warum sie im Arbeitsalltag bei anderen Frustrationen auslösen. Sie hören gemeinhin aufmerksam zu, nicken bekräftigend mit dem Kopf, schauen interessiert – und sind es auch – und stellen sachdienliche, wenn auch selten provokante Fragen. Sie werden die Unterredung wahrscheinlich mit dem Gefühl beschließen, daß der andere in Ihrem Sinne entscheiden wird. Wenn Sie jedoch eine Woche später darauf zurückkommen, ist nichts unternommen worden. Eine Verzögerung ist eingetreten, vielleicht ein paar genauere Überlegungen, jemand, dessen Einverständnis benötigt wird, war zufällig nicht verfügbar. Zwei Wochen später ist immer noch nichts passiert. Nach drei Wochen drückt der Zauderer auf Ihre Frage nach der Entscheidung sein Verständnis für Sie aus. Er oder sie hört Ihnen mit Wohlwollen zu, wenn auch mit schlechtem Gewissen, entschuldigt die Verzögerung, weist vielleicht versuchsweise auf einige Komplikationen der Situation hin, sagt aber nie wirklich ja oder nein. Sie besprechen die paar Komplikationen, erhalten weitere, positiv klingende Antworten, aber diesmal sind Sie nach dem Gespräch ver-

Klugheit und Vorsicht...

...sind beim Umgang mit schwierigen Menschen vonnöten. Diese Maßnahmen sind zwar auch bei anderen Gelegenheiten wichtig, nicht zuletzt bei der Anlage von Geld; aber wenn erst einmal die richtige Entscheidung getroffen ist, dann läuft alles problemlos und wie von selbst.

wirrt. Was ist los? Woran scheitert die Sache? Was kann ich tun? Die meisten, die wir zu diesen Situationen befragt haben, hatten, nachdem eine Entscheidung drei Monate auf sich warten ließ, aufgegeben. Viele hatten versucht, an dem Zauderer vorbei oder über ihn hinweg zu handeln. Alle, die nicht auf eigene Weise damit umzugehen gelernt hatten, waren frustriert oder wütend und fühlten sich zum Narren gehalten.

Was bringt Zauderer dazu, unwillentlich solches Unglück über andere zu bringen, und wie kann ihrer Unschlüssigkeit mit Erfolg begegnet werden?

Zauderer verstehen

Paradoxerweise findet sich das zögerliche Verhalten insbesondere bei Menschen, die in starkem Maße und ehrlich motiviert sind, anderen zu helfen. Dieser große Wunsch zu helfen bringt sie in ein fürchterliches Dilemma, sobald ihnen Entscheidungen abverlangt werden. Denn jede wichtige Entscheidung birgt die Möglichkeit in sich, jemanden zu enttäuschen oder zu verärgern. In der Arbeitswelt, in einer Gemeinschaft, auf der Schule und selbst zu Hause befinden Entscheidungen stets über wertvolle und knappe Güter: Geld, Zeit, Rangordnung, Aufmerksamkeit und Zuneigung. Der schreckliche Konflikt, dem sich Zauderer gegenübersehen, lautet: «Wie immer ich mich entscheiden werde, einem wird es nicht gefallen. Ich kann nicht wissend und unmittelbar jemandem weh tun. Was soll ich tun?»

Der starke Wunsch zu helfen verbindet Unentschlossene mit einer anderen Art von Menschen, denen wir bereits begegnet sind, den Überfreundlichen. Sowohl Zauderer wie Überfreundiche erzählen Ihnen Dinge, die Sie zufriedenstellen sollen. Beide sind deshalb schwierige Leute, weil sie ihr Gegenüber in dem Glauben zurücklassen, mit dem Vorhaben einverstanden zu sein, um ihn anschließend zu enttäuschen. Der Grund für dieses Verhalten aber ist jeweils ein anderer. Überfreundliche können nicht nein sagen, weil sie fürchten, Zuneigung zu verlieren. Zauderer dagegen gelangen zu keiner Entscheidung, weil sie es nicht über sich bringen, jemanden zu verletzen.

Verbunden mit der Motivation der Zauderer, anderen zu helfen, ist ein ausgeprägtes Bemühen, sich in einer Weise zu verhalten, die dem Gemeinwohl zugute kommt. Im täglichen Leben wird sich die altruistische Person dazu verpflichtet fühlen, eher das Rechte und Gemäße als das Nützliche zu tun. Mit anderen Worten, es ist die Qualität, nicht so sehr die Geschwindigkeit, Effektivität oder Quantität, die zählt. Zauderer betonen Qualität und Wert in solch hohem Maße, daß sie ein Vorhaben blockieren können, das nicht alle zufriedenstellt, indem sie sagen: «Das ist mir für unsere Kunden nicht gut genug.» – «Die Qualität ist nicht ausreichend.» – «Unserer Belegschaft wird es nicht zusagen.» Ganz egal, ob das Vorhaben dringend realisiert werden mußte, entspricht der Plan nicht Ihren Ansprüchen, zögern Sie die Angelegenheit hinaus.

Hohe Ansprüche zu stellen ist eine schätzenswerte Eigenschaft, manchmal gibt es jedoch gute Gründe, rasch und unverzüglich zu reagieren, selbst wenn dadurch unter Umständen «fahrig und unsauber» gehandelt wird. Zu dieser Art Verhalten können sich Zauderer einfach nicht überwinden.

Zauderer stellen bewußt hohe Ansprüche an sich selbst und ihre Unternehmungen, es ist jedoch wichtig zu erkennen, daß sie unbewußt derlei Ansprüche auch an Sie haben. Dies läßt Zauderer leicht enttäuscht oder ärgerlich werden, besonders wenn Sie sich scheinbar nicht in der Weise einsetzen, wie diese es für angebracht halten. Infolgedessen werden sie womöglich Ihrem Projekt oder Vorhaben die Unterstützung entziehen, ohne Ihnen – ist es nötig, dies zu sagen – eine Nachricht darüber zukommen zu lassen.

Befinden sich Zauderer in einem Dilemma, haben sie einen wundervollen Ausweg ersonnen, der, wie die Strategien der anderen schwierigen Leute, kurzfristig zwar Erleichterung verschafft, aber langfristig gesehen hohe Verluste mit sich bringt. Die seltsame Ausweichmöglichkeit des Zauderers besteht einfach darin, alle lange genug hinzuhalten, bis eine Entscheidung sich erübrigt hat. Das Leben schreitet unweigerlich voran, und die Notwendigkeit, *überhaupt* Entscheidungen zu treffen, läßt sich konsequent umgehen. Hier zwei Beispiele:

15 Uhr 30: «Können wir heute abend ins Kino gehen, Mutti?»
            «Vielleicht. Wartet, bis Vati nach Hause kommt.»
18 Uhr: «Können wir gehen, hm?»

«Ich weiß es noch nicht.»

19 Uhr 15:   «Was, ins Kino? Nein, Liebes, es ist jetzt zu spät.»

15. Mai: «Chef, ich würde gerne einige zusätzliche Kräfte einstellen, um das Marketing-Projekt rechtzeitig abzuschließen. Erlauben Sie mir, hierfür einige Gehaltseinsparungen zu verwenden, die sich im Budget angesammelt haben?»

1. Juni: «Ich könnte die zusätzlichen Kräfte noch immer brauchen, Chef.»

«Nun, die Zusage ist offensichtlich verzögert worden – ich werde noch mal mit der Geschäftsleitung sprechen.»

1. Juli: «Es tut mir leid, aber alle Gehaltseinsparungen sind in den allgemeinen Geschäftsfonds zurückgeflossen.»

Was für eine elegante Methode! Weder die Mutter noch der Vorgesetzte brauchten jemanden zu verletzen, indem sie sagten: «Nein, nein, wir haben schon zuviel Geld für Kino und ähnliches ausgegeben», bzw.: «Nein, würden Sie Ihren Mitarbeiterstab effizienter einsetzen, bräuchten Sie keine zusätzlichen Kräfte.» Auf diese Weise vermeidet es der Zauderer, jemanden *direkt* zu brüskieren.

Elegant oder nicht, die Lösung fordert allen Beteiligten einen hohen Preis ab: Alternative Lösungsmöglichkeiten werden nicht in Betracht gezogen; die von der Entscheidung Abhängigen sind frustriert und wütend; obwohl sie Entscheidungen erfolgreich vermeiden, stehen Zauderer unter starker Spannung, da sie sich widersprüchlichen Forderungen ausgesetzt sehen. Vergessen Sie nicht, Zauderer wollen sich für ihre Mitmenschen einsetzen.

Um beliebt und hilfreich zu bleiben und gleichzeitig eine Entscheidung zu vermeiden, beherrschen die meisten Zauderer die indirekte Kommunikation meisterhaft; sie haben gelernt, um die wahren Umstände drumherumzureden. Die Empfänger ihrer indirekten Nachrichten sind oft verwirrt und besorgt, können aber auf nichts Konkretes hinweisen. Statt einer direkten Reaktion auf ihr Benehmen oder einer Kritik an ihren Plänen läßt der Zauderer Ihnen nur Anspielungen und vage Fingerzeige zukommen. Natürlich braucht es zwei Beteiligte, um Verwirrung stiften zu können, und die meisten von uns *wollen* auch gar keine negativen oder kritischen Bemerkungen hören, selbst wenn wir glauben, daß es uns gut täte, diese zu erfahren. Die Versuchung ist groß, Anspielungen zu überhören, statt mit klärenden Fragen nachzuhaken. Diese Haltung führt zu Gesprächen, in denen konsequent um den heißen Brei herumgeredet wird. Ein derartiges Desaster ereignete sich, als Mack Bob wegen seiner schlechten Leistung endlich «zur Rede stellte»:

«Nun, Bob», begann Mack, «ich habe Sie in mein Büro gebeten, da ich nach meinem Gespräch mit Dr. Bramson eingesehen habe, daß ich, eh, Ihnen nie wirklich gesagt habe, wie sehr wir all die Dinge, die Sie hier getan haben, zu schätzen wissen.»

Bob fiel fast vom Stuhl, da Tom ihn darauf vorbereitet hatte, daß Mack ihn sich ernsthaft vorknöpfen wolle. Tom schaute entsetzt drein, während ich als Zuhörer dasaß und mir verzweifelt den Kopf darüber zerbrach, was ich sagen könnte, damit die Sitzung nicht zu einem Fiasko würde. Schließlich brachte ich hervor: «Sie sehen etwas verwirrt aus, Bob.»

«Nun», antwortete er, «es ist sehr angenehm, von Mack diese Worte zu hören, aber...»

Mack, der sich inzwischen gefangen hatte, schaute zu Tom und sagte: «Sie wissen, daß wir nach wie vor nicht über ein System verfügen, wie wir unsere Direktiven an die Arbeiter weitergeben können. Die jährlichen Bewertungen der Arbeitsleistung sind eine Farce. Wir sollten einige Sitzungen zur Weiterbildung des Miterarbeiterstabs einführen, mit jedem Mitarbeiter des Unternehmens.» Ausgesprochen gekonnt drehte er sich dann zu mir und fragte: «Wie denken Sie darüber, Dr. Bramson?»

Ich blickte zu Tom, der mir zunickte, weil er sich inzwischen an jeden Strohhalm klammerte, und dann schaute ich zu Bob hinüber. Dieser war immer noch verwirrt, aber erleichtert, daß sich das Gespräch nicht länger um ihn drehte. Ohne die geringste Vorstellung davon, wie Mack «geholfen» werden könnte, hörte ich, wie ich einräumte, daß ein Fortbildungsplan gewöhnlich eine gute Sache sei. Das war alles, was Mack hören wollte. Mit einem heiteren «Könnten Sie sich um die Sache kümmern, Tom» stand er auf und schaute fragend zu Bob. Wollte Bob noch irgend etwas, fragte er sich. Scheinbar nicht.

Fassen wir noch einmal zusammen:
► Zauderer sind extrem hilfsbereite, unentschlossene Menschen, die Entscheidungen aufschieben, die jemanden bekümmern könnten.
► Dies «funktioniert», da das Leben weitergeht und die meisten Entscheidungen sich irgendwann erübrigen.
► Zauderer machen Andeutungen und schleichen in Gesprächen um den heißen Brei herum, um so einen Kompromiß zu finden zwischen ihrer Ehrlichkeit und ihrem Bestreben, andere nicht vor den Kopf zu stoßen.

Der Umgang mit Zauderern

Vielleicht vermuten Sie, so wie Tom anfänglich bei Mack, daß Ihr Zauderer irgendwann eine Entscheidung treffen und die Sache anpacken wird. Meiner Erfahrung nach steht Ihnen jedoch Ärger bevor, wenn Sie darauf vertrauen, denn dies ist genau das, was *diese* schwierigen, unentschlossenen Leute nicht können – und nicht tun werden. Sie haben wieder die Wahl: Sie harren aus, fühlen sich frustriert und warten vergeblich darauf, daß Zauderer sich ändern, oder Sie sehen ein, daß Zauderer nur dann aufrichtig und direkt sein können, wenn Sie es ihnen so leicht wie möglich machen.

Wie können Sie mit Menschen umgehen, die Ihnen und anderen gegenüber auf so frustrierende Weise hilfsbereit sind; wie können Sie Zauderern dabei helfen, ihre Zeit zu nutzen und Dinge anzupacken oder zumindest offen und ehrlich einzugestehen, warum sie dies nicht tun? Hier einige Methoden, die in den meisten Fällen weiterhelfen:

Suchen Sie nach Gründen für die Unentschlossenheit.
Beim Umgang mit Zauderern sollten Sie zuallererst versuchen herauszufinden, *warum* Ihr Plagegeist so unentschlossen ist. Erst dann können Sie die Lösung des Problems in Angriff nehmen, gemeinsam mit dem Zauderer oder für ihn. Klar, daß dies ein sehr

schwieriges Unternehmen sein kann: Sie stehen vor dem Zauderer und wollen verzweifelt die Bewilligung Ihres Projekts oder
den Ankauf Ihres Produkts erreichen. Unglücklicherweise stei-
gert sich in dem Maße, in dem Sie Ihre Begeisterung und Hoffnung mitteilen (wie könnten Sie auch anders?), die Unfähigkeit
des Zauderers, Ihnen offen die kleinen Haken einzugestehen, die
seine Zustimmung behindern. Folgende Vorgehensweisen können Ihnen dabei helfen, die Gründe für die Unentschlossenheit
aufzudecken.

Machen Sie es dem anderen leicht, offen zu sein. Zauderer haben
Angst, wichtige Entscheidungen zu fällen, weil sie glauben, dadurch jemanden zu verletzen. Sie können ihm zu Offenheit verhelfen, indem Sie ihn wissen lassen, daß Sie nicht am Boden zerstört
sein werden, wenn Sie von den Vorbehalten erfahren. Eine mögliche Frage, die Aufrichtigkeit erleichtert, lautet: «Selbst bei
einem guten Projekt (Idee, Produkt) gibt es ein paar Aspekte, die
nicht ganz so gut sind wie der Rest. Könnten wir darüber sprechen? Ich würde gerne Ihre Meinung auch zu nebensächlicheren
Punkten hören, denen eine Verbesserung guttun würde.» Denken
Sie daran, daß diese «nebensächlicheren Punkte» möglicherweise
nur die Spitze des Eisbergs an Gründen sind, die den Zauderer
davon abhalten, etwas zu unternehmen.

Obwohl Sie selbst wissen, daß Sie ehrliche Kritik oder irgend andere schlechte Nachrichten verkraften können, sollten Sie daran
denken, daß Ihr Zauderer dies nicht weiß.

Achten Sie auf indirekte Zeichen. Sie erhalten vielleicht einige
Anhaltspunkte, die Ihnen weiterhelfen, wenn Sie auf indirekte,
ausweichende oder rechtfertigende Aussagen achten. Hier ein
paar Beispiele: «Ich glaube, daß dies prinzipiell ein gut ausgear-
beiteter Bericht ist.» (Was bedeutet «prinzipiell»?) «Für mich
steht außer Frage, dies sollte getan werden.» (Warum «sollte»?)
«Im großen und ganzen entwickelt sich Ihr Bericht gut.» («Im großen und ganzen»?)

Zauderer wollen ehrlich sein, weshalb sie Andeutungen machen
und Aussagen verwässern, anstatt Ihnen ins Gesicht zu lügen.
Indem Sie vorsichtig nach der Bedeutung indirekter Worte, Auslassungen oder zögerlichen Antworten fragen, helfen Sie Zauderern, den inneren Konflikt zu lösen und die Wahrheit einzugeste-

hen. Mein Durchbruch mit Mack erfolgte, als er zum zweitenmal im Beratungsgespräch sagte: «Es kann gar keinen Zweifel darüber geben, daß ich Bob all die Sachen sagen sollte, die ich Ihnen gesagt habe.» Ich zog eine Augenbraue hoch und sagte: «Sollte?» Er saß ganz still und starrte mich an. Ich erklärte, daß es, da er offensichtlich in der Angelegenheit mit Bob ehrlich vorgehen wolle, einen anderen guten Grund für sein Zögern geben müsse. Er schloß für einen Moment die Augen, seufzte und sagte schließlich: «Wissen Sie, es gibt da etwas, das mich jedesmal bedrückt, wenn ich mir vornehme, mich mit Bob zusammenzusetzen. Er hat mit seiner Frau Schwierigkeiten, sie ist krank. Ich bezweifle, daß irgend jemand hier von dem Ärger weiß, den er die ganzen Jahre über gehabt hat. Ich weiß, daß es nichts mit dem zu tun hat, was ich machen sollte, aber sobald ich den Hörer in die Hand nehme, um ihn zu mir zu bitten, denke ich: ‹Und wenn er nun gerade einen Anruf von zu Hause erhalten hat?› Und statt die Nummer zu wählen, wende ich mich einer anderen Sache zu.»

Hier ein paar Beispiele für die indirekte Rede von Zauderern und Möglichkeiten, darauf einzugehen:

Sie: «Ich würde den nächsten Verkauf gern selbst übernehmen.»

Zauderer: «Ja, ich glaube auch, daß einer allein den Verkauf besser handhaben *könnte* als zwei.»

Sie: «Verstehe ich Sie richtig, daß Sie mich noch nicht für erfahren genug halten? Erklären Sie es mir bitte. Ich möchte diesen Verkauf so schnell wie möglich übernehmen können.»

Sie: «Mit meinem bisherigen Taschengeld komme ich in der Schule einfach nicht mehr aus.»

Zauderer: «Ich schätze, als Kind muß man heute wohl mehr Sachen kaufen als noch zu meiner Schulzeit.»

Sie: «Meinst du, ich gebe Geld für Dinge aus, die dir überflüssig erscheinen?»

Manchmal sind sich Zauderer nicht darüber im klaren, daß sie widerstreitende Gefühle haben. Sie fühlen sich besorgt, ärgerlich, niedergeschlagen oder schuldbewußt, aber die Ursache dieser Gefühle mag ihnen nicht bewußt sein. Es kann im Zweifelsfall nur nützen, einfach zu fragen: «Wo liegt das Problem?», wenn Sie spüren, daß jemand nicht in der Lage ist, eine Entscheidung zu fällen.

Überlegen Sie, ob es vielleicht an Ihnen liegt. Die Schwierigkeit, das verborgene Hindernis auf dem Weg zu einer Entscheidung ans Licht zu bringen, wird leicht unterschätzt. Die Gründe, die für die Unentschlossenheit angeführt werden können, sind zahllos, und Zauderer sind geschickt darin, sie darzustellen.

Das Hindernis aufzudecken ist dann besonders schwierig, wenn *Sie* der Anlaß für das Zögern sind. Wenn der Zauderer Ihre Fachkompetenz anzweifelt, Ihre Gruppenloyalität (übrigens ein bei Zauderern verbreiteter Zweifel) oder Ihren Einsatz für die Aufgabe, wird er oder sie das allen außer Ihnen sagen. Deshalb sollten Sie sich selbst im Auge behalten. Kritik mag den Charakter stärken, aber sie ist selten angenehm. Die Versuchung ist groß, die Anspielungen des Zauderers zu überhören und vermeintlich einleuchtende Vorwände nicht zu hinterfragen: «Das Budget ist gekürzt worden» oder: «Ich glaube, wir haben im Moment nicht die Zeit dazu.» Denken Sie daran, Zauderer haben ein Talent dafür entwickelt, andere *nicht* den harten Realitäten ins Antlitz schauen zu lassen.

Kann der Versuch, die Vorbehalte des Zauderers zu ergründen, die Situation verschlimmern? Nachdem er Ihnen gestanden hat: «Ich habe das Geld bereits Sam zugesagt», könnte er leicht hinzufügen: «deshalb haben Sie Pech», obwohl er vielleicht noch anderswo Geld für Sie auftreiben könnte. Unter Umständen haben Sie das Nachsehen, wenn Sie den Zauderer ermutigen, offen und ehrlich zu sein. Aber die Alternative – weiterhin zu versuchen, die zögerliche Person zu einer Entscheidung zu überreden, *ohne* die Ursache des Zauderns zu enthüllen – scheint mir riskanter zu sein: Nachdem Sie gegangen sind, bleibt die unentschlossene Person mit ihren Gedanken allein zurück. Er oder sie wird wegen der unausgesprochenen Zweifel, die nie ganz geklärt oder gelöst wurden, vielleicht nicht einmal bewußt erfaßt wurden, Schuldgefühle empfinden. Ein Schuldgefühl führt jedoch selten zu konstruktivem und tatkräftigem Handeln – der Zauderer bleibt weiterhin unentschlossen. Dafür, der Entscheidungsunfähigkeit auf den Grund zu gehen, spricht ebenfalls, daß Zauderer mehr als bereit sind, Ihnen über ein Hindernis hinwegzuhelfen, sobald dessen Existenz erkannt worden ist.

Helfen Sie bei der Lösung des Problems.
Sobald die Gründe für das Zögern klar sind, können Sie dem Zauderer dabei helfen, sein Problem mit der Entscheidung zu lösen. Wenn er diese Sperre nicht überwindet, kann die für Sie nötige Entscheidung nicht getroffen werden. Ihre Vorgehensweise sollte davon abhängen, ob Sie den Anlaß für den Vorbehalt darstellen oder nicht.

Wenn es an Ihnen liegt. Wenn Sie dem Zauderer endlich das Eingeständnis abgerungen haben: «Glauben Sie wirklich, daß Sie über die nötige Erfahrung für die Aufgabe verfügen?», sollten Sie folgendes tun:

(1) Gestehen Sie Ihre Schwäche ein. Vergangene Schwierigkeiten, Fehler oder Fehleinschätzungen zuzugeben, weckt Vertrauen, besonders bei Zauderern. Ehrlichen Eingeständnissen gegenüber sind sie gewöhnlich zugänglich und werten diese als ein Zeichen von Stärke.

(2) Schildern Sie die Umstände, ohne sich zu rechtfertigen. Sofern dem Zauderer die Rahmenbedingungen für eine Entscheidung nicht bekannt sind, schildern Sie diese so neutral wie möglich: «Weißt du, daß Kürzungen im Staatshaushalt die Höhe meines Stipendiums die letzten zwei Jahre über verringert haben?» Wenn Sie verletzt und zerknirscht klingen, werden Sie Sympathie und Lippenbekenntnisse erhalten – aber nicht die erwünschte Entscheidung.

(3) Schlagen Sie einen Plan vor. Signalisieren Sie Ihre Bereitschaft, etwas für eine gute Sache zu opfern (oder zumindest für eine Ihnen nützliche Sache). Schlagen Sie eine Lösung vor, von der Sie nicht unmittelbar profitieren. «Was halten Sie davon, Bills Projekt dieses Jahr zu finanzieren und mich nächstes Jahr ganz oben auf die Liste für durch Gehalts- und Lohneinsparungen übrigbehaltene Gelder zu setzen?» könnten Sie vorschlagen. «In der Zwischenzeit werde ich Ihnen Arbeitsproben zuschicken, so daß sie meine Fortschritte verfolgen können.»

Wenn es nicht an Ihnen liegt. Wenn Sie nicht der Grund für die Unentschlossenheit des Zauderers sind, sollten Sie Fragen stellen, die Probleme lösen helfen. Bitten Sie Ihr Gegenüber zunächst, die Schwierigkeit so genau wie möglich zu beschreiben. Dadurch wird vieles klarer, was gleichzeitig der Entscheidungsfindung dient. Als Mack zum Beispiel endlich seine Sorge um Bobs familiäre Situation aussprach, kam er der Lösung bedeutend näher. Bobs kranke Ehefrau war aber nicht so sehr der *Grund* für Macks langes Zögern, sondern vielmehr dessen Charakter. Auslösend für Macks Entscheidungsunfähigkeit war in der spezifischen Situation aber tatsächlich Bobs Frau. Die Fragen halfen Mack, sein Dilemma in Worte zu fassen: «Gibt es je Zeiten, in denen Bob von seinem Privatleben weniger belastet wird?» – «Wie würde ein Gespräch für ihn am wenigsten belastend sein?» – «Würde es helfen, wenn jemand bei dem Gespräch anwesend wäre?»

Mack fand heraus, daß es tatsächlich Zeiten gab, in denen Bob nur unter relativ geringem privaten Druck stand. Seine Frau, die an einer chronischen, aber relativ leichten psychischen Krankheit litt, wurde gelegentlich für mehrere Wochen im Krankenhaus behandelt. Während dieser Zeiten, so war jedenfalls Macks Eindruck, wirkte Bob entspannter, wenn nicht produktiver. Mack entschied, seinen Eindruck von Bobs Leistungen schriftlich festzuhalten. Er bat Bob in sein Büro, überreichte ihm die vertrauliche Notiz und ließ ihn zur Lektüre allein. Dann kehrte er zurück und verließ sich auf seine Fähigkeit zuzuhören. Als letzten Schritt führte Mack Bob zu Toms Büro, wo sie Leistungskriterien und Anforderungen für eine Beförderung besprachen. Meine Anwesenheit diente in erster Linie dazu, zu symbolisieren, daß hier eine Neuerung stattfand. Ich wollte aber auch Tom davon abhalten zu äußern: «Ich hab's Ihnen ja gleich gesagt.»

Setzen Sie Prioritäten.

Sofern Sie können, sollten Sie dem Zauderer nahelegen, nur eine geringe Anzahl von Alternativen zu bedenken. Zauderer haben bereits genug Schwierigkeit, zwischen zwei Möglichkeiten zu entscheiden. Fünf können sie gänzlich lähmen. Da Zauderer, wie wir gesehen haben, allen alles recht machen wollen, ist dieses Unterfangen unter Umständen schwierig.

Eine wirksame Art, Ihren Zauderer dazu zu bringen, die Alternativen einzugrenzen, besteht darin, ihm vorzuschlagen, diese ihren jeweiligen Vorteilen entsprechend in eine Rangfolge zu bringen. Zauderer werden eher zustimmen, eine Prioritätenliste aufzustellen, als bereits im Vorfeld der Überlegungen entscheiden zu müssen, welche Möglichkeiten ausscheiden. Sie könnten beispielsweise sagen: «Warum beraten wir nicht über die in Frage kommenden Orte, an denen wir die Winterverkaufsbesprechung abhalten könnten. Jeder von uns wählt drei, die uns am geeignetsten erscheinen, und dann sehen wir, welche Orte am häufigsten genannt wurden.»
Alle Wünsche werden so anerkannt und berücksichtigt, und die Entscheidung fällt quasi von selbst.

Stellen Sie die positiven Aspekte Ihres Vorhabens heraus.
Wann immer die Möglichkeit besteht, aber nur sofern es stimmt, sollten Sie darauf hinweisen, warum die von Ihnen bevorzugte Alternative von besonderer Qualität ist. Unentschlossene legen großen Wert auf Qualität, dies allein mag sie zu einer Entscheidung veranlassen.
Gleichfalls sollten Sie die nützlichen Folgen Ihrer Lösung für Belegschaft, Familie, Kunden, Klienten oder Allgemeinheit herausstellen. Es ist wenig sinnvoll, einzig die finanziellen Vorteile Ihres Plans hervorzuheben, es sei denn, Sie könnten gleich vorschlagen, wie das gesparte Geld sinnvoll eingesetzt werden kann.
Zauderer sind leichtgläubig, aber es wäre ein Fehler, diese Eigenart auszunutzen, zu welchem Zweck auch immer. Wenn Zauderer erfahren, daß sie hintergangen wurden, sind sie ernsthaft verletzt und sehr nachtragend.

Stehen Sie dem Zauderer auch nach der Entscheidung zur Seite.
Sie sollten sich nicht sofort zurückziehen, sobald Sie Ihrem Zauderer eine Zustimmung abgerungen haben. Seien Sie weiter auf der Hut, denn sobald Sie den ‹Tatort› verlassen haben, können sich beim Zauderer Fragen und Zweifel einstellen. Sie haben vielleicht nicht alle Gegenargumente zur Sprache gebracht. Sie haben die Entscheidung vielleicht unwissentlich erzwungen, und die Antwort wird revidiert, sobald der unmittelbare Druck wegfällt.

Aus diesen Gründen ist es sinnvoll, noch einmal eine Unterredung unter vier Augen anzustreben. Selbst wenn dies nicht Ihr üblicher Stil ist, sollten Sie am nächsten Tag einen Anruf in Erwägung ziehen. Sie könnten beispielsweise sagen: «Ich wollte nur hören, ob Ihnen vielleicht irgendwelche Bedenken gekommen sind, was das Gespräch mit dem Direktor über meine Gehaltserhöhung angeht.» Wenn sich beim Zauderer tatsächlich Zweifel eingestellt haben, wenden Sie sich wieder der Lösung des Problems zu. Wenn dies unnötig sein sollte, können Sie Ihr Gespräch mit «Don, meiner Meinung nach tun Sie das Richtige» beenden. Betonen Sie «meiner Meinung nach». Die Zustimmung und Unterstützung eines anderen hilft dem Zauderer, standhaft zu bleiben.

Weitere Unterredungen dienen ebenfalls der Unterstützung des Zauderers und sorgen dafür, daß Widerstände oder innere Konflikte zerstreut werden können, die sich vielleicht über Nacht eingestellt haben.

Bleiben Sie initiativ.

Im Idealfall könnten Sie mit einem Kollegen oder Geschäftspartner folgendes verabreden: «Also, das ist meine Auffassung der Angelegenheit – wenn ich die nächsten zehn Tage nichts von Ihnen höre, dann machen wir die Sache.» Unglücklicherweise gestattet das Leben diesen Luxus der Unkompliziertheit nicht oft. Fast genauso günstig und unkompliziert aber ist, einen Zeitpunkt auszuhandeln, zu dem eine Entscheidung erwartet werden kann: «Rita, ist Ihnen das so recht? Ich komme nächsten Donnerstag bei Ihnen vorbei (oder telefoniere), um zu sehen, wie die Dinge liegen. Wenn alles gutgegangen ist, nehme ich die Bestellung dann mit.»

Zauderer werden eine schwierige Entscheidung bis zur letzten Minute aufschieben, und wenn es keinen Zeitpunkt gibt, an dem die Entscheidung fällig ist, werden sie unendlich lange zögern. Auch Sie selbst werden unter diesen Umständen zunehmend nervös werden. Zeigen Sie also von vornherein Initiative, indem Sie Termine und Fristen absprechen.

Überfordern Sie den Zauderer nicht.
Jeder hat Zeiten, in denen er großen Belastungen ausgesetzt ist und die Grenzen seiner Leistungsfähigkeit erreicht. Die ärgerlichen, abrupten und impulsiven Entscheidungen, die bei Überlastung entstehen können, dienen niemandem. Ich erinnere mich noch gut an den Ausbruch eines Chefarztes. Er war seiner Belegschaft als sehr aggressiver und empfindlicher Mann bekannt. «Kommen Sie ihm nicht in die Quere und widersprechen Sie ihm nicht», wurde mir gesagt, «er donnert einfach über Sie hinweg.» Meiner eigenen Erfahrung zufolge war er eher das genaue Gegenteil – gütig und sehr aufmerksam. Eines Tages erlebte ich jedoch, wie ihn zwei Ärzte belagerten, die ihn drängten, einen Konflikt zwischen ihnen zu schlichten. Zuerst hörte er sich geduldig an, was jede Partei zu sagen hatte, versuchte jeden dazu zu bringen, dem anderen zuzuhören, und deutete an, daß seiner Meinung nach keine der beiden Seiten ganz im Recht sei. Plötzlich lief sein Gesicht krebsrot an, er sprang von seinem Stuhl und schrie voller Wut: «In Ordnung, Sie wollen, daß ich entscheide; dann werde ich das auch tun. Von jetzt an gibt es für Stationsärzte *keine* Freistellung mehr am Freitagnachmittag. Das ist mein letztes Wort.» Soviel ich weiß, weigerte er sich sogar, diese Entscheidung je wieder zu diskutieren, obwohl sie für eine Reihe von Mitarbeitern der Klinik Unannehmlichkeiten mit sich brachte.
Behalten Sie den Zauderer also unbedingt im Auge, wenn Ihre Überzeugungsversuche nicht gleich Erfolg zeigen. Achten Sie auf folgende Zeichen:
(1) eine Veränderung des Tonfalls oder Verhaltens, welche auf Verärgerung oder Zorn hindeuten könnte.
(2) deutliche Distanzierung oder Rückzug: Der Griff zu einem Buch, die Durchsicht der Post mitten im Gespräch, Unkonzentriertheit oder gar Einnicken sind hierfür deutliche Anzeichen.

Wenn Ihr Zauderer einen überlasteten Eindruck macht, versuchen Sie möglichst, ihn oder sie vom Druck der Entscheidung zu befreien. Nehmen Sie Ihre Unterlagen, die Bewerbung, den Bericht oder was sonst und verlassen Sie so taktvoll wie möglich den Raum. Sie könnten beispielsweise sagen: «Mr. Christman, ich möchte mir die ganze Geschichte mit meiner Versetzung doch

noch einmal durch den Kopf gehen lassen. Ich werde in zwei Tagen
wieder zu Ihnen kommen.» Oder: «Mr. Smart, nachdem ich Ihre
Fragen gehört habe, würde ich mir die Angelegenheit gerne noch
einmal genauer überlegen. Ich rufe Sie in zwei Wochen wegen eines
neuen Termins an.» Wenn Sie den Zauderer wiedertreffen, achten
Sie darauf, ihn nicht wieder zu überfordern.

Falls Ihnen diese Reaktionen zu überstürzt erscheinen, sollten Sie
die Konsequenzen bedenken: Wenn Zauderer impulsive Entscheidungen fällen, weigern sie sich oft, diese hinterher erneut zu bedenken; einmal der Entscheidungs-Zwickmühle entkommen, wird
sie nichts wieder dahin zurückführen. Selbst wenn ein Zauderer
unter Druck scheinbar für Sie entscheidet, wird dieser Entschluß
nur halbherzig gefällt worden sein und deshalb fraglich bleiben.

Ein Beispiel aus der Praxis

Ich möchte dieses Kapitel mit einem Schreiben beenden, das mir
Janet geschickt hat. Es verdeutlicht viele der von mir zuvor dis-
kutierten Schritte. Wie Sie sehen werden, ist Janet mit ihrer zaudernden Vorgesetzten Donna erfolgreich umgegangen und darauf
sehr stolz. – Wie Sie zu Beginn dieses Kapitels erfahren haben,
sprachen Janet und ihre Chefin Donna nicht mehr miteinander.
Hier Janets Brief:

«Nach drei frustrierenden Wochen, in denen ich mit Donna
nur brieflichen Kontakt hatte
und wirklich fürchtete, meinen
Job zu verlieren, entschloß ich   *Wenn sich die Lage sehr*
mich, etwas zu unternehmen.   *zugespitzt hat, ist es rat-*
Ich ging während einer Kaffee-   *sam, sich auf neutrales*
pause zu Donna und fragte sie,   *Gelände zu begeben.*
ob sie mit mir zu Mittag essen
würde. Wir setzten uns in ein
ruhiges, kleines Kaffeehaus,
wo wir ungestört reden konnten. Nach einer Weile sagte ich:

‹Ich weiß nicht, was die letzten paar Monate passiert ist, aber etwas stimmt nicht, und wenn ich nicht bald anfange zu verstehen, dann werde ich es wohl nicht mehr lange aushalten. Es würde mir wirklich helfen, wenn Sie mir sagen würden, ob Sie an meiner Arbeit etwas auszusetzen haben.›

Zauderer hören offenen Worten anderer meist aufmerksam zu.

Janet bittet um Hilfe.

Donna aß ohne Unterbrechung ihre Suppe weiter, während Sie sagte: ‹Sie haben sich immer sehr verantwortungsbewußt gezeigt; Sie scheuen keine Arbeit und haben äußerst wertvolle Ideen.›

Donna bereitet sich darauf vor, die schlechte Nachricht zu überbringen.

Aus irgendeinem Grunde – vielleicht war es eine Mischung aus Erleichterung und Ratlosigkeit – nickte ich nur mit dem Kopf. Dann fuhr Donna fort: ‹Nun, Mr. Bennett (ihr Chef) hat ein paar Fragen gestellt über die Höhe des Geldes, das Sie für manche Ihrer Projekte ausgegeben haben. Es hat sich herausgestellt, daß Sie mehr als alle anderen aus der Abteilung ausgeben.› Ich schaffte es, einfach dazusitzen und zuzuhören, während sich in meinem Kopf die Gedanken förmlich überschlugen, wo ich bloß eine neue Anstellung finden könnte. Schließlich sagte ich: ‹Was, glauben Sie, können wir jetzt machen?› Und tat-

Janet hatte Glück. Hätte sie gesagt: «Oh, das freut mich aber», hätte Donna es vielleicht zu schwierig gefunden, fortzufahren. Mr. Bennett hat vermutlich getobt, aber hören Sie nur, wie sanft es umschrieben wird.

Eine weiterführende Frage und die Bitte um Hilfe in einem.

sächlich begann Donna, ein paar Möglichkeiten anzuführen. Wir entschieden, daß ich eine Aufstellung über die Verwendung des Geldes bei allen meinen Projekten anfertigen sollte. Auf diese Weise konnte ich meine Überzeugung belegen. (Es stellte sich heraus, daß Donna ebenfalls mir glaubte, obwohl sie sich nicht sicher war.) Ich gab vielleicht wirklich mehr Geld aus als andere, aber meine Gewinne waren auch größer. Als die Quartalsberichte eintrafen, zeigte sich, daß ich recht hatte; Mr. Bennett war erfreut, und ich erhielt eine Gehaltserhöhung.»

Eine Menge Ärger wäre erspart geblieben, hätte Donna einfach nachgefragt. Aber auch deshalb ist sie eben eine schwierige Person.

Zusammenfassung

▶ Machen Sie es dem Zauderer leicht, mit Ihnen über Konflikte oder Vorbehalte, die der Entscheidung im Wege stehen, zu sprechen.

▶ Achten Sie auf indirekte Bemerkungen, Zögern und Auslassungen, die auf Probleme hinweisen könnten.

▶ Nachdem Sie die Gründe für die Unentschlossenheit aufgedeckt haben, helfen Sie dem Zauderer, seine Probleme bei der Entscheidungsfindung zu lösen.

▶ Manchmal wird der Vorbehalt des Zauderers gegen Sie gerichtet sein. Falls dem so ist,
gestehen Sie vergangene Schwierigkeiten ein;
äußern Sie die relevanten Fakten, ohne in die Defensive zu gehen;
schlagen Sie einen Plan vor;
bitten Sie um Hilfe.

▶ Wenn Sie nicht selbst einen Teil des Problems darstellen, konzentrieren Sie sich darauf, dem Zauderer bei der Abwägung der
Umstände zur Seite zu stehen. Setzen Sie innerhalb der Lösungsmöglichkeiten Prioritäten. Dieses Vorgehen erleichtert
es dem Zauderer, den Vorschlag eines anderen abschlägig zu
entscheiden.

▶ Stellen Sie, sofern vorhanden, besonders positive Aspekte Ihres
Vorhabens heraus.

▶ Stehen Sie dem Zauderer, auch nachdem die Entscheidung
scheinbar gefällt worden ist, zur Seite.

▶ Bleiben Sie weiterhin initiativ.

▶ Achten Sie auf Zeichen plötzlichen Ärgers oder Rückzug. In diesen Fällen sollten Sie den Zauderer vom Druck, eine Entscheidung treffen zu müssen, befreien.

Kapitel 9

Grundlegende Schritte
zum reibungslosen Umgang

Die Methode des reibungslosen Miteinander-Umgehens basiert auf sechs Schritten: (1) Bestimmen Sie die Situation. (2) Versuchen Sie nicht, die schwierige Person zu ändern. (3) Distanzieren Sie sich von dem schwierigen Verhalten. (4) Achten Sie auf die Interaktionen. (5) Setzen Sie Ihre Strategie in die Tat um. (6) Überprüfen Sie die Wirksamkeit Ihrer Strategie und modifizieren Sie diese bei Bedarf. Betrachten wir nun diese Schritte im einzelnen.

Bestimmen Sie die Situation

Wir befinden uns am Arbeitsplatz wie auch sonst im Leben häufig in Situationen, in denen andere uns Schwierigkeiten bereiten. Ein Mitarbeiter benimmt sich brummig und verschlossen, der Chef gerät über einen kleinen Fehler in Rage, Untergebene reden sich mit immer neuen Entschuldigungen heraus, warum Aufgaben immer noch nicht erledigt wurden, und Klienten verhalten sich, als verstünden sie mehr von unserem Geschäft als wir selbst. In welchen Fällen handelt es sich um schwierige Leute? Woran erkennt man sie?

Zunächst einmal sollten Sie also entscheiden, ob Sie es mit einer schwierigen Person zu tun haben oder sich lediglich in einer Situation befinden, die zeitweilig die schlechtesten Seiten eines ansonsten nicht schwierigen Menschen hervorbringt. Es ist ein altbekannter, aber häufig ignorierter Zug des Menschen, sich über die Schwächen anderer aufzuregen, während wir unsere eigenen entschuldigen. Wann immer wir uns in einer frustrierenden Situation befinden oder unsere Ideen und Wünsche nicht realisiert werden können, liegt es verlockend nahe, den anderen als «schwierig» zu brandmarken. Aber schwierige Leute zu entdekken, wo immer Sie hinsehen, wird eher Ihnen den Ruf einbringen, den Sie anderen anhängen – und Sie sind der Situation dadurch nicht besser gewachsen.

Manchmal ist die Entscheidung, daß Sie es tatsächlich mit einer schwierigen Person zu tun haben, aber relativ einfach: Ihr Assistent, der sich dauernd bei Ihnen über andere Mitarbeiter beklagt, kann leicht als Nörgler durchschaut werden; der Chef, dessen aufreibendes, feindseliges Verhalten alle seine Untergebenen innerlich aufstöhnen und grimmig verstummen läßt, ist offensichtlich eine ‹Panzerfaust›. Um derartige Mitarbeiter kreisen die Gespräche im Büro, und bei ihnen sind sich die meisten Menschen darüber einig, daß sie Problemfälle darstellen.

Die meisten Situationen aber sind weniger eindeutig: Wenn Sie vom Vorgesetzten kritisiert werden, da wieder ein Bericht zu spät geliefert wurde, mögen Sie ihn oder ihr insgeheim das Recht zusprechen, sich zu ärgern; die Klage des Stammkunden, daß sich die Bedienung verschlechtert habe, mag berechtigt sein; oder Sie fragen sich vielleicht, warum sich Ihr Verhältnis zum Nachbarn vor ungefähr sechs Monaten zu verschlechtern begann. Um beurteilen zu können, ob jemand wirklich eine schwierige Person ist oder sich lediglich vorübergehend in einer unglücklichen Lage befindet, brauchen wir also einige realistische Entscheidungskriterien.

In der Einleitung haben wir gesagt, daß sich eine schwierige Person *ständig* schwierig verhält. Das ist der Maßstab, demzufolge wir entscheiden können, ob wir es tatsächlich mit einer schwierigen Person zu tun haben, ob wir ein unerfreuliches Verhältnis auf relativ unproblematische Weise verbessern können oder ob wir die Möglichkeit in Betracht ziehen müssen, daß wir nur eine einfache Entschuldigung für unsere eigenen Probleme suchen.

Die Antworten auf die folgenden Fragen mögen Ihnen als Richtschnur dienen:

(1) Hat sich die fragliche Person in drei vergleichbaren Situationen anders verhalten?

(2) Reagiere ich unverhältnismäßig und übertrieben?

(3) Gab es einen bestimmten Vorfall, der das ärgerliche Verhalten auslöste?

(4) Kann eine direkte, offene Aussprache die Situation klären?

Falls Sie eine dieser vier Fragen mit Ja beantworten können, sollten Sie nicht von vornherein davon ausgehen, daß Sie es mit einer schwierigen Person zu tun haben, selbst wenn sie sich derzeit unmöglich aufführt. Wenn Ihre Antworten allesamt nein lauten, haben Sie es wahrscheinlich mit einer schwierigen Person zu tun. Lassen Sie mich etwas ausholen und zu den einzelnen Fragen Beispiele aus meiner Erfahrung anführen:

(1) Hat sich die fragliche Person in drei vergleichbaren Situationen anders verhalten?

Carl war Computerspezialist und leitete eine Büroeinheit. Alles schien darauf hinzuweisen, daß er eine schwierige Person war. Er war extrem unfreundlich und verschlossen. Wenige Tage bevor ich um Hilfe gebeten wurde, hatte er seinen Schreibtisch plötzlich in eine Ecke des Büros geschoben und die Bücher auf einer Seite des Schreibtischs so hoch aufgestapelt, daß es für die anderen quasi unmöglich war, ihn zu sehen. Die Mitarbeiter im Büro beunruhigte sein unberechenbares Verhalten, und sie fragten sich irritiert, was er wohl als nächstes tun würde.

Als ich mit seinen Kollegen sprach, stimmten sie jedoch alle darin überein, daß Carl zuvor recht vernünftig und umgänglich gewesen war. Es stellte sich heraus, daß Carls bizarres Verhalten durch eine Verkettung von Ereignissen ausgelöst wurde. Das Ganze hatte sechs Monate zuvor mit der Ablehnung seiner Beförderung begonnen. Nachdem man ihn übergangen hatte, beschwerte sich Carl bei dem für ihn zuständigen Direktor. Dieser fand, daß Carl ungerechtfertigterweise nicht befördert worden war, und wies seine Abteilungsleiter an, einen Arbeitsplan aufzustellen, aus dem Carl die für eine Beförderung notwendigen Leistungen ersehen konnte.

Erwartungsgemäß sträubten sich die Abteilungsleiter gegen die Ausführung dieses Plans. Sie ärgerten sich über Carl, daß dieser sich über ihre Köpfe hinweg beschwert hatte. Nachdem sich seine Unterredung mit dem Direktor herumgesprochen hatte, bekam

Carl das Gefühl, daß man nur darauf wartete, daß er Fehler machte, damit seine Nichtbeförderung nachträglich gerechtfertigt werden könnte. Eingeschüchtert und verärgert über eine für sein Gefühl kalte und ablehnende Atmosphäre, verschlechterte sich Carls Arbeitseinsatz zunehmend. Er lieferte seine Berichte mit Verspätung, machte dumme Fehler und reduzierte seine Kontakte zu anderen Mitarbeitern auf ein Minimum. Die Umplazierung seines Schreibtischs in die Ecke war lediglich Ausdruck seiner zunehmenden Isolierung und seines Mißtrauens gegen die anderen.

Nachdem diese Ereigniskette aufgedeckt worden war, war Carl in der Lage, sich mit seinen Vorgesetzten auszusprechen. Er wurde in eine andere Abteilung versetzt, wo sich seine Arbeitsleistung rasch wieder normalisierte. Sein problematisches Verhalten war in erster Linie durch die Situation bedingt. Sobald die Herkunft seiner Verstimmung geklärt und er in eine neue Umgebung versetzt worden war, gelang es ihm wieder, effizient und problemlos mit anderen zusammenzuarbeiten. Daß Carl nicht wirklich zu den schwierigen Leuten gehörte, sondern jemand war, dessen Probleme mit anderen auf recht direktem Wege gelöst werden konnten, zeigt die Tatsache, daß er sich vor der Auseinandersetzung um die Beförderung entschieden anders verhalten hatte.

(2) Reagiere ich unverhältnismäßig und übertrieben?
Nach einer Reihe unangenehmer Zusammenstöße mit einer Person sollten Sie sich die Frage stellen, ob die eigene Reaktion nicht übertrieben ist. Wenn Sie entdecken, daß Sie auf praktisch alles, was ein bestimmter Mensch tut, negativ reagieren, mag dies an einem ganz bestimmten Zug und nicht an einem schwierigen Verhaltensmuster liegen. Betrachten Sie folgendes Beispiel:
Der Bezirksleiter einer Bundesbehörde fragte mich um Rat, wie er sich im Hinblick auf seinen stillen und verschlossenen Bürovorsteher verhalten könnte. Mittlerweile wäre der Punkt erreicht, erzählte er mir, da ihn alles, was sein Bürovorsteher unternahm, in Rage versetze. Er würde ihn anschreien und selbst bei kleinen Anlässen in die Luft gehen, aber der Bürovorsteher würde immer nur schweigend dasitzen. Einmal hatte der Bürovorsteher beispielsweise nur eine kleine Frage zum Vorgehen ge-

stellt, die einen Wutausbruch des Bezirksleiters ausgelöst hat:
«Warum lesen Sie nicht unsere Hausmitteilungen; achten Sie
denn nie darauf, was um Sie herum vorgeht?»
Ich entdeckte bald, daß es einen bestimmten Grund für die Verärgerung des Bezirksleiters gab. Er hatte dem Bürovorsteher kürz-
lich Anweisungen geschickt, wie eine wichtige politische Sitzung
behandelt werden sollte. Der Bürovorsteher machte sich daran,
das genaue Gegenteil dessen auszuführen, und es dauerte nicht
lange, bis dies dem Bezirksleiter zu Ohren kam. Er stürmte in das
Büro des Vorstehers und stellte ihn zur Rede. Dieser saß bloß eisig
schweigend da, stand dann auf und ging wortlos aus dem Raum.
Wie sich herausstellte und wie selbst der Bezirksleiter später zugestehen mußte, hatte der Bürovorsteher sehr gute Gründe, die
politische Sitzung anders vorzubereiten. Aufgrund des Verhaltens seines Chefs hat er ihm dies jedoch nie erklärt, er wurde nur
immer unzugänglicher. Der Bezirksleiter wurde seinerseits wegen der fehlenden Reaktion seines Untergebenen zunehmend auf-
gebrachter. Daß er es nicht mit einer schwierigen Person zu tun
hatte, konnte der Bezirksleiter daran ablesen, daß er sich bereits
bei unbedeutenden Details über seinen Bürovorsteher ärgerte.

*(3) Gab es einen bestimmten Vorfall, der das ärgerliche Verhalten
auslöste?*
Diese dritte Frage ist oft nur eine Variante der Fragen eins und
zwei. Im ersten Beispiel gab Carls ausbleibende Beförderung den
Auftakt für sein schwieriges Verhalten. In der folgenden Geschichte waren die unterschiedlichen Vorstellungen von der Ge-
staltung der politischen Konferenz Anlaß für das spätere Verhalten des Bürovorstehers. In diesen und ähnlichen Fällen kann eine
Analyse und ehrliche Diskussion der strittigen Situation zur Lösung des Problems führen.

(4) Kann eine direkte, offene Aussprache die Situation klären?
Wenn Sie anhand der vorherigen Fragen festgestellt haben, daß
es sich eher um ein gestörtes Verhältnis als um die Konfrontation
mit einer schwierigen Person handelt, ist der Versuch, das Problem mit Hilfe einer offenen Aussprache mit dem Betreffenden zu
klären, ein nützlicher nächster Schritt. Dies muß das Problem na-

türlich nicht notwendig aus der Welt schaffen, aber Sie werden sich zufriedener fühlen, wenn Sie selbst Ihr Bestes zur Aufhebung der Unannehmlichkeit beigetragen haben. Folgende Vorgehensweise, jeweils Ihrer eigenen Art und den Umständen angepaßt, bietet die beste Aussicht auf Erfolg:

Sie bahnen als erstes ein Gespräch an, möglichst zu einem verabredeten Termin, und eröffnen das Gespräch, indem Sie Ihrem Gefühl Ausdruck verleihen, daß die Dinge zwischen Ihnen nicht zum besten stehen. Warten Sie die Reaktion ab. Wenn diese ausbleibt, versuchen Sie es noch einmal, indem Sie nach bestem Wissen und Gewissen ein Ereignis benennen, das dem Bruch vorausgegangen sein könnte.

Im Falle des Bezirksleiters und seines Bürovorstehers könnte sich das so anhören: «Ich habe darüber nachgedacht, wie sehr wir uns gegenseitig auf die Nerven gefallen sind – fing es an, als ich Sie wegen des politischen Treffens letzten Januar anfuhr? Haben Sie zu Hause Probleme? Was ist los?» Achten Sie darauf, daß zuletzt eine offene Frage steht. Hinweise, wie Sie am besten der Unsicherheit oder Verschlossenheit des anderen begegnen, finden Sie in Kapitel 4 über den Umgang mit schweigsamen und unzugänglichen Leuten.

Wenn Sie eine Antwort erhalten, die typisch für die schwierigen Leute ist, die wir kennengelernt haben, folgen Sie den entsprechenden Hinweisen aus den Kapiteln 2 bis 8. Wenn sie oder er sich jedoch zu öffnen beginnt, alte Erniedrigungen herauskramt, vergessene Streitereien oder ausgebliebene Belohnungen anführt, dann strengen Sie sich an! Auf *keinen* Fall sollten Sie Ihr ehemaliges Verhalten rechtfertigen, auch wenn Sie versucht sind, genau dies zu tun. Nichts wird Ihren Versuch, das Problem zu lösen, schneller zum Scheitern bringen als die Worte: «O ja, nun, Sie wissen doch, als Sie Ihre Beförderung bei der jährlichen Besprechung anmeldeten, hatten wir gerade einen Gehaltsstopp, und später konnte ich nichts dafür tun, weil…» Statt dessen sollten Sie so klar wie möglich ausdrücken, was Sie wollen und wollten: «Nun, ich verstehe, daß mein Verhalten Ihnen den Eindruck vermittelte, Ihre zusätzliche Arbeit wäre mir nicht besonders wichtig. Das habe ich damals sicher nicht gewollt und will es auch heute nicht. Was sollten wir unternehmen, um sicher zu sein, daß es nicht wieder passiert?» Wenn Sie den Eindruck haben, daß Ihre Worte nicht aufgenommen werden, versuchen Sie es erneut. Bestätigen Sie das, was Ihr Gegenüber sagt und fühlt. Halten Sie sich dabei an die Hinweise aus Kapitel 3.

Der Frage schließlich, wie zukünftig derartiges vermieden werden könnte, sollten Sie sich intensiver zuwenden.

Versuchen Sie nicht, die schwierige Person zu ändern

Einer der wesentlichsten Schritte auf dem Weg zum reibungslosen Umgang mit schwierigen Leuten ist, *sie nicht länger ändern zu wollen*. Dies ist sehr viel leichter gesagt als getan.

Denken Sie an jemanden, der Sie überragt, auf den Tisch trommelt, Sie anschreit und verflucht. Die meisten Menschen denken in einer solchen Situation: «Er sollte sich nicht so aufführen!» Oder: «Warum benimmt sie sich so? So sollte sich *niemand* benehmen!» Aber je verbissener Sie sich wünschen, der quälende Frosch möge sich in einen Prinzen (oder eine Prinzessin) verwandeln, desto weniger werden Sie fähig sein, die Dinge zu unternehmen, die das unangenehme Verhalten möglicherweise mildern.

Vorwürfe ändern nichts.
Wir neigen sämtlich zu der Annahme, daß wir alle grundsätzlich gleich sind, ähnliche Wertmaßstäbe, Chancen und Gefühle haben. Wenn andere sich nicht benehmen, wie wir es erwarten und gerne hätten, gehen wir davon aus, daß ihr Verhalten böse Absichten verrät, einen schlechten Charakter oder einfach eine komplizierte Persönlichkeit. Entsprechend erwarten wir von *anderen*, sich zu ändern, bzw. machen sie für das Verhalten verantwortlich.

Angesichts dieses allzu menschlichen, aber wenig realistischen Wunsches bleibt häufig nur, zu klagen und sich frustriert zu fühlen, wenn er oder sie sich *nicht* ändert. Da schwierige Leute sich zeitweilig recht gut benehmen, kann dies vorübergehend den Glauben bestätigen, sie hätten sich schließlich geändert; sobald das ungeliebte Verhalten aber wieder auftaucht, ist der Irrglaube offensichtlich.

Den Wunsch, die schwierige Person möge sich ändern, aufgeben.
Wenn Sie genau hinschauen, werden Sie vermutlich überrascht
sein, wieviel Energie Sie auf das Wünschen verwandt haben. In
den folgenden Absätzen schlage ich Ihnen Möglichkeiten vor, die
Ihnen den Abschied von Ihrem Wunsch, die schwierige Person
möge sich ändern, erleichtern. Einen Wunsch aufzugeben ist ein
Prozeß des Abschiednehmens. Sie werden wahrscheinlich Erleichterung empfinden, wenn Sie sich aus diesem psychischen
Klammergriff befreit haben, der viel Energie kostete, jedoch
nichts zu bewirken vermochte.
Versuchen Sie, sich über die Bedeutung dieses Wunsches in Ihrem
Leben bewußt zu werden. Es hilft. Der Wunsch ist vielleicht Ihre
Hoffnung, daß «es diesmal anders sein wird». Oder die Enttäuschung und Bestürzung darüber, daß Barbara ihre Bestellungen
wieder mit einem Tag Verspätung abliefert. Warum sind Sie eigentlich so überrascht? Oder besser, warum haben Sie Ihrem Vorgesetzten gesagt, daß Sie alle Bestellungen am gleichen Tag wie
dem Barbara gesetzten weiterleiten könnten, obwohl Sie doch
wissen, daß diese immer zu spät fertig wird?
Seien Sie realistisch und akzeptieren Sie andere, wie sie nun einmal sind. Nur so können Sie sich angemessener verhalten und
bessere, produktivere Arbeitsverhältnisse mit Ihren Kollegen
herstellen.

Distanzieren Sie sich von dem schwierigen Verhalten

In Gegenwart einer schwierigen Person neigen wir dazu, uns derart in die Situation zu verstricken, daß wir nicht in der Lage sind,
wirksam zu reagieren. Schwierige Leute sind für uns schwierig,
da sie eine Kette von Reaktionen in uns auslösen, die offensichtlich selbst Teil des schwierigen Verhaltens werden.
Um mit schwierigen Leuten besser umzugehen, um das zerstörerische Verhaltensmuster zu durchbrechen, in das man ihnen gegenüber gerät, müssen Sie lernen, mit einer gewissen inneren Distanz zu handeln. Nur wenn Sie die Verhaltensmuster erkennen
und ihre Ursachen verstehen, wird es Ihnen möglich sein, eine
wirksame Strategie für den Umgang mit ihnen zu entwickeln und
einzusetzen.

Ziel ist eine losgelöste, distanzierte Sicht auf die schwierige Person, während er oder sie sich entsprechend aufführt (selbst kurze Zeit danach mag ausreichen). Hier ein paar Zitate von Personen, die eine solche Haltung schwierigen Menschen gegenüber eingenommen haben: «Ich schaue sie wie durch das falsche Ende eines Fernglases an; jedes Detail ist deutlich zu erkennen, aber sehr weit weg.» – «Ich sehe ihn, als säße er in einem Käfig mit einem Schild davor.» – «Es ist einfach nicht gegen mich persönlich gerichtet – er ist allen gegenüber so.» – «Plötzlich habe ich eingesehen, daß ich ewig warten müßte, wenn ich darauf hoffte, daß sie mit dem Nörgeln aufhöre und zur Tat schritte.»

Jemanden mit Distanz zu betrachten heißt nicht, kalt, gefühllos oder verständnislos zu sein. Meiner eigenen Erfahrung nach ist das Gegenteil meist der Fall, besonders bei denen, die ich am meisten schätze und brauche. Eine Binsenwahrheit, die auch hier in der Regel zutrifft, lautet: Je mehr man andere als von sich selbst losgelöst sieht, desto mehr ist man fähig, sie als das zu sehen, was sie sind.

«Kategorisieren» Sie Ihr Gegenüber.

Den meisten Menschen widerstrebt der Gedanke, andere zu kategorisieren, sie in Schubladen zu stecken und diese mit der Aufschrift «Schwierige Leute», «Unentschlossene», «Nörgler» oder wie auch immer zu versehen. Menschen sind ungeheuer komplex und wandlungsfähig, und niemand kann ausschließlich irgendeiner Kategorie zugeordnet werden. Aber das schließt nicht aus, daß nicht einige sehr praktische Gründe dafür sprechen, Menschen vorübergehend zu kategorisieren. So zum Beispiel erleichtert eine solche innere Zuordnung häufig, die «Distanz» aufrechtzuerhalten, insbesondere, wenn es sich um Leute handelt, mit denen Sie sehr häufig zu tun haben.

Es erlaubt Ihnen, das Verhalten des anderen als von Ihnen und von Ihren Reaktionen unabhängig zu begreifen. So ist die feindlich-aggressive Person oder der Nörgler nicht nur Ihnen gegenüber feindlich eingestellt oder nörgelig, sondern benimmt sich jedem gegenüber in ähnlichen Situationen auf diese Weise. Die Eigenart Ihres schwierigen Gegenübers zu identifizieren, kann Ihnen bereits helfen, das störende Verhalten weniger persönlich zu nehmen. Sie sind nicht mehr so stark mit der Frage beschäftigt, was *Sie* getan haben, um ein solches Verhalten auszulösen, sondern in stärkerem Maße fähig, aktiv und wirkungsvoll zu reagieren.

Außerdem gewinnen Sie, indem Sie Menschen kategorisieren, möglicherweise Einblick in deren Verhalten. Ungeachtet ihrer sonstigen Eigenschaften haben zum Beispiel Unentschlossene gelernt, sich auf die für sie typische Weise zu verhalten, weil ihnen dies in bestimmten Situationen nützt. Deshalb sagt Ihnen die bloße Erkenntnis, daß sie aus Gewohnheit unentschieden sind, bereits etwas über ihren Charakter.

Achten Sie aber unbedingt darauf, Menschen, die Sie einer Kategorie zuordnen, nicht auch sonst in einen Topf zu werfen. Nicht alle Nörgler zum Beispiel sind gleich. Sie zeigen lediglich bestimmte vergleichbare Verhaltensweisen, unterscheiden sich aber in sonstiger Hinsicht voneinander.

Bemühen Sie sich um Verständnis.
Um mit schwierigen Menschen besser umzugehen, ist das Verständnis ihrer Persönlichkeit von großer Bedeutung. Wenn Sie in der Lage sind, Verhaltensweisen zu erklären und zu verstehen, fühlen Sie sich weniger verwirrt und ratlos und sind eher fähig, damit umzugehen.

Die Art des Verstehens, die ich hier vorschlagen möchte, ist das «Verstehen von innen», um den Ausdruck des Psychologen George Kelly zu benutzen. Denken Sie an einen Menschen, der angesichts negativer Reaktionen, Anspielungen, Resignation und offener Kriegserklärungen fortfährt, frustrierende und schreckliche Dinge zu tun. Stellen Sie sich vor, wie das Leben für die betreffende Person aussieht, und versuchen Sie, vergleichbare Erfahrungen aus Ihrem Leben heranzuziehen.

Diese Art des Verständnisses zu entwickeln und daran festzuhalten, ist ausgesprochen schwierig, und ich bezweifle, ob uns dies bei einem anderen Menschen überhaupt gelingen kann. Aber selbst in Ansätzen kann Verständnis für den anderen dazu beitragen, uns von den negativen Interaktionsmustern zu befreien.

Achten Sie auf die Interaktion

Sobald Sie der schwierigen Person mit etwas Distanz und Verständnis gegenüberstehen, sollten Sie eine Strategie entwickeln, um die negativen Interaktionsmuster zu verändern. Oberste Regel beim Umgang mit anderen ist: Jegliches Verhalten von Menschen beruht auf Gegenseitigkeit, das heißt, es finden Interaktionen statt. Weil diese Tatsache oft vergessen wird, ignorieren die meisten von uns eine Kraftquelle, die es auch im Umgang mit schwierigen Leuten zu gebrauchen gilt. Um zu verstehen, wie und warum diese Kraft funktioniert, will ich zwei Szenen beschreiben, die sich abgespielt haben könnten, während ich vor einer Gruppe einen Vortrag halte.

Zwei Beispiele für Interaktionsketten.
Ich spreche vor einer Gruppe von Büroleitern, die ich nicht kenne und die von ihren Vorgesetzten angewiesen wurden, alles stehen und liegen zu lassen, um mir zuzuhören. Es widerstrebt ihnen, ihre Arbeit zu unterbrechen, und sie haben unter den gegebenen Umständen kein großes Interesse an meinem Thema.
Nachdem ich nur wenige Minuten lang gesprochen habe, merke ich, daß einige Teilnehmer nicht mehr zuhören, während andere auf ihren Stühlen herumrutschen oder aus dem Fenster gucken. Sie ärgern sich vielleicht über ihren Chef, daß er sie dazu zwingt, dieser Sitzung beizuwohnen, und fragen sich, wie sie nun den bevorstehenden Termin für die Produktion einhalten sollen. Von alledem weiß ich nichts. Ich nehme nur allgemeine Langeweile und Desinteresse wahr und werte dies einzig als Reaktion auf meinen Vortrag. Ich beginne, mich wegen meines Auftretens in die Defensive gedrängt und befangen zu fühlen. Meine Stimme wird angespannt, ich verhaspele mich und werde zunehmend unsicherer. Die Büroleiter bemerken diese Veränderung in meinem Auftreten. Die meisten ärgern sich noch mehr über mich, da sie nun mit gutem Grund unwillig auf die erzwungene Teilnahme an dem Vortrag reagieren. Ein paar werden vielleicht Mitleid haben und angestrengte Fragen stellen, um mir zu helfen. Aber sowohl die sichtbare Verärgerung der Mehrheit wie das übertriebene Bemühen der Minderheit lassen mich nur noch gehemmter werden, was

wiederum Verärgerung und Langeweile unter meinen Zuhörern verstärken wird. In wachsendem Maße angespannt und aus der Fassung gebracht, wende ich mehr und mehr Energie auf den Versuch, das Gefallen meiner Zuhörer zu erlangen, und entsprechend weniger auf den Inhalt meiner Rede. Auf diese Weise nähere ich mich dem untersten Niveau meiner Fähigkeiten. Später werde ich mich vielleicht bei dem Versuch, die Katastrophe zu verstehen, mit dem Gedanken besänftigen, daß ich es mit einer ungehobelten, undankbaren und völlig schwierigen Gruppe zu tun hatte.

Dieses Szenario ist ein Beispiel für die von mir so genannte *negative Interaktionskette*. Eine erste negative Begegnung zwischen mir und meinem Publikum eskalierte zu einem immer frustrierenderen und unproduktiveren Austausch. Ohne Zweifel war die Art, auf das Stühlerutschen und das augenscheinliche Desinteresse zu reagieren, von mir selbst – von meiner Persönlichkeit und meinen Möglichkeiten, zwischen verschiedenen erlernten Reaktionen zu wählen – bestimmt, aber etwas an dem spezifischen Charakter dieser Situation rief in mir diese negative Abfolge von zunehmend unfähigen Reaktionen hervor.

Schauen wir uns nun das entgegengesetzte Szenario an, welches eine *positive Interaktionskette* beschreibt. Nehmen wir an, wenige Minuten nach Beginn meiner Rede merkt einer der Büroleiter an, daß er nicht wisse, wie es den anderen erginge, aber was ihn betreffe, so schienen ihm meine Worte ausgesprochen sinnvoll und er würde gerne mehr hören. Mein anfängliches Unwohlsein beginnt zu schwinden, ich entspanne mich, meine Stimme wird lebendiger, und ich spreche deutlicher und selbstbewußter. Andere aus der Gruppe vergessen ihre Termine und ihren Ärger, da sie aufmerksamer zuhören und sich vielleicht sogar für das, was ich sage, interessieren, und ich, der ich dies wahrnehme, entspanne mich noch mehr. Ich bin nun in der Lage, die Inhalte meines Vortrags effizient und konzentriert darzubieten.

Bei diesem Beispiel bewegte sich die Interaktion zwischen mir und meinem Publikum in positiver Richtung. Auch diesmal reagierte ich aufgrund meiner Persönlichkeit, die aus den mir eigenen, einmaligen und besonderen Erfahrungen hervorgegangen ist. Diesmal war jedoch das Ergebnis, obwohl die beteiligten Personen in beiden Szenen die gleichen waren, völlig anders. Der Unterschied liegt in der Qualität der Interaktion.

Lassen Sie mich das Gesagte etwas abstrakter fassen. Die Art, wie sich Menschen verhalten, hängt nicht allein von Persönlichkeitsmerkmalen ab, wenngleich die Persönlichkeit sicherlich das Verhalten stark mitbestimmt. Ebensowenig ist das Verhalten einzig die Antwort auf die bestimmte Situation, in welcher sich Menschen befinden, obwohl Menschen sicher sehr unterschiedlich auf verschiedene Umstände reagieren. Wesentlich ist, daß immer eine Beziehung zwischen der Persönlichkeit des Betreffenden und der spezifischen Situation, in der sich dieser befindet, existiert.

So funktioniert diese Beziehung: Persönlichkeit ist lediglich das Repertoire an Möglichkeiten, mit dem Leben umzugehen, die ein Mensch gelernt hat. Jede spezifische Situation fordert entsprechende Reaktionen aus dem Repertoire an Möglichkeiten, über die ein Mensch verfügt, oder verbietet andernfalls ihre Anwendung. Als meine Zuhörer sich gelangweilt und desinteressiert benahmen, reagierte ich darauf. Es stellt sich die Frage, warum ich mich verspannte, mir Vorwürfe machte, aber so tat, als wäre nichts geschehen, statt ruhig zu bleiben, zu denken, daß manche der Zuhörer mit den Gedanken woanders waren, und sachlich oder humorvoll zu fragen, ob es Schwierigkeiten gäbe. Meine Fähigkeit, konsequent letzteres zu tun, stieg beachtlich, nachdem mir geholfen wurde einzusehen, daß ich früh gelernt hatte, mich selbst schuldig zu fühlen, wenn sich andere über mich ärgerten. Außerdem hatte ich ein sehr großes Bedürfnis nach Bestätigung aus der Gruppe entwickelt und darüber hinaus gelernt, daß es unpassend wäre zu kommentieren, was andere scheinbar von mir dachten. Diese Einsichten erfolgten jedoch spät. Ich hätte meine frühen Jahre als Vortragsredner nicht überlebt, hätte ich nicht häufig das zweite Szenario erlebt, und der häufige Beifall eines Teilnehmers entlockte mir positive und produktive Reaktionen.

Eine schwierige Person unterscheidet sich von uns übrigen durch die Tatsache, daß er oder sie wahrscheinlich auf eine Weise reagiert, die negative Interaktionsketten in Gang setzt. Wir alle können in verschiedenen Situationen negativ und unproduktiv sein, bei schwierigen Leuten aber ist dieses Verhalten häufiger und leichter auszulösen. Wenn Sie lernen können, die Dinge zu vermeiden, die bei einer schwierigen Person das negative Verhalten auslösen, und die Interaktion so gestalten, daß er oder sie positiver, produktiver reagieren kann, werden Sie besser mit dem betreffenden Menschen auskommen.

Die Macht der Interaktion.
Die größte Macht, die Sie beim Umgang mit schwierigen Menschen besitzen, liegt darin, die Natur der Interaktion zu verändern, in die Sie beide verstrickt sind. Erreicht wird dieser Wechsel, indem Sie Ihr eigenes Verhalten verändern. Wie wir es in diesem Kapitel bereits besprochen haben, spielt hierbei die Fähigkeit, innere Distanz herzustellen, eine große Rolle.
Sie sind frei, Ihren Anteil an der Interaktion zu verändern, ohne darauf warten zu müssen, daß der oder die andere dies tut. Als Beispiel will ich die unheimlich netten Leute aus Kapitel 5 anführen, die Ihnen alles versprechen, aber nichts einhalten. Haben Sie nicht das Recht zu erwarten, daß diese Menschen ehrlich zu Ihnen sind, daß sie sagen werden: «Ich kann den Bericht Donnerstag noch nicht abschließen, andere Aufgaben haben Vorrang», statt zu sagen: «Klar, Donnerstag geht in Ordnung»? Natürlich haben Sie das. Jeder sollte davon ausgehen können, daß die Menschen, mit denen er zu tun hat, aufrichtig sind. Das Problem liegt darin, daß diese überfreundlichen Leute einfach nicht offen sein *können*, wenn Sie ihnen nicht Hilfestellung leisten. Sie könnten ausdrücklichst auf einer ehrlichen Antwort bestehen und so diese armen netten Menschen in Panik bringen. Oder Sie können sich entschließen, Ihren Anteil an der Situation zu verändern, um dadurch der Wahrheit auf die Sprünge zu helfen.

Setzen Sie Ihre Strategie in die Tat um

Sobald Sie eine angemessene Strategie für die Interaktion entwickelt haben, sollten Sie diese in die Tat umsetzen. Hier einige allgemeine Hinweise zu der Wahl des Zeitpunkts und zur Vorbereitung.

Den richtigen Zeitpunkt wählen.
Sie sollten den Moment für die Umsetzung Ihrer Strategie mit
Bedacht wählen und zwei Punkte berücksichtigen:
Erstens sollten Sie einen Moment aussuchen, an dem die schwierige Person nicht durch andere Probleme zu sehr in Anspruch genommen ist. Ist dem Betreffenden beispielsweise gerade eine be-
deutende Aufgabe zugeteilt worden, hatte er gerade eine Auseinandersetzung mit dem Chef oder trennt er sich zur Zeit von seiner
Lebensgefährtin (bzw. sie sich von ihrem Lebensgefährten), sollte
man die Umsetzung des Plans besser noch etwas aufschieben.
Wenn Menschen stark belastet sind, sind sie üblicherweise für
neue Anregungen und Entwicklungen weniger ansprechbar und
reagieren entsprechend auf Ihren Vorstoß. Falls Sie die gewohn-
ten Verhaltensmuster gerade dann ändern, wenn der andere sich
in einer Streßsituation befindet, riskieren Sie außerdem, daß derjenige seine Frustration an Ihnen ausläßt.
Der zweite Gedanke bei der Wahl des richtigen Zeitpunkts betrifft
die Frage, ob Sie selbst über genug Zeit und Energie verfügen,
Ihren Plan in die Tat umzusetzen. Sie wollen sich schließlich die
schwierige Person nicht vorknöpfen und sich dann zurückziehen,
weil Sie nicht genug Kraft aufbringen. Reibungsloser Umgang
hängt von Ihrer Fähigkeit ab, dem Kontakt zwischen der schwierigen Person und Ihnen bedächtig und systematisch Aufmerksamkeit zukommen zu lassen. Ihr Versuch, die Beziehung zwischen Ihnen beiden zu verändern, mag nicht unbedingt gleich
beim ersten, zweiten oder dritten Anlauf erfolgreich sein. Die gewöhnlichen Reaktionsmuster einer schwierigen Person sind meistens tief verwurzelt, und es mag eine Weile dauern, bis diese auf
Ihr neues Verhalten reagiert und eine neue Art entwickelt, diesem zu begegnen.

Bereiten Sie sich gut vor.
Es ist sehr ratsam, zuerst Ihre Strategie zu üben, bevor Sie die
schwierige Person ins Visier nehmen. Dies gilt besonders bei
‹Panzerfäusten›, ‹Heckenschützen› und ‹Bulldozern›. Üben Sie
das, was Sie sagen wollen, vor einem Spiegel, und achten Sie darauf, laut und deutlich zu sprechen. Noch nützlicher ist es, einen
Freund oder Ihren Partner zu bitten, eine Proberunde mit Ihnen

durchzuspielen. Bereiten Sie sich auf eine aufreibende Begegnung vor, indem Sie sich die schwierige Person wütend und aufgebracht vorstellen. Dann proben Sie, wie Sie darauf reagieren wollen. Versuchen Sie, sich den Ablauf der Begegnung genau Ihren Wünschen entsprechend auszumalen. Wenn der Austausch in Ihrer Vorstellung ins Stocken gerät, fangen Sie von vorne an.

Überprüfen Sie die Wirksamkeit Ihrer Strategie und modifizieren Sie diese bei Bedarf

Sobald Sie begonnen haben, Ihren Plan in die Tat umzusetzen, ist es wichtig, dessen Wirkung sorgfältig zu überprüfen und diesen gegebenenfalls zu modifizieren. Unter Umständen zeigt Ihre Strategie wenig oder gar keine Wirkung, da Sie sich bei der schwierigen Person, mit der Sie es zu tun haben, im Typ geirrt haben. Beispielsweise könnten Sie überfreundliches Verhalten für Unentschlossenheit gehalten haben. In einem solchen Fall bleibt Ihnen nichts anderes übrig, als einen Seufzer auszustoßen und eine neue Strategie zu entwickeln.

Es ist auch möglich, daß Ihre Vorstöße kein wirklich produktives Verhalten herbeizuführen vermögen. Dies kann der Fall sein, wenn die Schwelle zur Auslösung des schwierigen Verhaltens extrem niedrig liegt, so daß es kaum möglich ist, die Destruktivität des schwierigen Menschen zu vermeiden. Unter Umständen ist die Person so von ihrem Innenleben in Anspruch genommen, daß Ihr Verhalten nur einen geringen Einfluß hat. Ein eigener Gedanke zum Beispiel mag jemand in die Luft gehen lassen und das, was Sie gesagt oder getan haben, hat damit nichts zu tun. In diesen Fällen sind weitere Versuche, mit dem anderen auszukommen, kontraproduktiv.

Wann sollte man aufgeben?

Versuchen Sie immer erst anhand der in den vorigen Kapiteln vorgeschlagenen oder anderer Methoden, mit den schwierigen Leuten klarzukommen. Seien Sie hartnäckig, vorausschauend und möglichst geschickt, denn Sie sind derjenige, der die Energie und Motivation aufzubringen hat. Wenn all Ihre Anstrengungen schließlich nicht fruchten, sollten Sie buchstäblich auf größtmög-

liche Distanz zu der schwierigen Person gehen. Warten Sie nicht
zwei Jahre, eine Versetzung zu erwirken, sondern bemühen Sie
sich um den Wechsel, bevor die strapaziöse Beziehung zum Beispiel zu Ihrem Chef unerträglich wird.

Auf Distanz zu einer aufreibenden Person zu gehen, ist weder auf-
wendig noch schwierig zu verwirklichen:

Physischer Abstand. Gehen Sie fort, verlassen Sie den Ort der
Handlung; veranlassen Sie eine Versetzung in ein anderes Büro;
verlangen Sie eine Trennwand im Büro, so daß Sie Ihren Widersa-
cher wenigstens nicht ständig sehen – und umgekehrt.

Organisatorischer Abstand. Versetzen Sie die schwierige Person
auf eine Position, an der sie andere nicht mehr unter Druck setzen
kann; lassen Sie sich in eine andere Abteilung versetzen; bitten
Sie um eine Aufteilung in verschiedene Arbeitsgruppen.

Wenn Sie darüber nachdenken, ob Sie Ihre Versuche aufgeben
sollten oder nicht, sollten Sie flexibel bleiben und nicht aus fal-
schem Stolz heraus handeln. Zuzugeben, daß Ihre Anstrengungen
gescheitert sind, kann den eigenen Stolz verletzen. Sie mögen versucht sein, es wieder und wieder zu probieren, denn Sie können
den Gedanken nicht ertragen, daß Ihr Vorhaben scheitern
könnte. Überlegen Sie jedoch, ob der Nutzen, wie bei Dean Edwards im folgenden Beispiel, im angemessenen Verhältnis zum
Ärger steht.

Dean Edwards war ein junger, sehr fähiger Projektleiter in einem
großen Unternehmen. Lee Jackson, der Verwaltungschef des Unternehmens, war für ihn ein rotes Tuch, da er ihn gewöhnlich in
Sitzungen ignorierte, Entscheidungen der Geschäftsleitung
«übersah», die Deans Projekte förderten, Deans Chef «anwies»,
ihm diesen vom Leibe zu halten, und vor großem Publikum den
Wert von Deans Initiativen auf sarkastische Weise in Frage
stellte.

Nach anderthalb unerfreulichen Jahren ernannte Dean mit Zustimmung seines Vorgesetzten einen Mitarbeiter seines Stabes,
einen älteren Mann, als «Verwaltungsdelegierten» und übertrug
ihm allen Umgang mit Lee. Während der folgenden zwei Jahre
erhielten Deans Projekte die nötige Unterstützung der Verwal-
tung. Dean hatte in bestimmter Weise Lee nachgegeben, auf Kosten seines Stolzes und seines Selbstbildes als «starker Mann».

Die Beendigung der zermürbenden Gefechte glich den Preis jedoch bei weitem aus.

Niemand ist moralisch verpflichtet, in der Nähe eines Menschen zu bleiben, mit ihm zusammenzuarbeiten oder gar mit ihm zu leben, dessen Verhalten entmutigend, irritierend oder belastend ist. Ich betone diesen Punkt, da ich ständig Leuten begegne, für die dies absolut nicht offensichtlich ist. Sie verwechseln die praktische Abwägung von Kosten und Nutzen mit einer moralischen Verpflichtung.

Das Feld zu räumen, *kann* Ihnen oder der schwierigen Person zweifellos zu große Opfer abverlangen. Vielleicht gefällt Ihnen Ihre Stellung, und Sie haben wenig Alternativen; vielleicht müssen Sie mit diesem Chef oder Manager auskommen, um eine bessere Position im Unternehmen zu erreichen; vielleicht fühlen Sie sich Ihren Patienten gegenüber verantwortlich, obwohl Sie den Chefarzt der Klinik nicht ausstehen können. Weil wir oftmals gezwungen sind, uns mit schwierigen Leuten zu verständigen, ist das Erlernen des erfolgreichen Umgangs mit ihnen eben gerade so besonders nützlich oder gar notwendig.

Kapitel 10

Denkstile:
Eine zusätzliche Dimension
im Umgang mit anderen

In den vorangegangenen Kapiteln habe ich sieben der schwierigsten Verhaltensmuster und den jeweils möglichen Umgang mit diesen vorgestellt. Es gibt natürlich viele Variationen innerhalb dieser Kategorien, so können Nörgler, ‹Ballons› und Unentschlossene sehr unterschiedlich sein, und jeder von uns bringt andere Voraussetzungen in die Begegnung mit einem schwierigen Gegenüber mit.

Nehmen Sie zum Beispiel die ‹Panzerfäuste›. Manche sind sich der Verwüstung, die sie anrichten, bewußt, andere weniger. Manche erscheinen wie unpersönliche Popanze, andere haben einen «gemeinen» Zug an sich. Manche werden gewalttätig, andere nicht. Um diese Unterschiede restlos zu verstehen, bräuchten wir eine detaillierte und mehrdimensionale Aufstellung, wie und wann jeder dieser Leute seine oder ihre Handlungsstrategien und Denkmuster entwickelt hat. Um die Besonderheiten unserer eigenen Reaktionen auf schwierige Leute zu verstehen und zu erkennen, welche Strategie am effektivsten wäre, bräuchten wir ebenfalls eine differenzierte Aufstellung. In diesem Kapitel möchte ich einige zentrale Bestandteile einer solchen Auflistung vorführen.

Das Verhalten jedes Menschen ist so vielfältig und komplex, daß kein einziges zur Zeit verfügbare Erklärungsschema jedes Detail ausreichend berücksichtigen kann. Basierend auf Arbeiten anderer, haben Allen Harrison und ich jedoch mit Hilfe unserer Mitarbeiter ein Raster entwickelt, das zwar nicht vorgibt, alles erklären zu können, aber doch einige nützliche zusätzliche Hinweise liefert. (Diejenigen unter Ihnen, die mehr über Denkstile erfahren möchten, werden einige zur Lektüre vorgeschlagene Titel im Anhang am Buchende finden.) Das Raster geht davon aus, daß eine unmittelbare Verbindung zwischen der Art, wie ein Mensch zu denken gelernt hat, und der Art, wie er sich verhält, existiert. Weiterhin geht es davon aus, daß die Art und Weise, wie über Dinge gedacht werden kann, begrenzt ist. Beide Voraussetzungen werden durch empirische und experimentelle Beweise und von allgemeinen Erfahrungenswerten gestützt. Mit *Denkstile* bezeichnen wir die uns bekannten Arten, wie Informationen zusammengetragen und Entscheidungen gefällt werden. Die Einzigartigkeit jedes Menschen liegt in der Art, wie er oder sie diese Denkstile kombiniert.

Die Kenntnis der für Sie und andere charakteristischen Denkstile kann Ihr Verständnis des schwierigen Verhaltens anderer erweitern und verfeinern und auf die beste Möglichkeit hinweisen, dem zerstörerischen Verhalten zu begegnen, und zwar im einzelnen wie folgt:

(1) Die bessere Kenntnis Ihrer selbst hilft Ihnen, die in den vorangegangenen Kapiteln beschriebenen Methoden Ihren eigenen Denkformen und Verhaltensweisen anzupassen.

(2) Das Raster für das Verständnis anderer kann Ihnen helfen, eine eigene Vorgehensweise für den reibungslosen Umgang mit Leuten zu entwickeln, die schwierig sind, aber nicht den in den Kapiteln 2 bis 8 beschriebenen Typen zu entsprechen scheinen.

(3) Denkstile von Menschen, die gewöhnlich nicht schwierig sind, können sich nicht vertragen. Es hilft, vor den explosiven Mischungen gewarnt zu sein, die sich beim Zusammentreffen bestimmter Leute ergeben können.

Situatives Denken

Um das Konzept der Denkstile zu verstehen, stellen Sie sich zwei Menschen vor, Sally und Milt, die beide nach einer neuen Stelle Ausschau halten.

Sally beginnt ihre Suche, indem sie ihre finanziellen und beruflichen Wünsche sorgfältig analysiert. Sie besorgt sich eine Liste möglicher Arbeitgeber aus der Umgebung und erwägt ihre eigenen Vorstellungen und Fähigkeiten. Als nächstes arbeitet sie einen systematischen Plan aus, um alle geeigneten Positionen aufzuspüren, die eventuell frei sind, und setzt ihre Strategie Schritt für Schritt in die Tat um. Sally wartet anschließend geduldig alle Antwortschreiben ab, bevor sie die ihr am ehesten zusagenden Angebote weiterverfolgt.

Milt dagegen beginnt seine Arbeitssuche, indem er Freunde und Bekannte anruft und fragt, ob sie von möglichen Vakanzen gehört hätten. Er studiert die Stellenanzeigen in den Zeitungen und sucht nach Positionen im öffentlichen Dienst. Milt reagiert bei jeder sich bietenden Gelegenheit mit einem entsprechenden Bewerbungsschreiben. Sobald er einem potentiellen Arbeitgeber begegnet, der seinen Einsatzwillen und seine Energie schätzt und ihm vielleicht eine rasche Beförderung in Aussicht stellt, nimmt er die Stelle an. Ungeachtet einer anderen, besseren Möglichkeit, die *vielleicht* auftauchen könnte.

Um das Gewünschte zu erreichen, gingen Sally und Milt völlig unterschiedlich an die gleiche Aufgabe heran. Sie bemühten sich um unterschiedliche Auskünfte, gewichteten diese verschieden und kamen zu voneinander abweichenden Schlußfolgerungen. Und so geht es uns allen. Obwohl wir alle viele Möglichkeiten erlernt haben, Informationen zu nutzen und Rückschlüsse zu ziehen, bevorzugen die meisten von uns, wie Sally und Milt, einen oder zwei Denkstile. Diese Denkstile bestimmen weitgehend, welche Fragen wir stellen, was wir mit den Antworten anfangen und wie wir Entscheidungen treffen – kurz gesagt, sie bestimmen wesentlich unsere Haltung zum Leben.

Welcher Denkstil der beste ist, läßt sich nicht einfach beantworten. Jeder Denkstil hat Stärken und Schwächen, je nachdem, wo und wie er eingesetzt wird. Sallys geordnete und systematische Art zu denken ist zweifellos eine Stärke. Milt hätte auf jeden Fall etwas davon gebrauchen können. Aber Sally hat wiederum so viel Zeit auf die Ausarbeitung detaillierterer Pläne verwandt, daß sie einige günstige Gelegenheiten verpaßte, ganz davon abgesehen, daß sie ihre Freunde tödlich langweilte.

Wenn eine Situation rasches Handeln verlangt, ein sofortiges Losstürmen, um als erster am Ziel zu sein, ist Milts schnelles Reaktionsvermögen offensichtlich eine Stärke. Sein Problem besteht eher darin, daß er nicht innehält, um im entscheidenden Moment ein wenig systematisch und logisch zu analysieren. Darüber schütteln Milts Freunde den Kopf, und sie sehen mit Bedauern, daß er seine Begabung in Positionen vergeudet, in die er hineingerutscht ist und die sich später als seinen Talenten oder seinem Naturell nicht angemessen erweisen.

Verschiedene Situationen verlangen nach unterschiedlichen Arten zu denken und zu agieren: Seien Sie hart, genau und unerbittlich, wenn es angebracht ist; seien Sie aber ebenso weich, spekulativ oder zartfühlend, wenn die Situation es verlangt. Diese Weisheit gilt schon seit Jahrtausenden. Wir sollten gelernt haben, wie man sich wechselnden Umständen weitgehend anpassen kann. Leider trifft das auf die meisten von uns nicht zu.

In Wirklichkeit neigen sehr viele Menschen (nach unseren Daten in westlichen Gesellschaften ungefähr 85 %) unglücklicherweise dazu, die gleichen Herangehensweisen wieder und wieder zu verwenden, ungeachtet den Anforderungen der Situation. Und warum auch nicht? Wenn wir als Kinder erlernt haben, daß unsere «starre» Denkweise auf bestimmte Art funktioniert und wir dafür sogar belohnt wurden, ist es naheliegend, bei Beanspruchungen mit einem Rückgriff auf das gleiche Rüstzeug zu reagieren, das sich bereits früher als wirksam erwiesen hat.

Wenn unsere Verhaltensweisen der Situation entsprechen, kann der Nutzen groß sein; Schaden entsteht, wenn sich die Situation ändert, wir dem aber nicht folgen können. Wie Sie in den folgenden skizzenhaften Beschreibungen sehen werden, sind die bei jedem Denkstil anfallenden Nachteile oft lediglich dadurch bedingt, daß zuviel des Guten getan wird ohne Rücksicht auf die Situation.

Fünf Denkstile

Fünf dominante Ausprägungen von Denkstilen wollen wir hier unterscheiden: Synthetiker, Idealisten, Pragmatiker, Analytiker und Realisten. Diese Bezeichnungen und die folgenden Beschreibungen wurden in Verbindung mit einer Befragung entwickelt, die Vorlieben bei der Art, Fragen zu stellen und Entscheidungen zu fällen, aufdeckt. Wir entwickelten und führten diesen Test durch, um Unterschiede im Denken und Handeln zu messen und um zu verstehen, warum durchaus fähige Menschen völlig unzureichende Entscheidungen fällen können. Dabei haben wir sowohl Einzelpersonen wie Arbeitsgruppen im Hinblick auf die Effizienz ihrer Entscheidungsfindung berücksichtigt.

Die folgenden kurzen Beschreibungen werden Ihnen Prototypen der fünf Denkstile vorstellen. Solche Wesen gibt es natürlich nicht. Die Bezeichnung «Synthetiker» bedeutet zum Beispiel stets, daß ein Mensch den synthetischen Denkstil bis zu einem gewissen Grade zu gebrauchen und zu bevorzugen gelernt hat. Niemand von uns ist ausschließlich «Idealist» oder «Realist» oder sonst etwas. Wir alle haben gelernt, *jeden* der fünf Ansätze zu verwenden. Aus diesem Grund haben wir alle, zumindest in einem gewissen Grade, die Fähigkeit, uns einer Situation entsprechend zu verhalten, allerdings mit sehr unterschiedlichen Akzenten gemäß den jeweils von uns erlernten Denkstrategien. Später werden wir über die Verträglichkeit zwischen Menschen verschiedener Ausprägung sprechen. Zuerst wollen wir versuchen, uns die Eigenarten der verschiedenen Denk*aus*richtungen vor Augen zu führen.

Der Synthetiker.
Der Synthetiker zeichnet sich durch seine Überzeugung aus, daß es unter Menschen keine Form von grundsätzlicher Übereinkunft geben kann, ohne Fakten zu Rate zu ziehen. Der «reine» Synthetiker – wenn es ihn gäbe – würde davon ausgehen, daß zwei Menschen, um sich über ein beliebiges Thema zu einigen, dieses zuerst auf seine grundsätzliche Bedeutung zurückführen müssen, die sie beide als das für den Fall «Wesentliche» (ein Lieblingsausdruck der Synthetiker) anerkennen. Dieses Verfahren kann sehr zeitaufwendig sein. Synthetiker neigen demzufolge von Natur aus zum Debattieren. Sie argumentieren übermäßig, nicht so sehr, um zu gewinnen, sondern aus purer «Freude » am Argumentieren. Menschen, die eher praktisch orientiert sind, kann diese Vorgehensweise zur Raserei treiben. Synthetiker sind gewöhnlich anspruchsvolle Menschen, neugierig, rastlos und kreativ. Sie

werden vom Wunsch angetrieben, die Welt zu verstehen, aber nicht unbedingt zu beherrschen, und bemühen sich sehr, daß andere sie als kompetent und bewunderungswürdig empfinden. Sie können unproduktiv und zerstörerisch, streitbar und ausschweifend sein, wenn sie versuchen, die unterschiedlichen Sichtweisen miteinander zu vereinbaren. Der Präsident eines Unternehmens hatte beispielsweise die Angewohnheit, zwei oder drei seiner Angestellten an das gleiche Forschungsprojekt zu setzen – ohne einem von ihnen mitzuteilen, daß andere an der gleichen Untersuchung arbeiteten. Wenn die Mitarbeiter ihre Berichte lieferten, unterschieden sich die Ergebnisse selbstverständlich oft sehr voneinander. Jeder Angestellte hatte unterschiedliche Daten ausgewertet und entsprechend unterschiedliche Schlußfolgerungen gezogen. Als diese Vorgehensweise bekannt wurde, wurde der Präsident beschuldigt, «Arbeit zu verdoppeln» und «Konflikte zu fördern». Natürlich treffen beide Vorwürfe zu, besonders der letztere. Der Präsident zog aus dem Konflikt allerdings auch kreativen Nutzen, denn die Lösung, die er schließlich auswählte, vereinte verschiedene Aspekte der Berichte.

Der Idealist.
Anders als Synthetiker glauben Idealisten, daß sich Menschen über alles einigen können, wenn ihre unterschiedlichen Ansichten einem gemeinsamen Ziel oder Ideal untergeordnet werden können. Idealisten sprechen oft von Zielen und übergeordneten Werten. Sie interessieren sich immer für viele Alternativen, Vorschläge oder Standpunkte. Sie streben eine Übereinkunft an, die jedem recht ist. Idealisten sind gelegentlich halsstarrig, wenn eine solche Übereinkunft ihren hohen Anforderungen gerecht werden soll. Diese Anforderungen entsprechen selbstverständlich den persönlichen Wertmaßstäben des Idealisten. Idealisten neigen dazu, von sich selbst und anderen viel zu erwarten. Gleichzeitig macht ihr Bedürfnis, anderen zu helfen, geschätzt und für vertrauenswürdig gehalten zu werden, Idealisten häufig zu Menschen, die andere unterstützen und ihnen zur Seite stehen. Sie können so hilfreich sein wollen, daß sie gelegentlich geradezu aufdringlich wirken.
Erwartungsgemäß haben zum Beispiel Krankenschwestern ge-

wöhnlich eine stark idealistische Ausrichtung, ebenso Lehrer, Sozialarbeiter und andere Menschen in Dienstleistungsberufen. Dora, die Oberschwester eines großen Krankenhauses, kann als Beispiel dienen. Als Budgetkürzungen anstanden und sie gebeten wurde, acht freie Stellen nicht neu zu besetzen, gab sie zur Antwort: «Aber was wird aus der Pflege der Patienten?» Dora konnte die Vorstellung nicht hinnehmen, daß finanzielle Nöte ein Krankenhaus dazu zwingen könnten, die Krankenpflege einzuschränken. Sie beschuldigte den Leiter der Finanzabteilung (ein Analytiker), gefühllos, hartherzig und nur an Kosteneinsparungen interessiert zu sein. Sie verzögerte die Umsetzung der Forderungen, daß sie die vorhandene Belegschaft zu effizienterer Arbeit anweisen, Behandlungsmethoden überprüfen oder die Zeitpläne straffen sollte. Dora fühlte sich in ihrem Idealismus unter Druck gesetzt und reagierte nörgelnd und rechthaberisch. Andere der Belegschaftsmitglieder beschimpften sie angesichts ihres Verhaltens als «Überzeugungstäter», etwas, womit ein ausgepägter Idealist dann und wann rechnen sollte.

Der Pragmatiker.
Pragmatiker wollen in erster Linie mit der Arbeit vorankommen, sich aktiv und umtriebig fühlen. Sie streben nicht unbedingt endgültige oder ideale Ergebnisse an, sondern wollen mit dem zur Verfügung Stehenden zurechtkommen. Oft geht es ihnen nur darum, von einer Sache zur nächsten zu gelangen, entsprechend ihrer Überzeugung, daß sich Dinge sukzessiv entwickeln, Stück für Stück. Pragmatiker werden ungeduldig angesichts komplexer Untersuchungen und theoretischer Abhandlungen über das Verhältnis, in dem die heutige Aktivität zum fernliegenden Ziel steht. Was *jetzt im Moment* getan werden kann, ist alles, was sich mit Sicherheit absehen läßt. Der Pragmatiker «weiß», daß die Welt auf diese Weise funktioniert.
Im Alltag haben Pragmatiker meist ein gutes Gespür dafür, was Menschen akzeptieren oder nicht. Sie können es sich leisten, Probleme auf innovative Weise anzugehen oder Kompromisse zu akzeptieren, denn sie haben kein Interesse daran, bestimmte Theorien oder Methoden zu verfolgen. Sie verbreiten Optimismus und Einsatzfreude, die Menschen motiviert zupacken lassen, selbst

wenn die Aufgabe riesig erscheint. Weil ihre Ziele so hochgesteckt sind, können Pragmatiker Vielfältigkeit meistens in hohem Maße tolerieren. Pragmatiker sind weniger auf Vorgaben und Sicherheiten angewiesen als andere.

Tillie war ein solcher Mensch. Eines Morgens im Frühjahr sah sie sich plötzlich einem kranken Mann, einem anstrengenden Beruf und vier Kindern unterschiedlichen Alters gegenüber. Während die Menschen, die ihr nahestanden, schon bei dem Gedanken an diese enormen Belastungen in Panik ausbrachen, blieb Tillie ruhig und erledigte das, was jeweils anstand. Sie tüftelte keine komplizierten Pläne für die Kinderversorung aus, wie ihre Mutter für den Fall vorschlug, daß John länger krank bleiben sollte. Sie bewältigte nach und nach jeden Tag und jede Woche und hielt sich über Wasser, bis ihr Ehemann ihr wieder helfen konnte.

Der Analytiker.
Für ihre Kritiker sind Analytiker stur, dogmatisch, engstirnig, rigide und detailversessen (erinnern Sie sich an den Finanzleiter des Krankenhauses, der sich Doras selbstgerechten Zorn zuzog). Analytiker werden oft als «Geradeaus-Denker» charakterisiert; haben sie einmal eine bestimmte Richtung eingeschlagen, können sie schwer umlenken, selbst bei überzeugenden Gegenargumenten. Diese Eigenschaft ist sowohl die große Stärke als auch die enorme Schwäche der Analytiker.

Analytiker sind davon überzeugt, daß es auf der Welt grundsätzlich geordnet, logisch und rational zugeht. Sollte dies einmal nicht der Fall sein, werden sie ihr Bestes tun, diese logisch-rationale Ordnung durchzusetzen. Gemeinhin haben sie das Bedürfnis, kompetent und nicht auf fremde Hilfe angewiesen zu sein. Analytiker glauben, daß, solange sie mit Bedacht und methodisch vorgehen, alles gutgehen wird. Sie interessieren sich vor allem dafür, *eine* korrekte Methode zur Erledigung anstehender Aufgaben oder Probleme zu finden.

Analytiker sind häufig mathematisch begabt. Manchmal übertreiben sie ihre Überzeugung, daß sich die meisten Probleme mit Hilfe logischer Ableitungen kalkulieren oder «berechnen» lassen. Sie streben so sehr nach logischen Lösungen, daß sie Schwierigkeiten haben, auch einmal etwas ihnen unlogisch Erscheinendes anzuerkennen – andere Menschen zum Beispiel. Synthetiker mit ihren «fernliegenden» Überlegungen und Idealisten mit ihrer scheinbar übertriebenen Sorge um die Gefühle anderer Menschen sind ihnen besonders unverständlich.

Analytiker können Pragmatiker sehr enttäuschen, wenn sie in Situationen auf der «besten» Methode oder Lösung beharren, wenn verschiedene Varianten möglich wären, von denen einige für die Belegschaft oder Kundschaft vorteilhafter wären als die «effizienteste». Sallys Vorgehen bei der Arbeitssuche, womit dieses Kapitel begonnen wurde, beschreibt die positiven und negativen Seiten der Analytiker.

Der Realist.
Der Realist stützt sich bei seinen Ansichten auf empirische Daten. Damit meine ich, daß für Realisten alles, was gesehen, gefühlt, gerochen und erfahren werden kann, wirklich ist; alles andere tut er als leicht phantastisch, spekulativ und nicht ernst zu nehmend ab. Realisten gehen davon aus, daß die Welt so ist, wie sie diese wahrnehmen, jeder kann die Fakten sehen, und zwei *intelligente* Leute können gar nicht anders, als sich über diese Fakten einig sein. In dieser Hinsicht sind Realisten so ziemlich das Gegenteil von Synthetikern. Sie reiben sich an Kompromissen, Synthesen, Analysen und idealistischen Zielen. Sie wollen konkrete Ergebnisse erzielen, denn nichts anderes kann den Lauf dieser «realen Welt» beeinflussen.

Weil sie vom Charakter her oft umgestüm und entschlossen sind, neigen Realisten zur Ungeduld. Besonders schwierig wird es, wenn ein Realist einen Analytiker ablöst; die Konsequenzen können geradezu verheerend sein, wie unser Beispiel zeigt: In einem Unternehmen hatte der vormalige Präsident, ein Analytiker, der die Position über viele Jahre innegehabt hatte, seine Mitarbeiter an sorgfältiges, ausführliches analytisches Arbeiten gewöhnt. Er erwartete von Berichten, daß sie umfangreiches Quellenmaterial enthielten, gründlich ausgearbeitet waren und von detaillierten Plänen und Statistiken begleitet wurden.

Als Mark die Stelle übernahm, warf er einen Blick auf die ersten Berichte und schlug die Hände über dem Kopf zusammen. «Hören Sie», sagte er zu den langjährigen Mitarbeitern, «wenn Sie mir einen Bericht liefern, will ich eine Seite, die mir sagt, was getan werden muß, wann und mit welchen Ergebnissen und wieviel es kostet. Sie sind die Experten. Ich erwarte von Ihnen, daß sie sich um die Details kümmern. Und noch etwas, wenn ich Ihnen eine Aufgabe zuweise, will ich nicht Ewigkeiten auf die Antwort warten. Ich verlange, daß Sie die Projekte in Zukunft doppelt so schnell entwickeln, die Produktivität steigern und nicht mehr Analysen als tatsächlich notwendig anstellen.» Es dauerte ein ganzes Jahr, bis sich die Mitarbeiter an Mark gewöhnt hatten. Für ihn war diese Zeit zunehmend frustrierend, und er war häufig ungeduldig, während seine Belegschaft sich hinter vorgehaltener Hand über seine Impulsivität und sein Bedürfnis nach «Herrschaft» ausließ; zwei langjährigen Mitarbeitern wurde im zweiten Monat des Wechsels sogar unvermittelt gekündigt.

Eine seltenere Variante: Der unentschlossene Analytiker.
Mit den grob umrissenen Charakterskizzen haben Sie nun ein System, schwierige Verhaltensmuster zu verstehen, die in den Kapiteln 2 bis 8 nicht enthalten waren. Zum Beispiel den unentschlossenen Analytiker, eine schwierige Person, der wir noch nicht begegnet sind.
Unentschlossene Analytiker unterscheiden sich erheblich von den Unentschlossenen, die in Kapitel 8 beschrieben wurden. Das problematische Verhalten des unentschlossenen Analytikers beginnt fast immer mit einem Blatt Papier – einem Brief, einer Mitteilung oder einem kurzen Bericht, den Sie eingereicht haben, da Sie wußten, daß es sich nur um eine rasche Zusammenfassung und eine Pro-forma-Bewilligung handelt. Keine große Sache. Ohne firmenpolitische Konsequenzen. Sie kommen am nächsten Tag wieder, aber die Sache ist nicht erledigt. «Seltsam», sagen Sie sich, «es gab keinerlei Probleme; wieso diese Verzögerung?» Tage, gar Wochen verstreichen. Immer noch keine Antwort. Auf Ihrer Seite nichts als Ratlosigkeit und Frustration.
Was ist passiert? Nun, Sie haben das Memo einer Person mit einem dominant analytischen Denkstil gegeben. Für einen solchen vorsichtigen Menschen benötigt jede Aufgabe, egal wie geringfügig, eine systematische, ja geradezu ängstliche Analyse und Zusammenfassung. Frühere Memos müssen gelesen werden,

Bücher konsultiert und allgemeine Betriebsgepflogenheiten in Betracht gezogen werden. Unnötig zu sagen, daß dies Zeit kostet, über welche der beschäftigte unentschlossene Analytiker nur in geringem Maße verfügt. Wo also landet Ihr Memo? Genau! In der Ablage, wo es «liegt», bis Zeit dafür übrig ist!

Um mit Personen zurechtzukommen, deren Denkstil Ihnen Probleme bereitet, gebrauchen Sie eine Strategie, die denen in diesem Buch dargelegten entspricht. Das würde bei unentschlossenen Analytikern folgendermaßen aussehen: Die gleichen Eigenschaften, die unentschlossene Analytiker gelegentlich überanalytisch reagieren lassen, machen sie auch sehr empfänglich für jedwedes «Strukturieren». Wenn Sie deshalb mit Ihrem Memo hereingesegelt kommen, gestatten Sie sich eine Minute, um zu sagen: «Ich brauche dies bis Donnerstag für die Buchhaltung.» Sie können ebenfalls einen Zeitpunkt für eine «rasche» Durchsicht festlegen oder erbeten. Indem Sie sagen: «Ich komme Montag um 14 Uhr vorbei, um zu sehen, ob noch Fragen geklärt werden müssen», errichten Sie einen zeitlichen Rahmen, innerhalb dessen Analytiker so analytisch sein können, wie sie sein müssen.

Ihr Memo wird übrigens nichts länger in der Ablage belassen als ein Rechenfehler oder eine lockere oder nachlässige Form. Während Realisten einen Flüchtigkeits- oder Tippfehler übersehen oder diesen selbst korrigieren, beginnen Analytiker das gesamte Projekt in Zweifel zu ziehen. Dies verringert entsprechend die Wahrscheinlichkeit, daß Sie gebeten werden, die Sache zu überarbeiten, denn Ihre Unzuverlässigkeit ist bereits erwiesen. Ihr Bericht wird zur zusätzlichen Durchsicht an eine dritte Person gesandt, der der unentschlossene Analytiker vertraut.

Angesichts der barschen, verhaltenen Art mancher Analytiker wird der Aufschub oft irrtümlich als ein verstecktes Veto interpretiert. Sicherlich ist dies oft der Grund. Aber mindestens genauso häufig ist die Verzögerung eine Begleiterscheinung des Bedürfnisses der Analytiker nach gründlicher Durchsicht. In der Annahme, Aufschub komme einem abschlägigen Bescheid gleich, beginnen Sie vielleicht, Druck auszuüben oder gar emotional zu reagieren. Nichts wird mit größerer Sicherheit wirklichen Widerstand bei Ihrem unentschlossenen Analytiker hervorrufen (erinnern Sie sich an die Gefahr, einen Negativisten zu provozieren, siehe Kapitel 6). Auch hier ist es nützlich, die gemeinsame Durchsicht zu verabreden und im Gespräch zu bleiben, statt zu warten und sich zu ärgern.

Erkennen Sie Ihren eigenen Denkstil

Dies ist kein Buch zur Selbstfindung. Dennoch möchte ich darauf hinweisen, daß das Erkennen Ihres eigenen vorherrschenden Denkstils inklusive seiner Stärken und Schwächen sehr hilfreich ist. Wenn Sie bereits im voraus wissen, wo Sie auf die größten Schwierigkeiten stoßen werden, fühlen Sie sich dem nicht so hilflos ausgeliefert.

Hier einige Kombinationen, die Ihnen vielleicht Schwierigkeiten bereiten, je nach Ihrem eigenen bevorzugten Denkstil.

▸ Realisten werden am besten mit ‹Panzerfäusten› fertig, da sie selbst aggressiv sind; Idealisten hingegen können sich am schwersten gegen diesen Typus aus dem feindlich-aggressiven Trio behaupten.

▸ Analytiker und Realisten werden Nörglern gegenüber *ungeduldig*, da diese so passiv wirken.

▸ Idealisten fühlen sich von Überfreundlichen beleidigt, die oberflächlicher scheinen, als sie wirklich sind.

▸ Realisten (denken Sie an Janet aus Kapitel 8) wollen Unentschlossene aufrütteln, überrollen oder an ihnen vorbei handeln.

▸ Analytiker lassen Unentschlossene noch problematischer werden, indem sie diese mit Informationen überhäufen, statt ihnen zu helfen, ihre tieferliegenden Anliegen aufzudecken.

▸ Pragmatiker versuchen, mit ‹Panzerfäusten› und ‹Heckenschützen› «zu leben» und werden dementsprechend häufig von diesen fertiggemacht.

Welches sind Ihre bevorzugten Denkstile?
Die beste Art, etwas über Menschen herauszufinden, besteht darin, sie nach sich selbst zu fragen. Tests oder ähnliches liefern lediglich eine gewisse gegliederte Anleitung, um Ihre Aufmerk-

samkeit auf Aspekte Ihres Selbst zu richten, denen Sie sich normalerweise nicht bewußt sind.

Sie können eine Einschätzung Ihrer selbst erhalten, indem Sie folgendermaßen vorgehen:

(1) Nehmen Sie ein Blatt Papier und notieren Sie nebeneinander die Namen der fünf Denkstile.

(2) Lesen Sie sich die Beschreibungen der fünf Denkstile im Buch durch.

(3) Während Sie die einzelnen Charakterisierungen durchgehen, notieren Sie sich bei jedem Denkstil eine Zahl von 1 bis 5 – 5 ist die für Sie typischste und 1 die für Sie untypischste Art zu denken.

(4) Während Sie die einzelnen Beschreibungen durchlesen, ändern Sie ruhig die Rangnummer, die Sie bereits notiert haben, falls Ihnen dies nötig erscheint. Sie haben vielleicht dem idealistischen Denkstil eine 5 gegeben, aber während Sie über den analytischen Denkstil lesen, merken Sie, daß dies noch besser auf Sie zutrifft. Ändern Sie einfach den Idealisten in eine 4 und notieren Sie die 5 für den Analytiker.

Am Ende könnte Ihr Bericht folgendermaßen aussehen:

Synthetiker	Idealist	Pragmatiker	Analytiker	Realist
2	~~5~~ 4	~~1~~ 3	5	1

Ihrer eigenen Einschätzung nach wenden Sie also eher analytische und idealistische Strategien an, um Probleme zu bewältigen.

Passen Sie die Methoden Ihrem eigenen Stil an.

Es gibt stets vielerlei Wege, etwas zu tun. Bei der Beschreibung der Methoden des reibungslosen Umgangs in den vorangegangenen Kapiteln habe ich versucht, das Wesentliche jeder Methode festzuhalten. Um das beste Ergebnis zu erzielen, sollten Sie die Methoden Ihrem eigenen bevorzugten Denkstil anpassen. Hier zwei Beispiele:

(1) Sie sind in erster Linie idealistisch und pragmatisch eingestellt und merken, daß die direkte Konfrontation mit einer ‹Panzerfaust› nicht Ihre Sache ist. Eine Alternative dazu wäre, auf
brieflichen Verkehr auszuweichen. Sie könnten folgende Notiz
verfassen: «Peter, ich habe heute mittag während der Besprechung nichts gesagt, aber zweimal, als ich gerade dabei war,
etwas zu begründen, haben Sie mich unterbrochen. Deshalb habe
ich nun den Eindruck, daß wir das Thema nicht wirklich erschöp-
fend behandelt haben. Können wir einen neuen Termin vereinbaren?»

Wenn einer schriftlichen Mitteilung auch die Unmittelbarkeit
fehlt, hat sie doch ihre eigenen Vorteile: Sie haben Zeit, sich zu
sammeln *und* Ihre Worte wohlüberlegt zu wählen.

(2) Sie bevorzugen eindeutig die Art des Synthetikers und/oder
die des Realisten. Ihr Chef ist ein ‹Bulldozer›. Schon der Gedanke
daran, daß Sie Ihre Arbeiten sorgfältig erledigen müssen und
gezwungen sind, langsam vorzugehen, bringt Sie in Rage. Ein
möglicher Ausweg wäre, sich mit anderen zusammenzutun. Sie
bekommen vielleicht Hilfe von einem Analytiker, der die ordentliche Zusammenstellung der Hintergrundinformation übernehmen könnte. Dann suchen Sie Verstärkung. Ein Pragmatiker
oder Idealist könnte Ihnen beistehen und Sie daran hindern, dem
anderen Ihr Anliegen mit Gewalt aufzudrängen.

Kapitel 11

Von Abwehrverhalten, Chefs und einem Plan

Menschen, die Sie als schwierig empfinden, lösen in Ihnen starke emotionale Reaktionen aus, bedrohen Sie, machen Sie unglücklich und rauben Ihnen die Selbstbeherrschung. Angesichts dieser bedrohlichen konfliktträchtigen Situation reagieren Sie mit erlerntem Abwehrverhalten.

In diesem Kapitel geht es darum, wie Sie Ihr Abwehrverhalten und das der schwierigen Person im Zaum halten können, insbesondere dann, wenn Ihr schwieriges Gegenüber ausgerechnet Ihr Vorgesetzter oder Ihre Vorgesetzte ist. Ein besonderer Aktionsplan für derartige Situationen schließt dieses Kapitel ab.

Beginnen wir mit der Untersuchung des Abwehrverhaltens, das meist eine Reihe von Strategien enthält, die helfen sollen, dem Ärger zu entkommen, und der Frage, wie die Kenntnis dieser Strategien den Umgang mit schwierigen Leuten erleichtert.

Abwehrverhalten

Menschen verhalten sich in Situationen abwehrend, in denen sie sich bedroht und unter Druck gesetzt fühlen. Die Bedrohung ist für gewöhnlich keine körperliche, obwohl das natürlich auch vorkommen kann. Im Arbeitsalltag sind die meisten Schläge, die wir einstecken müssen, psychologischer Natur, und die schmerzlichsten Verletzungen, die wir davontragen, haben unsere Motivation und unser Selbstwertgefühl getroffen.

Wir können unterschiedlich stark unter Stress und innerer Spannung stehen. Ein kleiner Konflikt – soll ich jetzt einkaufen gehen oder bis morgen warten – kann Besorgnis auslösen, wenn Sie sich entscheiden zu warten und das Risiko eingehen, daß das Geschäft vielleicht morgen nicht geöffnet haben wird. Größere Betroffenheit löst die Frage aus, ob der Bericht wirklich alles enthält, den wir gerade in Eile dem Chef abgeliefert haben. In diesem Fall geht es um mehr, und das Risiko einer Blamage ist größer. Noch tiefer sitzt die Angst, die wir empfinden, wenn wir uns beispielsweise fragen, warum wir nicht erfolgreicher sind – eine Angst, die den Kern unseres Wesens berührt, die Gesamtheit unserer Bedürfnisse, Wünsche und Werte. Ein direkter Angriff auf dieser Ebene erschüttert uns in unserem Innersten.

Stellen Sie sich vor, ich wäre ein Mensch, für den es wichtig ist, sich gebraucht zu fühlen und anderen zu helfen. Stolz bringe ich Ihnen etwas, worauf ich viel Zeit und Mühe verwendet habe. Sie, mit anderen Dingen beschäftigt, werfen einen abwesenden Blick darauf und legen die Sache beiseite, vielleicht murmeln Sie dabei: «Ach ja, danke.» Ob es nun ein Drei-Jahres-Projekt ist oder ein extra für die Bürofeier gebackener Kuchen, Sie haben mich im Innersten verletzt. Natürlich haben Sie die Sache nicht so gemeint. Sie waren so sehr mit Ihrer eigenen Arbeit beschäftigt, daß Sie den erstarrten, erschütterten Ausdruck auf meinem Gesicht nicht einmal bemerkt haben. Aber beabsichtigt oder nicht, ich werde mich verletzt, erniedrigt und geringgeschätzt fühlen.

Meine Fähigkeit zu klarem und rationalem Denken und Handeln wird hiervon beeinträchtigt sein, wenn ich zu dem Zeitpunkt allerdings unter keinem besonderen Stress stehe, werde ich die Verletzung relativ schnell verwunden haben. Oft ist jedoch keine Zeit, einen solchen Schlag zu verarbeiten. Wenn wir durch andere Umstände bereits unter Druck stehen, benötigen wir gewichtige Gegenmaßnahmen, um nicht überwältigt zu werden. Diese Gegenmaßnahmen, die aus einer Reihe von früh erlernten Abwehrmechanismen bestehen, sind dazu bestimmt, uns aus heiklen Situationen zu retten, Bestrafung zu vermeiden oder irgendwie dem Gegner Paroli zu bieten.

Abwehrmechanismen.

Wir alle verteidigen uns auf unsere eigene individuelle Art gegen Bedrohung, aber es gibt ein paar wiedererkennbare Muster. Ich habe ein Beispiel aus dem Familienleben gewählt, um zwei Muster von Abwehrverhalten vorzustellen, weil sie dort am deutlichsten auftauchen. In der Arbeitswelt sind sie genauso wirkungsvoll, werden aber oft von einer höflichen Fassade verdeckt.

Stellen Sie sich die Unterhaltung in einer Familie über den bevorstehenden Sommerurlaub vor. Der 12jährige Brewster plädiert enthusiastisch und erfolgreich für eine Rucksacktour. Plötzlich unterbricht sein älterer Bruder Tom und sagt verächtlich: «Sieh mal einer an, Grünschnabel, seit wann bist du denn so wild auf Rucksackreisen? Du kannst doch nicht einmal eine Runde laufen, ohne wie ein alter Gaul zu schnauben.» Schweigen. Schließlich sagt Brewster mit gesenktem Kopf und hängenden Schultern: «Oh, ich weiß nicht, ich hab darüber gelesen – vielleicht hat ja sonst keiner Lust dazu.»

Bis zu diesem Punkt hat Brewster aktiv und einfallsreich für seinen Wunsch argumentiert. Aber kreative und phantasievolle Menschen haben oft das ausgeprägte Bedürfnis, von anderen respektiert und bewundert zu werden. Als Tom mit sicherem Instinkt für Brewsters schwache Stelle zuschlug, sank der arme Brew in sich zusammen, verlor seinen Elan und gab klein bei. Seine Reaktion auf die Drohung, den Respekt seines Bruders zu verlieren, war ein typischer Abwehrmechanismus nach dem Muster: «Selbstanklage → Nachgeben».

Was hat Tom dazu veranlaßt, so hart gegen seinen vorwitzigen Bruder anzugehen? Es lag weder daran, daß Tom lieber Ferien auf einem Hausboot machen wollte, noch daran, daß Brewster im Mittelpunkt der Runde stand, obgleich beide Gründe eine Rolle gespielt haben könnten. Es lag an Brewsters letzter Frage: «Weißt Du nicht, wieviel es kostet, ein Hausboot zu mieten, Tom?» Ob er es so meinte oder nicht, seine Stimme klang, als wolle er anfügen: «du Dummkopf». Für Tom, der keine Antwort parat hatte und es nicht ertrug, sich dumm zu fühlen, war das eindeutig eine Bedrohung. Seine Reaktion verband den mißtrauischen Ärger mit einem fast gleichzeitigen Angriff, was typisch war für die Verteidigungsstrategie: «Anklage → Kampf.»

Nicht jeder gibt unter Feuer wie Brewster nach oder schlägt wie Tom mit gefletschten Zähnen und ausgefahrenen Krallen zurück (erkennen Sie den ‹Sprengkörper› aus Kapitel 2 wieder?). Viele in der gleichen Lage hätten vielleicht eine von zwei anderen recht verbreiteten Verteidigungsstrategien angewandt: «Darauf-Beharren → Sich-Entziehen» und «Ablenken → Gefällig-Machen».

Wer die Strategie «Darauf-Beharren → Sich-Entziehen» anwendet, reagiert wie ein unbewegliches Objekt, störrisch, auf seinem Standpunkt beharrend, andere Sichtweisen abstreitend. Nach einer Weile entziehen sie sich der Situation durch Schweigen, Schlaf, Lektüre oder einen Spaziergang.

Wer zu der Strategie «Ablenken → Gefällig-Machen» greift, versucht der Situation durch einen Scherz oder Schmeicheleien zu entkommen. In Brewsters Fall hätte seine Antwort auf Toms sarkastische Worte folgendermaßen lauten können: «He Tommy, du hast recht. Erinnerst du dich, wie ich fast auf die Schnauze gefallen wäre, als wir letztens zusammen Joggen gingen? Aber ich bin sicher, du kannst uns allen dabei helfen, für eine ordentliche Wanderung in Form zu kommen.» Etwas zu dick aufgetragen? Sicher, aber vergessen Sie nicht das breite Grinsen und das spaßige Verhalten, die die Worte überzeugend begleiten.

Wir alle haben mehr als nur eine Art erlernt, auf bedrohliche Situationen zu reagieren. Je nachdem, in welchem Zusammenhang das verteidigende Verhalten erlernt wurde, neigen die meisten Menschen jedoch dazu, immer wieder auf eine Strategie zurückzugreifen. Wenn die erste nicht funktioniert, das heißt, wenn die Bedrohung und der Konflikt nicht verschwinden, kommt eine zweite Strategie zum Einsatz. Wenn Tom Brewsters Kniefall nicht akzeptiert, sondern weiter auf ihm herumgehackt hätte, wäre Brewster vielleicht zu einem Gegenangriff übergegangen. Wenn das nichts genützt hätte, wäre er am Ende vielleicht einfach aufgestanden und weggegangen.

Es ist wichtig zu erkennen, daß diese Abwehrstrategien nicht bewußt eingesetzt werden. (Psychologen sprechen von Signalreaktionen – der Torero winkt mit dem roten Tuch, und wir Stiere rennen los.) Oft reagieren wir emotional auf Ereignisse, noch bevor die genaueren Umstände in unser Bewußtsein vorgedrungen sind. Wenn Sie Tom fragen würden, warum er so aggressiv reagiert hat, würde er Brewster unfaires Verhalten oder Schlimmeres vorwerfen. Zeugen der «Diskussion» wären jedoch in der Lage zu sehen, daß Tom keineswegs für die bessere Urlaubsalternative stritt, sondern einzig zu dem Zweck kämpfte, die Bedrohung, die von Brewster ausging, zu beseitigen.

Bevor wir weitergehen, sollten drei wichtige Punkte über Abwehrverhalten im allgemeinen festgehalten werden.

Erstens, je mehr Sie darüber wissen, was einen Menschen motiviert, desto mehr können Sie abschätzen, wodurch er oder sie sich bedroht fühlen könnte. Brewster empfand Toms Schlag als so schmerzlich, weil es für ihn schrecklich wichtig ist, von anderen bewundert und akzeptiert zu werden. Viele Menschen scheren sich jedoch wenig um das Urteil anderer; sie hätte Toms Bemerkung nicht getroffen.

Zweitens, Brewsters Verhalten – nachgeben und sich fügen – hat ihn aus der emotionalen Klemme, in der er sich befand, befreit. Tom hörte auf, ihn anzugreifen, und er hatte Zeit, sich zu berappeln. «Aber er hat die Auseinandersetzung verloren», werden Sie sagen. Das stimmt. Abwehrstrategien befreien Sie zwar von unmittelbaren Schwierigkeiten, fordern auf lange Sicht aber ihren Tribut.

Drittens, die sozialen Konsequenzen der Abwehrstrategien für die Familie waren zum größten Teil negativ. Obwohl Brews Nachgeben den Streit beendet hat, wäre eine Rucksacktour möglicherweise tatsächlich der beste Urlaub für die Familie gewesen. Weil sowohl Brew wie Tom gezwungen waren, ihre Vorschläge zu verteidigen, wurde die Frage nach dem besten Urlaub nicht wirklich und gut gelöst. Resultat einer gegenseitigen Bedrohung, sei es in der Familie oder am Arbeitsplatz, ist immer eine Vergeudung von möglicherweise äußerst effizienten Fähigkeiten innerhalb einer Gruppe.

All diese Gründe weisen darauf hin, daß es wichtig ist zu lernen, mit Abwehrverhalten umzugehen.

Der Umgang mit dem Abwehrverhalten anderer.
Je weniger Sie andere bedrohen, desto weniger müssen Sie mit abwehrendem schwierigem Verhalten fertig werden. In diesem

Fall entspricht ein Minimum an Vorsorge tatsächlich einem Maximum an Heilwirkung. Vorsorge ist jedoch keine leichte Aufgabe. Wir besitzen alle geheime Empfindlichkeiten, die wir vor anderen verborgen halten, sogar vor uns selbst, weshalb wir immer wieder Situationen einrenken müssen, die bereits gestört sind.

Versüßen Sie bittere Medizin. Stellen Sie sich vor, Sie wollen Ihrem Chef eine Änderung der Büroabläufe abtrotzen. Sie haben sich dafür stark gemacht und enthusiastisch auf die Vorteile des neuen Systems hingewiesen. Plötzlich ergreift der Chef zögerlich und beschwichtigend das Wort, er schaut Sie dabei nicht direkt an: «Nun, ich denke, wenn ihr diese Änderungen wirklich unbedingt wollt, gut, dann soll es so sein.» Sie erleben die Abwehrstrategie «Selbstanklage → Nachgeben». An einem Punkt des Gesprächs, gegen Ihre eigenen Interessen und Überzeugungen, haben Sie vielleicht etwas Bedrohliches geäußert. Nachdem Sie erkannt haben, daß eine Abwehrstrategie zum Einsatz gekommen ist, haben Sie jetzt die Chance, sich um eine Wiedergutmachung zu bemühen – je eher, desto besser. Sie könnten zum Beispiel sagen: «Einen Moment noch. Das System, das wir die letzten drei Jahre über angewandt haben, muß aufgrund bestimmter Probleme entwickelt worden sein. Bevor wir das neue Modell übernehmen, sollten wir rückblickend darüber sprechen, um welche Probleme es sich dabei gehandelt hat, auf daß wir nicht neue Probleme lösen, dabei aber die alten wieder zur Hintertür hereinlassen.» Eine ehrliche Aussage (ansonsten sollten Sie sie nicht äußern), die vermutlich eine weniger abwehrende Reaktion hervorrufen wird – besonders wenn Sie diesmal ruhig und aufmerksam zuhören. Womöglich wird Ihnen klar, daß Sie mit Ihrer phantastischen, wohldurchdachten, sachlichen Argumentation gleichzeitig signalisierten: «Welcher Idiot hat sich bloß dieses veraltete System ausgedacht?» Dieser Idiot war ganz offensichtlich Ihr Chef!

Warum nicht einfach ihn klein beigeben lassen? Nachgeben hätte den Chef recht gut aus der bedrohlichen und konfliktträchtigen Situation befreit, genau der Zweck, zu dem die Strategie erlernt wurde. Nachdem Sie, der glückliche Sieger, jedoch verschwunden wären, entwickelt Ihr Chef vielleicht eine zweite Abwehrstrategie, einen Gegenangriff, und Ihr Chef empfängt Sie am nächsten Morgen mit: «Vergessen Sie die Sache, Charlie!»

Achten Sie auf Ihre eigenen Abwehrstrategien.
Wenn Sie sich durch die Anwesenheit eines schwierigen Menschen bedroht fühlen, werden Sie die Kontrolle über sich verlieren und sich entsprechend den vor langer Zeit erlernten Mustern verhalten, statt den Anforderungen der Situation Rechnung zu tragen.

Hier einige Hinweise, die Ihnen dabei helfen, Ihre eigenen Abwehrstrategien zu beherrschen.

Lernen Sie sich selbst kennen. Beobachten Sie den nächsten Monat über Ihr Verhalten. Wie reagieren Sie, wenn Sie in die Defensive gedrängt werden oder kurz danach? Wie fühlen Sie sich und was sagen Sie? Verankern Sie diese Signale klar in Ihrem Gedächtnis, die Ihnen zeigen, wenn Sie sich in der Gewalt Ihrer Abwehrmechanismen befinden. Orientieren Sie sich an den vier Abwehrstrategien, die wir gerade behandelt haben, aber begrenzen Sie sich nicht ausschließlich auf diese.

Lernen Sie innezuhalten. Sobald Sie merken, daß Ihre irrationalen Abwehrmechanismen greifen, unterbrechen Sie das Geschehen:

Zum Beispiel wird Ihnen plötzlich bewußt, daß Sie dabei sind, auf Ihren Mitarbeiter zuzugehen, Ihr Zeigefinger fuchtelt in der Luft herum, Ihre Stimme klingt schrill, Ihr Magen ist verkrampft. Halten Sie auf der Stelle inne, murmeln Sie etwas, verstummen Sie und setzen Sie sich hin. (Sorgen Sie sich nicht um das Schweigen, jemand wird es brechen.)

Oder: Sie telefonieren, der Präsident von Ihrem Sportverein sagt gerade: «Ich habe solche Schwierigkeiten, einen Schatzmeister zu finden, und Sie waren doch immer so gut darin, derartige Aufgaben zu meistern.» Sie hören sich selbst sagen: «Nun, wenn Sie wirklich niemanden finden können, denke ich...» Sie spüren Ihren Wunsch, ein «gutes Kind» zu sein, weil Sie sonst keinen Gefallen finden. Das ist Ihr Signal, zu unterbrechen und zu sagen: «Warten Sie einen Moment, ich muß darüber nachdenken. Ich rufe Sie in fünf Minuten zurück», und den Hörer aufzulegen.

Eine Interaktion derart abrupt zu unterbrechen mag recht dra-

stisch erscheinen, aber es gibt gute Gründe für ein solches Benehmen. Erstens, Sie versuchen, Ihr Verhalten genau in dem Moment
zu beherrschen, da es sich am schwierigsten kontrollieren läßt.
Der sicherste Weg ist, einfach zu unterbrechen. Zweitens, Ihr Verhalten zu verbessern und zu verändern, während Sie sich mitten
in einem stark verinnerlichten Abwehrverhalten befinden, verlangt außerordentliche Beherrschung. Denken Sie daran, daß
Menschen sich nicht *bewußt* abwehrend verhalten, sondern daß
dies einfach mit ihnen geschieht. Es wird ihnen erst bewußt, wenn
der Wagen schon halb im Graben gelandet ist, so daß sie veräng-
stigt, in Rage oder schuldbewußt, nur noch nach den Bremsen suchen können.

Indem Sie die Interaktion unterbrechen, geben Sie sich die Möglichkeit, sich zu sammeln und über das Geschehen nachzudenken.
Stellen Sie sich in der Zwischenzeit neben sich. Ist es nicht einfach
faszinierend, daß Sie, der Sie vor kurzem erst entschieden hatten,
Ihre zahlreichen ehrenamtlichen Tätigkeiten zu reduzieren, fast
einer neuen Verpflichtung zugestimmt hätten? Sie entdecken
eine wunderbare Sammlung vielfältiger Intentionen in sich, produktive und machtvolle Denkstrategien und einen Schuß faszi-
nierender Verrücktheit. In den Momenten, in denen Sie sich von
innen und außen gezogen und gestoßen fühlen, kann es Wunder
wirken. Führen Sie sich Ihren Wunsch, Ihre Schwäche, ständig
Bestätigung zu erfahren, vor Augen, und sagen Sie dem Präsiden-
ten Ihres Sportvereins ab!

*Versuchen Sie herauszufinden, was Ihre Abwehrreaktion ausge-
löst hat.* Etwas ist mit Ihnen passiert, daß Sie anfingen, loszu-
schlagen, nachzugeben oder herumzualbern, oder was sie sonst
tun möchten, wenn Sie sich in der Defensive fühlen. Gehen Sie der
Ursache für dieses Verhalten auf den Grund, auch wenn dies oft
unmöglich scheint. In den meisten Fällen sind Bedrohungen verdeckt, subtil und oft ungewollt ausgeführt. Sie rühren an geheime
und irreale Ängste, von denen andere nicht wissen können.

Ich selber bin mir über solch eine geheime Empfindlichkeit im
Rahmen meines Berufslebens schmerzlich bewußt. Wenn ich mit
einem Klienten oder Kollegen spreche und dieser sagt: «Gestern
begegnete ich zufällig John Jones; er ist wie Sie ein Berater, wissen Sie; er ist wirklich großartig, sehr hilfreich», spüre ich ein

Stechen in meinen Gedärmen, auf das ich inzwischen vorbereitet bin. Warum sollte ich ein Kompliment an einen Kollegen vom Fach als Bedrohung empfinden, wenn ich John Jones selbst kenne und ihn ebenfalls für einen fähigen Mann halte? Ich glaube, daß ich innerlich der Äußerung ein «Und er ist besser als Sie» hinzufüge. Dies ist die argwöhnische Sorge eines Menschen, der von anderen bewundert werden will.

Je mehr Sie über Dinge, die Sie als bedrohlich empfinden, wissen, desto eher können Sie Ihre Reaktionsweise vorausahnen und auf eine produktive Antwort vorbereitet sein. Ich habe mir beispielsweise beigebracht, «Das ist großartig» zu sagen, wenn «John Jones» mir gegenüber lobend erwähnt wird. Das verschafft mir Zeit, um über die Hartnäckigkeit nachzudenken, mit der meine «verrückten» Reaktionen weiterbestehen.

Eine hilfreiche Übung. Ich möchte Ihnen eine kurze Übung vorschlagen, die hilft, Ihr Bewußtsein für Ihre eigenen Abwehrmechanismen zu stärken. Nehmen Sie ein Blatt Papier zur Hand und falten Sie es der Länge nach. Auf einer Seite des Blattes notieren Sie Worte und Sätze, die beschreiben, was Sie tun und wie Sie sich fühlen, wenn Sie in die Defensive gedrängt werden. Wird Ihre Stimme schrill, schroff, anklagend? Fürchten Sie plötzlich, nicht mehr akzeptiert, geschätzt, gemocht zu werden? Fühlen Sie sich plötzlich in einer Besprechung verärgert oder gelangweilt und wollen sich verziehen? Wiederholen Sie wieder und wieder die gleichen Argumente, ganz egal, was die anderen gesagt haben?

Auf die andere Hälfte des Blatts notieren Sie sich so viele Situationen wie möglich, die Sie als bedrohlich empfinden. Eine Gruppe von Freunden, die zusammen einen Kaffee trinken geht, ohne Sie dazu einzuladen? Ihr Diskussionsbeitrag wird von anderen aus der Gruppe ignoriert? Ihre Arbeit kommt mit der Bemerkung «Sie haben es nicht richtig gemacht, Dummkopf» zurück? Vielleicht glauben Sie, daß die Liste unendlich sein wird, aber die meisten Menschen entdecken, daß es sich um Variationen von ungefähr fünf Ereignissen handelt, die wieder und wieder passieren.

Es hilft, Ihre Liste mit Personen durchzusprechen, die Sie gut kennen und ehrlich zu Ihnen sein werden. Ich schlage vor, daß

Sie ihnen ausdrücklich die Erlaubnis erteilen, ihnen unangenehme Dinge zu sagen. Seien Sie mißtrauisch, wenn alles nur angenehm ist. Nehmen Sie sich fest vor, die aufgezeigten Verhaltensweisen nicht gleich zu erklären und damit zu entschuldigen. Es gibt immer «Gründe» für alles. Die Gründe beschreiben nur die situativen Faktoren, nicht aber, warum Sie angefangen haben zu schreien.

Der Umgang mit Ihrem Chef

Der Umgang mit schwierigen Leuten ist selten einfach, erst recht nicht, wenn es sich dabei um Ihren Chef handelt.

Vorgesetzte haben Macht, oder zumindest denken das die Untergebenen. In diesem Bewußtsein und das Schlimmste befürchtend meiden die meisten von uns den Umgang mit Vorgesetzten, bis es nicht mehr länger auszuhalten ist. Meist ist die Interaktion zu diesem Zeitpunkt bereits derart emotional aufgeladen, daß von einem reibungslosen Umgang nicht mehr die Rede sein kann.

Es ist also besser, sich so früh wie möglich mit den Methoden zum reibungslosen Umgang zu befassen, allerdings mit entsprechender Vorsicht. Kundschaften Sie langsam das Terrain aus und ermitteln Sie den Grad, in dem Ihr Chef für Veränderungen zugänglich ist. Hier einige wichtige Aspekte, die man im Kopf behalten sollte.

Sie wissen nicht, was sie tun.
Die meisten von uns sind sich nur teilweise ihrer Wirkung auf andere bewußt. Chefs, besonders Angestellte auf mittlerer und höherer Managementebene, leiden unter diesem Manko noch mehr als andere. Ich habe ansonsten aufgeschlossene leitende Angestellte ungläubig sagen hören: «Wieso, ich bin nur der gute alte Dave. Wie kann jemand Angst haben, mir etwas zu sagen.» Für Dave ist das Anschreien und Beleidigen von Leuten ein Verhalten, das nur vorkommt, wenn er sauer ist. Der Ärger seiner Untergebenen, wie Kinder abgekanzelt zu werden, wird vor ihm geheimgehalten und unterdrückt. Dave leidet am Fluch der Mächtigen, die von den Reaktionen auf Ihr Verhalten abgeschnitten

sind. In erster Linie darüber besorgt, ob seine Direktiven ausgeführt werden, denkt Dave einfach nicht darüber nach, welche Folgen seine Donnerwetter haben könnten.

Weisen Sie auf die Folgen des Verhaltens hin.
Es gibt einen großen Unterschied zwischen einem Menschen, der
mit Absicht versucht, Sie zu verletzen, und jemandem, der dies
unüberlegt tut. Beim ersteren bleibt einem nichts übrig, als sich
auf die eigenen Kräfte zu besinnen, die Methoden zum erfolgreichen Umgang so kühn wie möglich anzuwenden und die Feindseligkeit zu Tage zu fördern.
Meint der andere es im Prinzip gut mit Ihnen, haben Sie eine di-
rektere Möglichkeit, auf ihn zu reagieren. Sie können darauf hinweisen, daß seine Handlungen Folgen zeitigen, die dieser nicht
beabsichtigt hat. Hier das Gespräch:

Sie: «Dave, ich bat Sie um dieses Gespräch, um über etwas
ganz Bestimmtes zu sprechen.
Als ich gestern an meinen
Schreibtisch zurückkehrte,
fühlte ich mich etwas niedergeschlagen und dachte eine Weile
nach. Es ist nun einmal so,
wenn ich in Ihrem Büro sitze
und Sie zehn Minuten lang
mit jemandem telefonieren,
komme ich mir vor, als würde
ich meine Zeit vergeuden. Gibt
es einen Weg, dies zu vermeiden?»
Dave (verärgert): «Einen Moment mal. Ich nehme nur wichtige Gespräche entgegen – das
war Rogers, der Präsident der
Peters Company...»
Sie (unterbrechend): «Einen

*Indem Sie einen Termin
bei Ihrem Chef anmel-
den, weisen Sie darauf
hin, daß Sie und was Sie
sagen wollen, Wichtigkeit
beanspruchen.*
*Nutzen Sie «Ich bin je-
derzeit ansprechbar»-Ge-
sten lediglich für unver-
bindliche oder gesellige
Gespräche.*

Augenblick, Dave. Ich weiß, daß die Anrufe wichtig sind, Sie sind schließlich der Chef. Ich wußte *nicht*, ob Sie wissen, daß ich unruhig wurde, da ich andere Sachen zu erledigen hatte.»

Dave: «Nun, nein, daran habe ich nicht gedacht. Wenn der alte Rogers anruft, antworte ich. Er ist schließlich unser größter Kunde.»

Sie: «Stimmt, und Sie sollten auch antworten. Was halten Sie davon, wenn ich Sie frage, ob ich zurück zu meinem Büro gehen kann, bis Sie das Telefonat beendet haben?»

Dave: «Natürlich. Sie wissen doch, daß Sie immer alles tun können, was dem Geschäft nützlich ist.»

Sie hatten sich auf die Bemerkung «Sie sind schließlich der Chef» vorbereitet, denn Sie haben Dave als jemanden durchschaut, der sehr machtorientiert ist – solche Menschen reagieren verärgert, wenn sie das Gefühl haben, daß ihre Autorität in Zweifel gezogen wird.

Sie haben schon vorher an diese mögliche Lösung gedacht, da Sie wissen, daß Spannungen im Büro des Chefs Sie möglicherweise durcheinanderbringen.

Und der «gute alte Dave» glaubt es wirklich.

Auf die Perspektive kommt es an.
Menschen neigen dazu, Personen in höhergestellten Positionen wesentlich mehr Macht zuzuschreiben, als diese übergeordneten Personen selbst zu haben glauben. Das Verhalten, das aus dieser unterschiedlichen Wahrnehmung resultiert, fördert eine offene Kommunikation nicht gerade. Es ist schwer für einen Angestellten, der das Management deutlich und wiederholt auf ein Problem aufmerksam gemacht hat, nicht enttäuscht oder zumindest ernüchtert zu sein, wenn nichts Sichtbares passiert. Der Führungsstab mag dagegen relevante, wenngleich nur teilweise effiziente Maßnahmen ergriffen haben, hat den Klagenden darüber aber nicht informiert. Der unausgesprochene Dialog beider Par-

teien könnte folgendermaßen lauten: «Ich habe Sie darüber un-
terrichtet, Sie haben nichts daran geändert, also muß es Ihnen
egal sein.» – «Wissen Sie eigentlich nicht, daß wir immer alles
tun, um Probleme zu lösen. Jeder sollte erkennen, daß dem so ist.
Müssen wir Sie bei jeder Sache extra noch informieren?» Hier
zwei Vorschläge, die helfen können, diese unbefriedigende Situation wieder einzurenken.

Fragen Sie, was aus Ihrer Anregung geworden ist. Diese Geste
zeigt Ihr Interesse und läßt die Angelegenheit nicht in Vergessen-
heit geraten. Aber auch das Ausmaß Ihrer Enttäuschung kann
dadurch verringert werden.

Beraten Sie Ihren Chef gegebenenfalls. Gerade, wenn Ihre Vorgehensweise sich von der Ihres Chefs unterscheidet, sollten Sie bei
Gelegenheit als Berater fungieren. Sie können ihn oder sie vor
Schwierigkeiten bewahren – und so auch sich selbst –, wenn Sie
Fragen stellen wie: «Wie kommen Sie zur Zeit mit Soundso zurecht?» (Die angesprochene Person könnte der große Vorsitzende
sein oder vielleicht ein Ihrem Chef Gleichgestellter, der sich als
schwierig erwiesen hat.) Konzentrieren Sie sich aufs Zuhören
oder stellen Sie eventuell weiterführende Fragen. Achten Sie jedoch darauf, nicht zu sympathisieren, zu belehren oder in ein ge-
meinsames Lamento einzustimmen oder sonst irgend etwas zu
tun, was Freunde machen, um einander von der Lösung eines Problems abzuhalten.

Bleiben Sie am Ball.
Wenn Ihr Chef eher ein aggressiver Typ ist – das heißt, schnell
agiert, zugreifend, selbstsicher –, tun Sie alles, um entsprechend
zu reagieren. Wenn er Sie mit der Erledigung einer Angelegenheit betraut, skizzieren Sie ihm kurz, was Sie bis wann tun werden. Wenn Probleme auftauchen, verfassen Sie Zwischenberichte,
bevor der Chef Sie danach fragt. Halten Sie aggressive Chefs über
Ihre Vorhaben und Handlungen *auf dem laufenden*, aber fragen
Sie diese nicht nach Billigung, weder direkt noch zögerlich, es sei
denn, Ihr vorgesehener Plan fällt eindeutig *nicht* in den Bereich
der Ihnen zugewiesenen Aufgaben.
Aggressive, gut informierte Menschen, die ihren eigenen Ansichten vertrauen, können sich für gewöhnlich sehr überzeugend aus-

drücken und argumentieren. Sie können eine Gruppe unter Umständen stark beeinflussen, ohne sich darüber ganz im klaren zu sein. Für den Beobachter sieht das so aus:

Joe: «Schauen Sie sich die Verkaufskurve an. Wenn wir unser Preissystem nicht ändern, werden wir am Ende eine Million Büroklammern zu sieben Cent für sechs Cent verkaufen und pleite machen.»

Sam: «Aber überhaupt nicht! Wir haben unsere Kosten dieses Jahr gleichgehalten, und beim alten Preis schnappen wir der Konkurrenz Verkäufe weg. Warum sollten wir die Kosten senken, wenn wir nicht müssen?»

Mary (Die Chefin. Sie schiebt die Unterlagen beiseite, als wäre die Diskussion zu Ende.): «Nun, ich glaube, Joe hat etwas Wahres gesagt. Verkäufe ohne Profit haben wir genug gehabt.»

Sam (etwas unschlüssig): «Okay, wenn es so ist. Ich werde Preislisten für die endgültige Absegnung nächste Woche vorbereiten.»

Mary (leicht verwirrt): «Ich nehme an, das soll heißen, daß wir alle zustimmen – also packen wir es.»

Ich habe solch einen mechanischen, fast zufälligen «Entscheidungsprozeß» viele Male erlebt. Die Diskussion schwenkte plötzlich über von «Was ist die beste Lösung?» zu «Wie können wir das, was der Chef will, erreichen, so dumm es sich auch anhört?» Ein gleichermaßen frustrierendes Phänomen kann bei einem Gespräch unter vier Augen auftauchen, wenn die Ansicht des Chefs, «Ich glaube, wir sollten es so machen», als Entscheidung interpretiert wird, statt als Diskussionsbeitrag.

Fragen Sie im Zweifelsfall also lieber nach, ob es sich um eine Entscheidung oder um eine Meinungsäußerung handelt.

Der Plan für den besseren Umgang mit schwierigen Leuten

Es wird Zeiten geben, zu denen Sie mit einer *sehr* schwierigen Person werden umgehen müssen, vielleicht Ihr Chef oder jemand anderer, mit dem Sie eine lange und heikle Beziehung verbindet. In diesen Fällen ist es ausgesprochen nützlich, genau zu planen, was wie wann getan werden sollte. Auf den folgenden Seiten finden Sie einen Fragebogen, der meinen Klienten geholfen hat, einen jeweils wirksamen Plan zu entwickeln.

Beantworten Sie die Fragen so ernsthaft und ehrlich Sie können. Sehen Sie den Plan mit jemandem durch, zu dem Sie offen sein können und der Ihnen gegenüber kein Blatt vor den Mund nimmt.

Lesen Sie noch einmal die Passagen des Buches, die den größten Bezug zu der von Ihnen anvisierten schwierigen Person aufweisen. Denken Sie daran, daß manche Menschen mehrere der im Buch beschriebenen schwierigen Verhaltensweisen in sich vereinen. Sie werden möglicherweise die Schritte für den Umgang sowohl mit dem ‹Heckenschützen› als auch mit dem Überfreundlichen anwenden müssen, um mit Ihrem komplizierten Gegenüber zurechtzukommen.

Wenn Sie merken, daß Sie Übung brauchen, um sich zu behaupten oder um Fragen zu stellen, ohne sich wie ein Staatsanwalt anzuhören, üben Sie! Lassen Sie jemanden die Rolle der schwierigen Person übernehmen. Falls das nicht geht, stellen Sie sich vor einen Spiegel. Üben Sie laut, nicht bloß in Gedanken. Zwiegespräche, die sich in Ihrem Kopf abspielen, haben meistens etwas Phantastisches. Es beruhigt zu wissen, wie man sich selbst in einem heiklen Dialog anhören könnte.

Gestalten Sie Ihren Plan realistisch, so daß Sie an ihm festhalten können.

Und das ist nun der Plan:

(1) Beschreiben Sie möglichst detailliert das Verhalten eines Menschen, das Sie als schwierig empfinden.

(2) Schreiben Sie kurz Ihr Verständnis dieses Verhaltens nieder.

(3) Bedenken Sie nun Ihr eigenes vergangenes Verhalten beim Zusammentreffen mit der Person. Beschreiben Sie es möglichst detailliert. Gibt es Zeiten und/oder Situationen, da die Verständigung besser klappt? Schlechter?

(4) Denken Sie nun an die Verhaltensschritte, die für den Umgang mit der beschriebenen schwierigen Person am nützlich-

sten sein könnten. Bedenken Sie, daß manches Verhalten Abwehrstrategien enthält. Was haben Sie ausprobiert, das zu
funktionieren schien? Was hat nicht funktioniert?

(5) Schauen Sie sich noch einmal an, was Sie bei Frage 3 geschrieben haben. Welche Eigenschaften besitzen Sie selbst, die Anerkennung und Aufmerksamkeit benötigen, damit Sie die
Schritte für den reibungslosen Umgang am vielversprechend-
sten in die Tat umsetzen können?

(6) Welches Verhalten für den reibungslosen Umgang müssen Sie
noch üben?

(7) Aktionsplan: Was werden Sie tun, in welchem Zeitraum?

Nun haben Sie Ihren Plan aufgestellt, sich eine realisierbare
Strategie ausgedacht und einige Handlungsanweisungen defi-
niert. Es bleibt «lediglich» das Agieren – mit trockenem Mund,
klopfendem Herzen, schwitzenden Handflächen und so weiter.
Kann ich die Sache wirklich durchführen? Wird es eine Katastrophe werden? Werde ich wie ein Idiot dastehen? Ich habe von derartigen Bedenken von reifen, erfahrenen leitenden Angestellten
erfahren, die schon bei dem Gedanken an ein unangenehmes Zusammentreffen mit einem problematischen Menschen sehr nervös wurden. Es geschehen selten Wunder, aber der Ablauf der
Interaktionen kann entschieden verändert werden. Auch die
Sicherheit, daß man schon zurechtkommen wird, kann nicht
plötzlich herbeigezaubert werden. Selbstvertrauen entsteht aber
zuverlässig, indem Sie Ihre eigenen Gefühle anerkennen, eine
Vorstellung vom Erfolg entwickeln und für die Praxis ein wenig
üben.
Halten Sie an dem Bewußtsein fest, daß der Umgang mit schwierigen Leuten *nie* einfach ist und wohl kaum je erfreulich. Das Eingeständnis Ihrer Furcht und Ihres Unwohlseins ist der erste
Schritt auf dem Weg, diese zu überwinden.
Versuchen Sie sich auszumalen, wie das Zusammentreffen ablaufen könnte, wenn alles gutginge. Durchdenken Sie auch eine
Szene, in der Sie in Schwierigkeiten geraten und diese überwin-

den. Den Erfolg quasi gedanklich vorwegzunehmen, kann ihnen helfen, über Selbstzweifel hinwegzukommen, Unsicherheit oder unvorhergesehene Probleme zu bewältigen.

Stärken Sie Ihr Vertrauen in die Wirksamkeit der Methoden für den reibungslosen Umgang, indem Sie diese in wenig gefährlichen Situationen ausprobieren. Testen Sie die Wirkung, indem Sie sich gegenüber dem Großmaul in Ihrer Nachbarschaft behaupten, ohne mit ihm zu streiten. Das nächste Mal, wenn er (oder sie) sagt: «Das ist eine dämliche Idee», reagieren *Sie* mit einem festen und lauten «Das sehe ich anders» und beobachten *Sie*, was passiert. Beim darauffolgenden Zusammentreffen ändern Sie Ihr Vorgehen wiederum. Verstärken Sie Ihre Lautstärke, nehmen Sie etwas Abstand oder fügen Sie hinzu: «Meiner Meinung nach ist es eine gute Idee.» Sie werden erleben, wie Sie an Sicherheit dazugewinnen, erstens, weil Sie derartige heikle Situationen unbeschadet überstanden haben, und zweitens, weil das Großmaul Ihnen und Ihren Worten jetzt mehr Aufmerksamkeit zollt.

Schließlich können Sie darauf vertrauen, daß bereits viele Menschen wie Sie herausgefunden haben, daß der Umgang mit schwierigen Leuten möglich ist. Wie bei einer kalten Dusche ist der Gedanke daran zunächst schrecklich, hinterher aber fühlt man sich ganz phantastisch.

Bibliographie

Anderson, Carl R. «Locus of Control, Coping Behavior and Performance.» *Journal of Applied Psychology*, 66, 4, 1977, S. 446–51.

Bramson, Robert M. «The Effects of Group Training on Social Sensitivity.» Diss., University of California, Berkeley, 1969.

Carson, Robert D. *Interaction Concepts of Personality.* Chicago: Aldine, 1969.

Church, Joseph. *Language and the Discovery of Reality.* New York: Random House (Vintage Books), 1961.

Churchman, C. West. *The Design if Inquiring Systems.* New York: Basic Books, 1971.

Corey, G. *I Never Knew I Had a Chance.* Monterey, Calif.: Brooks/Cole, 1978.

Doyle, Michael, und David Strauss. *How to Make Meetings Work.* Chicago: Playboy Press, 1976.

Erikson, Erik H. *Toys and Reasons.* New York: Norton, 1977.

Fagen, Stanley A., Nicholas J. Long und Donald Stevens. *Teaching Children Self-control.* Columbus, Ohio: Merrill, 1975.

Fromm, Erich. *Psychoanalyse und Ethik. Bausteine zu einer humanistischen Charakterologie.* München: dtv, 1985.

Hough, Richard. *Captain Bligh and Mr. Christian.* New York: Dutton, 1973.

Kantor, David, und William Lehr. *Inside the Familiy.* San Francisco: Jossey-Bass, 1975.

Klein, George S. *Perception, Motives and Personality.* New York: Knopf, 1970.

Lazarus, R. S. *Psychological Stress and the Coping Process.* New York: McGraw-Hill, 1966.

Lederer, William J., und Don D. Jackson. *The Mirages of Marriage.* New York: Norton, 1968.

Leeper, R. «Some Needed Developments in the Motivated Theory of Emotions.» *Nebraska Symposium on Motivation*, 13, 1965, S. 25–122.

Maher, Bredan. *Clinical Psychology and Personality: The Selected Papers of George Kelly.* New York: Wiley, 1969, S. 267–80.

McGee, P., und V. Grandall. «Belief in Internal-External Control of Reinforcements and Academic Performance.» *Child Development*, 1968, S. 91–102.

Rotter, J. B. «Generalized Expectancies for Internal Versus External Control of Reinforcement.» *Psychological Monographs*, 80, 1966, S. 1–28.

Satir, Virginia. *Conjoint Family Therapy*, 2. durchges. Aufl. Palo Alto, Calif.: Science and Behavioral Books, 1967.

–. *People Making.* Palo Alto, Calif.: Science and Behavioral Books, 1972.

Snow, C. P. *Variety of Men.* New York: Scribner, 1966.

Tock, Hans H. *Violent Men*. Chicago: Aldine, 1969.

Watson, D., und R. Thorp. *Self-directed Behavior: Self-modification for Personal Adjustment*. Monterey, Calif.: Brooks/Cole, 1977.

Watzlawick, P., Janet H. Beavin und D. D. Jackson. *Pragmatics of Human Communication: A Study of Interactional Patterns, Pathologies and Paradoxes*. New York: Norton, 1967.

Williams, R., und J. Long. *Toward a Self-managed Life-style*. Boston: Houghton Mifflin, 1975.

Lernprogramme

Eine
Auswahl

rororo sachbuch

C 2177/2

Lernprogramme

Eine
Auswahl

C 2177/4 a

sachbuch
rororo

C 2163/5